VOL. 54

Dados Internacionais de Catalogação na Publicação (CIP)
(Câmara Brasileira do Livro, SP, Brasil)

Crema, Roberto.
  Saúde e plenitude: um caminho para o ser / Roberto Crema. – São Paulo: Summus, 1995.

  Bibliografia.
  ISBN 85-323-0543-1

  1. Energia vital 2. Holismo 3. Psicologia transpessoal 4. Saúde I. Título.

95-3682   CDD-150.19332

Índice para catálogo sistemático:

1. Holismo : Teorias : Psicologia   150.19332

Compre em lugar de fotocopiar.
Cada real que você dá por um livro recompensa seus autores
e os convida a produzir mais sobre o tema;
incentiva seus editores a encomendar, traduzir e publicar
outras obras sobre o assunto;
e paga aos livreiros por estocar e levar até você livros
para a sua informação e o seu entretenimento.
Cada real que você dá pela fotocópia não autorizada de um livro
financia o crime
e ajuda a matar a produção intelectual de seu país.

Saúde e plenitude
Um caminho para o ser

ROBERTO CREMA

summus editorial

SAÚDE E PLENITUDE
Um caminho para o ser
Copyright© 1995 by Roberto de Souza Crema
Direitos desta edição reservados por Summus Editorial

Capa: **Brasil Verde, sobre ilustração e leiaute de Regina Fittipaldi**

Summus Editorial
Departamento editorial:
Rua Itapicuru, 613 – 7º andar
05006-000 – São Paulo – SP
Fone: (11) 3872-3322
Fax: (11) 3872-7476
http://www.summus.com.br
e-mail: summus@summus.com.br

Atendimento ao consumidor:
Summus Editorial
Fone: (11) 3865-9890

Vendas por atacado:
Fone: (11) 3873-8638
Fax: (11) 3873-7085
e-mail: vendas@summus.com.br

Impresso no Brasil

NOVAS BUSCAS EM PSICOTERAPIA

Esta coleção tem como intuito colocar ao alcance do público interessado as novas formas de psicoterapia que vêm se desenvolvendo mais recentemente em outros continentes.

Tais desenvolvimentos têm suas origens, por um lado, na grande fertilidade que caracteriza o trabalho no campo da psicoterapia nas últimas décadas, e, por outro, na ampliação das solicitações a que está sujeito o psicólogo, por parte dos clientes que o procuram.

É cada vez maior o número de pessoas interessadas em ampliar suas possibilidades de experiência, em desenvolver novos sentidos para suas vidas, em aumentar sua capacidade de contato consigo mesmas, com os outros e com os acontecimentos.

Estas novas solicitações, ao lado das frustrações impostas pelas limitações do trabalho clínico tradicional, inspiram a busca de novas formas de atuar junto ao cliente.

Embora seja dedicada às novas gerações de psicólogos e psiquiatras em formação, e represente enriquecimento e atualização para os profissionais filiados a outras orientações em psicoterapia, esta coleção vem suprir o interesse crescente do público em geral pelas contribuições que este ramo da Psicologia tem a oferecer à vida do homem atual.

SUMÁRIO

APRESENTAÇÃO 11

PRÓLOGO 13

INTRODUÇÃO: HOLÍSTICA, UMA MUTAÇÃO DE CONSCIÊNCIA 15

ABORDAGEM HOLÍSTICA: INTEGRAÇÃO DO MÉTODO
ANALÍTICO E SINTÉTICO 19
O método analítico: dividir para conquistar 19
O método hermenêutico de Dilthey 20
O método sintético de Jung 22
A logoterapia de Frankl 24
O homem integrado: órgão de síntese 26
Krishnamurti: monumento vivo de síntese 27
Sinopse do caminho analítico e sintético 28
Holística: integrando análise e síntese na dinâmica todo e as partes... 30
Espaço vivencial 32
Referências bibliográficas 33

NOVOS DESAFIOS, NOVA LIDERANÇA:
O FACILITADOR HOLOCENTRADO 35
I A infância do facilitador 36
II A maturidade do facilitador 41
III A excelência do facilitador 43
Referências bibliográficas 66

MEMÓRIAS DA PRISÃO 68
Espaço vivencial 76

METAPRINCÍPIOS PARA UMA ABORDAGEM
TRANSDISCIPLINAR EM TERAPIA 77
I APEGO: a metapatologia 79
II PLENA ATENÇÃO: a metaterapia 88
III ACEITAÇÃO: o círculo da superação 95
IV VOCAÇÃO: a tarefa pessoal 104
V SERVIÇO: o viço do ser 114
Referências bibliográficas 120

UMA ANTROPOLOGIA DA VASTIDÃO	124
Ser humano, eis a questão!	124
Além da normose	132
Espaço vivencial: cuidando do totem humano	135
Referências bibliográficas	139
VESTÍGIOS DE ENCONTROS	141
Ser bastante	141
Escutando bambus	144
Abrindo as janelas	147
Analista e sintetista: mundos em sinergia	148
Cura e individuação: adotando-se a si mesmo	153
Sonho e vigília: o vôo da borboleta	154
Sonhos além dos sonhos	163
Reencontro com o Jeca Tatu	172
Análise e síntese transacional: aliando terra e céu	179
Dançando o poema do encontro	190
Aprendendo a amar	259
Referências bibliográficas	261
GRATIDÃO	265
EPÍLOGO	269

*Aos que têm a sensibilidade de sofrer,
na própria pele, a dor de uma
humanidade subtraída de si mesma.*

PREFÁCIO

Este livro é um verdadeiro presente para todos os que estão à procura de uma nova perspectiva em terapia. Apontando para nós aquilo que está faltando em nossas terapias convencionais, ele mostra, de forma não apenas teórica, que é possível ser realmente holístico e transdisciplinar em psicoterapia, por meio de uma casuística em que o autor demonstra grande maestria. Muito mais, Roberto Crema nos introduz, de maneira irresistível, na visão dos Terapeutas descritos por Philon de Alexandria, apresentando-se como verdadeiro seguidor de Jean-Yves Leloup, que acaba de publicar sua tradução da obra de Philon para o público brasileiro.

Genial a idéia de Jean-Yves Leloup, de fazer ressurgir, em pleno fim deste século XX a tradição da escola judaica dos Terapeutas, situada no tempo em que vivia Jesus Cristo, o grande Terapeuta da nossa civilização. Com este livro, Roberto Crema levanta, para o Brasil, o estandarte deste movimento renovador em terapia. Podemos considerá-lo, também, como o coroamento atual da carreira psicoterápica de Roberto Crema.

Conheci Roberto num seminário de Cosmodrama. Posteriormente, ele declarou, em seu livro, *Análise Transacional Centrada na Pessoa... e mais além*, que espiritualmente ficou muito tocado por esta experiência que, para ele, foi marcante e redefinidora. Isto explica por que, em certo dia de 1986, ele pediu-me para assumir a Presidência de um congresso em Brasília, que foi, em 1987, o ponto de partida do movimento holístico e deu margem à instalação posterior da Universidade Holística Internacional de Brasília, UNIPAZ. Desde então, uma profunda amizade se estabeleceu entre nós, graças a um trabalho diário em comum na gestão daquilo que é, hoje, a terceira Universidade da Paz no mundo, ao lado da de Tóquio e da Costa Rica. Durante esses anos, apreciei o seu espírito de abertura, a sua flexibilidade em situações difíceis, o seu espírito de humor aliado a uma diplomacia bem mineira. Foi sobretudo em nossa experiência comum no Colegiado Transdisciplinar da UNIPAZ que Roberto adquiriu um conhecimento e uma prática da inter e transdisciplinaridade que, de certo, muito facilitou o trabalho clínico que ele nos relata em *Saúde e Plenitude* que, sem dúvida, será um marco na história da psicoterapia.

É este o nosso voto profundo e o sinal de nossa gratidão ao amigo que, incansavelmente, ajudou-nos a erguer esta UNIPAZ e lançar este irreversível movimento holístico em prol da Paz e de uma Consciência Plena de Amor e Sabedoria.

PIERRE WEIL
Doutor em Psicologia, Consultor da Unesco, Reitor da UNIPAZ.

PRÓLOGO

> "Quanto à família dos Terapeutas, ela vive em constante esforço para aprender a ver com clareza, dedicando-se à contemplação do Ser. Que se erga acima do sol e jamais abandone esta regra de vida que leva à plena felicidade."
>
> PHILON DE ALEXANDRIA

Só existe uma estória e toda estória é única. A existência de cada ser humano é a representação singular de uma mesma epopéia: da humanidade que somos, do Mistério que encarnamos.

O momento trágico que vivemos ameaça pôr um fim nesta numinosa estória, de luzes e trevas, gemidos e melodias, tombos e encontros. Não há tempo a perder para os despertos que conspiram pelo prosseguimento evolutivo da aventura humana e preservação, com qualidade e dignidade, da vida planetária.

A realidade, em si, é inapreensível. Resta-nos a nobre tarefa de construir mitos, tentativas aproximativas com virtude orientadora, modelos úteis na empreitada do existir. Reconheçamos o óbvio: o mito do racionalismo científico, com seus ritos tecnológicos e dogmas como o da objetividade, encontra-se esgotado em seu potencial criativo. Se não for atualizado, é a própria civilização que padece, vítima de uma patologia dissociativa crônica e de anemia da essência, pela esclerose paradigmática lógica e tecnicista. É preciso ousar para não findar.

Nas comunidades tribais, é função do *xamã* atualizar o mito antigo à realidade emergente. Assim, o velho torna-se adubo para o florescimento do novo.

É tempo do rufar dos tambores e da dança alquímica em roda da fogueira. É tempo do Xamã. É tempo do parto de uma nova consciência para um novo existir. É tempo de reconstruir o templo da inteireza.

Síntese Transacional e Ecologia do Ser é como denomino o âmago dessa abordagem transdisciplinar holística, centrada no Encontro, a partir de uma perspectiva *holocentrada*. Sustenta-se na aliança entre o método analítico e o sintético, na reflexão de cinco metaprincípios norteadores e numa vasta visão antropológica e cartográfica do Ser, inspirados na tradição dos Terapeutas de Alexandria, segundo Philon, na tradução e releitura de Jean-Yves Leloup. É uma proposta reflexiva, com espaços vivenciais, que integra o plano pessoal ao transpessoal, considerando vigília, sonho, sono e êxtase uma *continuidade* de estados de consciência na totalidade da existência. Finaliza com a apresentação de uma ampla casuística, no contexto clínico, que ilustra e vivifica o seu corpo conceitual e metodológico.

O ser humano pleno pode ser considerado uma *utopia*, um incomensurável potencial reivindicando espaço para ser atualizado. É preciso denunciar o atual fragmentado e distorcido sistema de aculturação e educação como agentes de redução da vastidão do fenômeno humano a uma deplorável miséria psíquica e existencial que podemos denominar de *normose*. Uma *utopia com coração* é imprescindível na premente façanha de resgatar a consciência de inteireza, facilitando que o humano se desvele a si mesmo como um espaço de encontro de todos os planos do universo.

Destinado a terapeutas, educadores, consultores e pessoas que buscam, motivadas pelo processo de individuação, *Saúde e Plenitude* é uma obra que foi gestada ao longo de uma década. É um passo natural a partir da *Análise transacional centrada na pessoa... e mais além* (Ágora, 1984). Resumindo vinte anos de prática terapêutica e pesquisa teórico-vivencial em antropologia das religiões comparadas, esta obra direciona-se à integração e sinergia entre a psicologia moderna e a psicologia perene, esta última consistindo nas milenares tradições sapienciais da humanidade.

Para uma compreensão maior desta abordagem, é recomendada a leitura de dois livros anteriores: *Introdução à visão holística — Breve relato de viagem do velho ao novo paradigma* (Summus, 1989) e *Rumo à nova transdisciplinaridade: sistemas abertos de conhecimento* (Summus, 1994), este escrito em co-autoria com Pierre Weil e Ubiratan D'Ambrosio.

O Colégio Internacional dos Terapeutas, sob a orientação de Jean-Yves Leloup, inspirado nos Terapeutas de Alexandria, foi fundado em 1992, tendo como sede a UNIPAZ, Fundação Cidade da Paz e Universidade Holística Internacional de Brasília. O seu objetivo, conforme o projeto original, é "reunir terapeutas de diversos horizontes e competências, reconhecendo-se dentro de uma antropologia holística, uma ética, uma prática e orientação comuns, centrados no *cuidar do Ser*".

Este livro é um testemunho de fé nessa cosmovisão integrada e inclusiva, que encontra-se nos primórdios de nossa cultura ocidental, convergindo com as pesquisas científicas de ponta e concepções emergentes de diversos mentores da transmodernidade. O seu melhor foi escrito num estado de paixão sóbria, como um brinde à Borboleta do Ser que está prestes a desprender-se da crisálida da crise contemporânea.

> "Aqueles que se tornam Terapeutas, não o fazem por hábito ou pela insistência alheia, mas por um arrebatamento de amor divino."
>
> PHILON DE ALEXANDRIA

INTRODUÇÃO
HOLÍSTICA, UMA MUTAÇÃO DE CONSCIÊNCIA

> "Nosso conhecimento sobre o Bem e o Mal vai diminuindo à medida em que se acumulam nossas descobertas e experiências, e diminuirá ainda mais no futuro, sem que tenhamos a possibilidade de livrar-nos das exigências éticas. Nesta extrema incerteza, necessitamos da iluminação de um Espírito Santo Totalizador, que poderá ser tudo, menos nossa inteligência racional."
>
> CARL G. JUNG

> "Dá, pois, a teu servo, um coração que escuta para governar teu povo e para discernir entre o bem e o mal."
>
> SALOMÃO a IAHWEH

Vivemos um período ao mesmo tempo aterrador e maravilhoso. É um momento especial de passagem, o parto de um ciclo em que morte e vida se abraçam num espasmo de dor e plenitude. Brahma, supremo deus da criação, e Shiva, supremo deus da destruição, dançam juntos, neste instante, ao som da melodia universal que chamamos mutação. Ao olhar mais atento, Vishnu, supremo deus da conservação, sorri com os braços abertos para acolher os aflitos filhos da Vida.

Somos todos testemunhas privilegiadas, acordadas ou não, do nascimento de uma nova idade. A cada momento, é possível perceber um acréscimo de luz e de consciência à nossa volta, determinando uma espantosa aceleração de mudanças. A queda do muro de Berlim e a derrocada das ideologias representam exemplos paradigmáticos da transição conceitual, valorativa e atitudinal que ocorre nos nossos dias. E isso é apenas o inexorável princípio, uma tênue amostragem do que está por vir nesta última década do segundo milênio.

É preciso escolher entre dois caminhos: o do dinossauro ou o do mutante. Os resistentes à transmutação, adeptos da esclerose do passado e do conhecido, novamente serão soterrados, excluindo-se da nova civilização. Aos mutantes da consciência será destinada a herança evolutiva da humanidade.

Ser contemporâneo é o imenso desafio do nosso momento histórico. Viajamos da idade moderna para a transmoderna, da idade da razão para a idade da consciência no mais amplo sentido. Nossa tarefa é a de inventar uma nova linguagem, um novo código para o tempo-espaço do EU SOU.

Na nova idade, todos somos convocados à inteireza. O ser mutilado, fragmentado na mente, no coração e no existir, será removido para o museu do ontem. Apenas os inteiros estarão preparados para os novos desafios. Por essa razão, o termo-chave é o *holístico*, proveniente do grego *holos* que significa inteiro, total. A palavra holística, pelo desgaste do mau uso e do abuso, poderá ser substituída; seu significado, entretanto, permanecerá.

Para melhor compreender este momento crítico de passagem, voltamos nossa visão, numa rápida olhada, para o fecundo século XVII. Nessa ocasião, mediante uma espetacular rebelião da inteligência, aconteceu, na heurística pensamentosfera européia, o nascimento impactante da idade moderna ocidental, cujo ocaso estamos presenciando. Como sempre, foram alguns espíritos rebeldes, sensíveis às contradições da época, que se insurgiram na criação de uma nova síntese.

Um tributo de reconhecimento é necessário ser estendido aos traumatizados de todos os tempos. Aos dotados da capacidade de sentir, na própria carne, a dor coletiva da humanidade ultrajada. Final da Idade Média, quando o obscuro prevalecia e o poder religioso exercia uma despótica dominação: a objetividade reprimida pelo cânone aristotélico-tomista, o imanente esmagado pelo fator tido como transcendente, a experiência subjugada pelos dogmas dominantes, as mentes mais iluminadas silenciadas pelo terrorismo da consciência, representado pela diabólica Inquisição. E, no alvorecer do século XVII, por obra de videntes sensíveis e horrorizados, a revolta dos esclarecidos não pôde mais ser contida. A Revolução Científica entoou o seu iluminista brado. Galileu, antecedido pelo gênio de Copérnico, desembainhou a espada da precisão matemática, e o escudo de uma metodologia científica-hipotética-dedutiva foi erguido triunfalmente. Bacon desenvolveu a estratégia da experiência — o empirismo e o método indutivo — para derrotar a peste do dogmatismo. Descartes fez ressoar seu grito de guerra racionalista — o método analítico — iluminando, com o seu cogito discriminativo, a escuridão do campo de batalha. E Newton disparou a fatal seta da física mecânica, destinada ao coração do Caos do mundo, para ordená-lo, aprisionando-o na esfera impecável de mecanismos movidos por eternos ditames naturais.

Seguiu-se, natural e dialeticamente, a mudança de polaridade. Veio o Século das Luzes. O fator objetivo passou a ser decantado em tratados e fórmulas. A subjetividade e a dimensão do coração, consideradas não-científicas, foram proscritas, destinadas aos artistas e poetas delirantes. O fator sublime foi encarcerado em sombrios conventos, mosteiros e templos. O imperscrutável foi banido, abandonado aos místicos. A Razão estendeu o seu império por todas as plagas, com a bandeira do determinismo — biológico, econômico, geográfico, psíquico — desfraldada. Laboriosamente, os antigos traumatizados ergueram e retocaram sua obra-prima: o racionalismo científico, com elegante base disciplinar, que gerou o especialista, exótico sujeito que de quase-nada sabe quase-tudo.

E cá estamos nós, os novos traumatizados. Num mundo esfacelado, com o conhecimento fracionado em compartimentos estanques, cindido em esferas aprisionantes, torturado por máscaras e papéis desconectados, esvaziado de um sentido maior, desvinculado da *sagrada inteireza*. De um extremo fomos ao outro: a Universidade, decantada como templo de saber, com um reitor tratado de Magnífico (!), onde hipertrofiamos o intelecto e nos saturamos de informações, sacrificando no altar das disciplinas a mente abrangente e sintética da espécie. Infelizes vítimas da patologia dissociativa crônica e paradigmática instalada no seio da crise planetária que sofremos, traduzida pelo infindável conflito intrapsíquico-interpessoal-internacional.

Uma outra revolta da inteligência, suave e irreversível, agita as suas ondas neste momento, convocando os mais sensíveis e atentos. O movimento holístico, definitivamente, não é uma moda, como muitos pretendem. É uma resposta biológica e vital de perpetuação da espécie perante a ameaça de uma autodestruição global; é um catalisador de transmutação, no seio do qual está sendo gerado o ser humano do *agora*.

Necessitamos investir no universo psíquico interior, tão vasto quanto o exterior, da mesma forma como temos investido, nos últimos séculos, no mundo da matéria. Conquistar qualidade na ecologia do Ser é um passo prioritário para sua natural transpiração e extensão na ecologia social e ambiental. Onde lograr paz e harmonia se elas não habitarem o interior de nossas moradas?

Esclarecer ou esclerosar! Urge realinhar nossos referenciais teórico-práticos com a ecologia profunda e o paradigma holístico emergente. É útil relembrar que, em 1956, justamente no ano em que Eric Berne publicou dois importantes artigos que inauguraram o seu enfoque da análise transacional, o eminente físico Robert Oppenheimer proferiu uma significativa conferência na American Psychological Association. Nesta, Oppenheimer advertiu seriamente os psicólogos, sustentando que o pior possível para a psicologia seria deixar-se modelar por uma física ultrapassada e insuficiente. Transcorridos 40 anos após tal admoestação, a grande maioria de psicólogos, educadores e demais profissionais do Ocidente continua encalhada no paradigma cartesiano-newtoniano, indolentemente resistindo a qualquer visão que não seja a clássica, apoiada nos rudimentares receptores sensoriais, os cinco sentidos humanos. Para não nos deixarmos enterrar na tumba do obsoleto, é um imperativo, até mesmo ético, já que encontra-se em jogo o próprio destino da espécie, saltar para o além-do-conhecido, reinventar o homem e o mundo.

Ousaremos enfrentar o desafio da inteireza? Ousaremos conspirar por um ente humano integral, vinculado à dimensão interconectada do saber e do amor? Ousaremos saltar para o desconhecido, afirmando o viver evolutivo? Ousaremos reivindicar, atrevidamente, nossa condição de seres eretos, destinados a interligar terra e céu? É promissor constatar que um número progressivo de indivíduos, das mais diversas origens, culturas e ocupações, estão abrindo os olhos, despertando e conspirando pela renovação consciente de nossos horizontes. Não será um bom tempo para os insensíveis, sonolentos e arrogantes proprietários das velhas certezas!

> "Se quiseres que o oceano da tua alma permaneça num estado de movimento salutar, morre para toda a antiga vida e, depois, silencia."
>
> FARID ATTAR

ABORDAGEM HOLÍSTICA: INTEGRAÇÃO DO MÉTODO ANALÍTICO E SINTÉTICO

> "A natureza, nós explicamos; a vida da alma, nós compreendemos."
>
> WILHEM DILTHEY

> "Como a análise decompõe o material simbólico da fantasia em seus componentes, o processo sintético integra-o numa expressão conjunta e coerente."
>
> C. G. JUNG

> "A análise obtém seu significado somente pela síntese; sem ela, degenera num processo de desintegração desprovido de sentido."
>
> LAMA ANAGARIKA GOVINDA

O método analítico: dividir para conquistar

No Ocidente, o método analítico foi essencialmente concebido no discurso filosófico de René Descartes (1596-1650) (1), considerado o pai do racionalismo moderno. Suas raízes encontram-se cravadas, portanto, no paradigma cartesiano-newtoniano, gerado na heurística pensamentosfera européia do século XVII. À moda atomista, o método analítico implica sempre no processo de decomposição de algum objeto em seus componentes básicos e na investigação de como os efeitos dependem de respectivas causas. Seu postulado subjacente é que os fenômenos são causados e redutíveis aos seus elementos: é *redutivo-causal*.

O encantamento de Descartes pelas máquinas influenciou profundamente a sua visão de homem. Na antropologia cartesiana o ser humano é focalizado como uma engenhosa máquina, o que deu origem ao enfoque *mecanicista* na ciência. Isaac Newton (1642-1727), o grande sintetizador do paradigma que sustentou o racionalismo científico moderno, extrapolou a metáfora do homem-máquina para o universo-máquina, movido por leis necessárias e imutáveis, ampliando até os confins a visão mecanicista, implícita na abordagem analítica. Com sua ênfase empírica, apoiada na causalidade e buscando compulsivamente regularidades, tal metodologia é *determinista*, pretendendo uma função *explicativa*.

Alguns séculos após Descartes, o enfoque analítico foi aplicado à ciência psíquica, de forma modelar, pelo neurologista e psiquiatra austríaco, Sigmund Freud (1856-1939), o famoso criador da psicanálise. Refletindo a tendência dominante na sua época, Freud abordava a psicologia como uma ciência da natureza e os processos psíquicos como eventos naturais. Sua proposta foi a de uma investigação objetiva sustentada no método científico-natural, com pretensão explicativa ("Freud explica!", diz o conhecido ditado popular, apontando para o cerne do paradigma psicanalítico). Afirmava explicitamente ter erigido a psicanálise em bases semelhantes às de qualquer ciência natural, como a física ou química. Postulando tal equivalência, Freud, inclusive, considerava possível a futura substituição do seu enfoque psicanalítico pelo tratamento farmacológico bioquímico.

"Preso desde o início ao mal-entendido cientificista, Freud sucumbe a um objetivismo que retorna, sem qualquer mediação, do estágio da auto-reflexão ao positivismo da época, à moda de March, e assume, por isso mesmo, uma forma particularmente áspera", afirma o filósofo alemão e eminente crítico do positivismo, Jurgen Habermas (2), discorrendo sobre o "auto-equívoco cientificista da metapsicologia freudiana".

O projeto de uma psicologia científico-naturalista é justificado e até mesmo necessário enquanto aplicado à esfera corpóreo-animal-máquina do ser humano. Somos também natureza física e existe certamente uma dimensão na qual estamos sujeitos à causalidade mecânica. O homem previsível, movido por uma sutil engenhoca psíquica, que Freud denominou *inconsciente* e Berne operacionalizou como *script*, atesta o rudimentar caráter mecanicista da espécie. E é aqui que o método analítico demonstra sua comprovada utilidade e eficácia.

Analisamos para controlar, seguindo um antigo postulado estratégico: *dividir para reinar*. A operação racional de desmontar conjuntos e retalhar totalidades serve a uma aspiração de precisão e previsibilidade. Não é para se estranhar, portanto, que a ciência ocidental, analítica por excelência, tenha se centrado na frenética busca de *controle* das variáveis e dos eventos. É parte inerente do analisar gerar leis que indicam regularidades e possibilitam prever os acontecimentos. Assim é que *ordenamos* o mundo, tornando-o familiar e previsível. Assim é que determinamos os fatos. Assim é que subjugamos a natureza e desvirginamos o espaço sideral.

Entretanto, o método analítico esbarra na dimensão essencial do homem. Ele fracassa diante daquilo que os antigos denominavam de Mistério. Não há bisturi habilitado para dissecar Holos, reduzindo-o a meras engrenagens e explicações. Um outro caminho torna-se indispensável para o investigador que não se acovarda diante da imensidão do que Teilhard de Chardin (3) denominou de Fenômeno Humano.

O método hermenêutico de Dilthey

Em direção a uma metodologia *sintética*, coube a um contemporâneo de Freud, o filósofo alemão Wilhelm Dilthey (1833-1911) contribuir de modo significativo. Dilthey, considerado um dos impulsionadores das ciências histórico-filosóficas, denunciou as contradições do método reducionista científico-natural, apontando para a dimensão do espírito. Na sua teoria da compreensão expressiva, do imenso complexo vital, Dilthey destaca, em contraposição às ciências da natureza, o domínio das *ciências do espírito*.

Habermas cita um trecho elucidativo da obra de Dilthey (2): "A partir das tarefas da própria vida desenvolveu-se, por assim dizer de forma vegetativa, ao lado das ciências naturais, um feixe de conhecimentos interligados entre si pelo objeto comum. Tais ciências são a história, a economia política, as ciências do direito e da política, o estudo da religião, da literatura e da poesia, da arquitetura e da música, das concepções do mundo e dos sistemas filosóficos e, por fim, da psicologia. Todas essas ciências reportam-se a uma e mesma realidade: a espécie humana. Elas descrevem e relatam, julgam e compõem conceitos e teorias com esse fato (a espécie humana). E assim aparece pela primeira vez a possibilidade de demarcar esse grupo de ciências em sua relação com o mesmo fato: a humanidade, distinguindo-as, assim, das ciências da natureza". Desta forma, Dilthey apontava para um saber imediato, livre do jugo e arbítrio do método científico clássico, do positivismo e cientismo, prescrevendo basicamente dois caminhos: o da *descrição da vida* e o da *compreensão da vida* por si mesma.

Dilthey afirmava a vida como um mistério insondável suscetível de ser compreendida — e não explicada — por si mesma. Vida é totalidade e também parte: um ritmo todo-parte que pode ser vivenciado. Na filosofia diltheyana a vivência é a unidade viva do mundo histórico-social. No nexo da vivência encontra-se o *significado*, já que há de existir sentido onde houver vida.

Para Dilthey, a consciência dita o valor da experiência que é o elemento criador da atividade psíquica superior. Na sua concepção, é do *interior* que o sujeito vivencia a realidade, sendo a compreensão um ato onde experiência e teoria se entrelaçam. Enquanto eventos naturais podem ser ex-plicados através de hipóteses nomológicas segundo o método analítico, os complexos simbólicos são compreendidos a partir da interioridade relacional e da intersubjetividade, de acordo com o método hermenêutico. Enquanto a natureza se ex-plica a alma se in-plica, se assim podemos resumir um postulado básico diltheyano.

Dilthey enfatiza a conexão entre vida, expressão e compreensão: a vivência é estruturada dentro de uma totalidade significativa por conjuntos simbólicos, ligada às intenções e mediatizada por um ato de apreensão de sentido. A análise é progressiva e fragmenta um todo que pode ser imediatamente apreendido pelo saber compreensivo, como demonstra o poeta, que esse filósofo considerava a antena vital da humanidade. Por outro lado, afirmava que todo fragmento de recordação relaciona-se com a psique total, sendo o sentido da existência singular e irredutível ao conhecimento, como a *mônada* postulada por Leibniz. Na sua concepção, o fundamento das ciências do espírito é o ato-de-se-partir-da-vida: o presente está pleno do passado e prenhe de futuro, sendo o desenvolvimento de uma biografia individual caracterizado pela vivência de continuidade e autonomia espontânea de um processo vivo.

Dilthey postulava uma continuidade entre natureza e história, homem e mundo, sendo nossa tarefa primordial a compreensão da vida através do relacionamento do todo com suas partes: o significado da parte encontra-se no todo e o todo se forma a partir da compreensão das partes. Vida = Todo + Vida = Parte, eis a fórmula sintetizadora do pensamento diltheyano, conforme Pacheco Amaral (4).

Alertando contra o risco da naturalização do espírito, Dilthey apontava para a totalidade irredutível da vida da alma, origem de todos os fatos humanos. "A idéia fundamental da minha filosofia é que até agora não se colocou uma única vez a experiência plena e não-mutilada como fundamento do filosofar, portanto, nem uma só vez a realidade plena e total", sustentava esse filósofo do espírito (4). Sua obra representou um possante apelo para que voltemos à fonte de toda vitalidade, à energia infinita do espírito, ao *todo*, restabelecendo a unidade original e abrindo espaço para a compreensão da vida por si mesma.

A obra de Dilthey converge com a do grande pioneiro da abordagem holística, o filósofo sul-africano Jan Smuts (1870-1950), que postulava uma *continuidade evolutiva* entre matéria, vida e mente e uma *tendência sintética* universal por ele denominada de *holismo*.

O método sintético de Jung

Carl Gustav Jung (1875-1961) (5), médico e psicoterapeuta suíço, o erudito dissidente freudiano e um dos mais profundos repensadores deste século, a partir da sua investigação e vasta experiência clínica, já em 1916 declarava a insuficiência do método analítico na prática psicoterápica. Com sua ampla visão, postulava o método *sintético* ou *construtivo*. "O processo natural da unificação dos contrários serviu-me de modelo e fundamento para um método que consiste essencialmente em provocar intencionalmente o que a natureza produz inconsciente e espontaneamente e integrá-lo à consciência e seus conceitos", aclarava Jung, dissertando acerca do árduo processo de lidar com o inconsciente, visando a *função transcendente*. Tal função, virtualmente terapêutica, consiste em lançar "uma ponte sobre a brecha existente entre o consciente e o inconsciente".

Considerando o método original psicanalítico um "procedimento redutivo exclusivamente causal que decompõe o sonho (ou fantasia) nos componentes de reminiscências e nos processos instintivos que lhe constituem a base", Jung (5) justificava ao mesmo tempo que apontava para as limitações deste processo: "Ele chega ao fim no momento em que os símbolos dos sonhos não são mais passíveis de serem reduzidos a reminiscências ou anseios pessoais, isto é, quando emergem as imagens do inconsciente coletivo. Seria insensato querer reduzir tais idéias coletivas a assuntos pessoais. Não só insensato, mas também nocivo, como a experiência me tem ensinado de modo doloroso". Confessando, apesar de seu aprendizado com o fracasso, sua dificuldade e hesitação em abandonar a orientação exclusivamente analítica e personalística da psicoterapia, Jung (5) enumerou as razões para sua proposição de um novo e amplificador método sintético:

> "Em primeiro lugar, tive que me convencer profundamente de que a 'análise', na medida em que se restringe à decomposição, deve ser necessariamente seguida por uma síntese. Em segundo lugar, tive de me convencer da existência de um material psíquico praticamente desprovido de significado quando simplesmente decomposto, mas que encerra uma plenitude de sentido ao ser confirmado e ampliado por todos os meios conscientes (é a chamada amplificação). Os valores das imagens ou símbolos do inconsciente coletivo só aparecem quando submetidos a tratamento *sintético*".

Foi através do fundamental trabalho com os *sonhos* que Jung diferenciou a interpretação analítica (causal-redutiva) da interpretação sintética (construtiva). A primeira, segundo o ponto de vista causal freudiano, circunscreve-se às expressões oníricas identificadas com objetos reais, e que Jung denominou de *interpretação no nível do objeto*. Por exemplo, a pessoa sonha com uma escada e são levados em conta os significados deste objeto na busca de decifrar o episódio onírico. Enquanto que a sintética destaca a *finalidade*, além do aspecto causal, identificando cada componente do sonho com o próprio sonhador: é a *interpretação no nível do sujeito*. No exemplo acima, a escada será considerada agora como a representação de uma parte projetada do próprio sonhador.

"A interpretação no nível do objeto é *analítica*, pois decompõe o conteúdo do sonho em complexos de reminiscências que se referem a situações externas. A interpretação no nível do sujeito, ao invés, é *sintética*, pois desliga das circunstâncias externas os complexos de reminiscências em que se baseia e os interpreta como tendências ou partes do sujeito, incorporando-os novamente ao sujeito (...) Neste caso todos os conteúdos do sonho são concebidos como símbolos de conteúdos subjetivos", resume Jung (5).

É interessante mencionar que, segundo os *tipos psicológicos* postulados na psicologia junguiana, Freud pode ser considerado um extrovertido, sendo Jung, declaradamente, um introvertido. Não é para se estranhar, portanto, que o primeiro tenha enfatizado o objeto (ex-terior; ex-plicação) e o segundo o sujeito (in-terior; in-plicação). Como veremos adiante, na abordagem holística — e como fazia o próprio Jung, que abordava o fenômeno psicológico do ponto de vista da causalidade e da finalidade — ambas metodologias precisam ser integradas, já que não são antagônicas e, sim, complementares.

Muitas décadas mais tarde, Frederick Perls (1893-1970), o criador da gestalterapia — possivelmente por um caminho próprio já que, curiosamente, não citou Jung, ao que me consta —, focalizou e acentuou psicodramaticamente o trabalho com o sonho no nível do sujeito. Fritz, como era conhecido pelos seus discípulos, postulava o sonho como uma amostragem existencial: o sonho é o próprio sonhador que projeta, na tela onírica, os seus diversos conteúdos, conformando um drama, com uma mensagem sobre o momento existencial da pessoa. Para imprimir vida ao sonho, em vez de analisá-lo ou interpretá-lo, Fritz (6) propunha a sua *revivência no presente*, com a encenação dos seus componentes significativos. A *identificação* com o objeto onírico é o movimento oposto ao da alienação ou projeção, constituindo um caminho integrativo de resgate do que foi projetado através do sonho. Afirmava Fritz (7):

"Uma técnica gestáltica de integração é o trabalho com sonhos. Nós não fazemos jogos de interpretação psicanalítica. Suspeito que o sonho não seja um desejo satisfeito, nem uma profecia do futuro. Para mim, é uma mensagem existencial (...) Na prática, deixo o paciente encenar (*act-out*) todos os detalhes do sonho (...) Assumimos que cada parte do sonho é uma projeção. Cada fragmento do sonho, cada pessoa, coisa, estado de espírito, é uma porção de self alienado".

Comparemos esta afirmação com outra, de Jung (5), que, quase meio século antes, sustentava:

"Em oposição à opinião freudiana bem conhecida segundo a qual o sonho em essência não é senão a 'realização de um desejo', eu adoto, com um amigo e colaborador, A. Maeder, a opinião de que o sonho é uma *auto-representação, em forma espontânea e simbólica, da situação atual do inconsciente* (...) Toda a elaboração onírica é essencialmente subjetiva e o sonhador funciona, ao mesmo tempo, como cena, ator, ponto, contra-regra, autor, público e crítico. Esta verdade tão singela forma a base dessa concepção do sentido onírico que designei pelo título de interpretação ao *nível do sujeito*. Esta interpretação, como diz o próprio termo, concebe todas as figuras do sonho como traços personificados da personalidade do sonhador".

Por outro lado, a maior contribuição de Jung para a sustentação de uma abordagem sintética creio ter sido o audacioso e vidente conceito, desenvolvido sob a inspiração da física quântica, de *sincronicidade*, calcado na simultaneidade: coincidência significativa ou princípio de conexões acausais.

A logoterapia de Frankl

Viktor E. Frankl, médico psiquiatra e doutor em filosofia austríaco, é o conhecido criador da logoterapia, por ele considerada a "terceira escola de Viena" — seguindo-se à psicanálise freudiana, centrada na *vontade de prazer*, e à psicologia individual de Adler, que destaca a *vontade de poder*. Reagindo a estas duas tendências reducionistas, Frankl ergueu a sua voz no deserto hostil racionalista da década de 30, postulando a *vontade de sentido*. A logoterapia, que toma do denso e complexo termo grego *Logos* a tradução exclusiva de *sentido*, sustenta que a presença de um significado para a vida é um dos alicerces básicos da saúde psíquica, bem como eficaz antídoto contra a "neurose de massa" provocada pelo *vazio existencial*, tão característico das últimas décadas.

Frankl, que nasceu em 1905 e ainda vive, desenvolve uma *ontologia dimensional* como núcleo do seu enfoque teórico-prático, levando em conta a totalidade humana que não pode ser reduzida a nenhuma esfera exclusiva, seja biológica, psíquica, social, econômica etc. Nesta visão o homem *é* corpo, *é* alma e *é* espírito: corpoalmaespírito.

A logoterapia centra-se no espírito (do grego *pneuma*) afirmando ser espiritual a dimensão própria e singular do homem. Tal dimensão caracteriza-se pelo aspecto da liberdade — que tem na vontade seu agente —, da responsabilidade, autotranscendência e religiosidade, habitando um espaço humano de valores. Para Frankl, a vontade de sentido representa o motor básico do nosso existir, o que nos impele essencialmente, sem o qual opera o vazio frustrante e estéril, fator básico de patologias diversas. "Com um *porque* pode-se suportar qualquer *como*", afirma Frankl (8), com a autoridade de quem sofreu durante anos a dura provação dos campos de concentração nazistas, onde perdeu quase toda a sua família e onde também desenvolveu o fundamento do seu credo e proposta psicoterápica.

Recebendo ampla e benéfica inspiração de Dilthey, Frankl desenvolveu uma *logoteoria* dando sustentação a uma *logoatitude* na base da sua proposta psicoterápica. Penso que sua maior contribuição foi o ter construído este elegante e consistente corpo teórico-filosófico-atitudinal, mais do que sua técnica psicoterápica que, frente àquele, empalidece.

A logoterapia de Frankl fundamenta-se na abordagem *compreensiva* e num método sintético próprio, que ressalta os conceitos de sentido, totalidade, unidade, vivência, interioridade e valor, entre outros. Afirmou o logoterapeuta Ricardo Sale (9), que tentar apreender a dimensão propriamente humana apenas com o método científico-natural é como tentar "tomar sopa com garfo". O próprio Frankl sublinhou que sua abordagem não invalida as "descobertas sérias e legítimas dos grandes pioneiros como Freud, Adler, Pavlov, Watson, ou Skinner" cujas contribuições, entretanto, apenas adquirem real importância "quando as colocamos no âmbito da dimensão humana". Conclui Frankl (10) que neste âmbito, sem dúvida, "o homem não pode mais ser considerado apenas como uma criatura cujo interesse fundamental é o de satisfazer as pulsões, de gratificar os instintos, ou então, dentro de certos limites, reconciliar entre si o Id, o Ego e o Superego, nem a presença humana pode ser entendida simplesmente como o resultado de condicionamentos ou de reflexos condicionados. Neste âmbito, ao contrário, o homem se revela como um ser em busca de um sentido. O esvaziamento dessa busca explica muitos males de nosso tempo".

O homem integrado: órgão de síntese

No seu livro *Antropologia de sintesis, ritmos y funciones del hombre planetario*, o psiquiatra argentino Ramón Pascual M. Soler afirma que o método de síntese, em princípio, não é o caminho da ciência integrada, e sim o caminho da integração do homem: um caminho vivo que vai do mundo das coisas às fontes do ser; do objeto da ciência ao ser humano que faz a ciência.

Afirmando que os dois caminhos metodológicos clássicos, o *dedutivo* — que do geral apreende o particular — e o *indutivo* — que dos fatos particulares ascende às leis gerais —, há séculos utilizados pela inteligência humana, encontram-se já esgotados, Ramón Soler (11) indica um "terceiro caminho", de resgate da visão dos antigos alquimistas que consideravam o método e o sujeito como uma unidade indissolúvel:

"O novo método é algo essencialmente distinto; o sujeito e a regra já não são duas coisas diferentes e sim constituem a mesma estrutura vivente do ser humano (...) Agora se abre um novo 'discurso do método' e o homem novo avança por um caminho em que o sujeito é o método. Isto supõe uma mudança total de enfoque para a epistemologia da ciência, já que, em sua nova dimensão, o método além de implicar um meio de conhecimento é também um *método de vida*".

Ramón Soler destaca o sentido revolucionário desta passagem para um *método vivente* que nos habilita para a investigação da consciência inexplorada. Esse neopensador afirma que o homem da "ciência do futuro" deve participar com a sua própria vida na tarefa de sintonizar com a alma dos fenômenos que busca pesquisar. Assumir esta atitude holística que transcende a arraigada dicotomia sujeito-objeto implica superar o terrorístico ideal baconiano que liga conhecimento ao poder e que prescreve arrancar, à força, os segredos da Natureza. Esta nova qualidade de aprender é um caminho de encontro, de comunhão: de "união por similitude", de união pelo ser. É um método de *participação*, de *religação*: um salto além da fragmentada visão dualista.

Por outro lado, o "terceiro caminho", transcendendo o enfoque exclusivamente racional, compromete-se com a dimensão do significado. "A esta nova consciência oscilante e reversível chamamos 'egoência', uma consciência alternante entre a dimensão horizontal do tempo e a dimensão vertical dos significados. É um 'terceiro olho', que descobre a trama invisível que vincula entre si os acontecimentos. Dois olhos são suficientes para olhar, mas não para *ver*", declara Ramón Soler.

Postulando a *síntese* como expressão de um campo unificado de consciência cuja porta de acesso é uma indispensável terceira visão, o médico e filósofo Ramón Soler assinala nossa carência do "órgão de síntese". Somos ricos em termos de conhecimentos e miseráveis quanto a significados: a crise da ciência é, fundamentalmente, uma *crise de visão*. E em que consiste um órgão de síntese? Na superação das polaridades, na inspiração e experimentação, profecia e ciência-tecnologia, ciência pura e aplicada, fé e razão, conhecimento e vida, responde Ramón Soler.

Enfim, o verdadeiro catalisador do processo de síntese é o próprio *homem integrado*. Um método de síntese extrapola o mero discurso e regras de procedimento, exigindo uma mudança de *ser* no homem. Além da teoria, envolve uma nova atitude diante da vida e do real. É um caminho vivo e evolutivo, indissoluvelmente ligado ao próprio caminhante.

Krishnamurti: monumento vivo de síntese

O sábio hindu Jiddu Krishnamurti (1895-1988) dificilmente poderá ser enquadrado em qualquer sistema ou escola conhecida. Mestre da consciência, mundialmente reconhecido por sua vasta obra, congruente com sua longa e fecunda vida, Krishnamurti sempre e lucidamente criticou e abominou qualquer tipo de método para se chegar ao conhecimento da realidade viva. Por ter percorrido e postulado sistematicamente este caminho, considero ter sido *este* o seu método: o *não-método*, que pode ser considerado *sintético radical*.

Desde 1927, quando rompeu audaciosamente com a Sociedade Teosófica que o preparava desde criança, por sua excepcional natureza, para assumir a função de um mestre universal, Krishnamurti seguiu insistindo que a verdadeira liberdade consiste na rejeição do conhecido, pregando uma revolta da inteligência contra todo tipo de padronização e de hábitos que só produzem a mediocridade. Para Krishnamurti (12), a autêntica educação é um processo de facilitar a compreensão do significado da vida como um todo, gerando entes humanos integrados e inteligentes. "Inteligência é a capacidade de perceber o essencial, *o que é*; despertar essa capacidade em si próprio e nos outros, eis em que se resume a educação", afirmava com maestria aquele que nunca aceitou o papel de mestre. Assinalando a tendência do nosso sistema educacional como centrado na adaptação, na perversa comparação, na repetição do introjetado, constituindo-se em fábrica geradora de seres subservientes e mecânicos, "incompletos, estultificados e estéreis", Krishnamurti destacou a *intuição* como o intenso estado desperto da inteligência, característica do ser humano consciente e independente.

Denunciando o absurdo de se pretender atingir o todo apegando-se às partes, Krishnamurti postulava a *atenção-sem-escolha*, atenção pura e isenta do processo mecânico do reconhecimento e do pensamento, que são reflexos mortos das experiências passadas, resíduos, entulho, memória. Consciência é a negação, a cada instante, de todo o passado: é uma comunhão com a realidade originada no silêncio, essência do vazio. A completa "imobilidade do cérebro" gerando o fim do pensamento e princípio da meditação, espaço de infinita bênção, eis a postulação básica e o provocador desafio de Krishnamurti (13):

> "O intelecto, o pensamento, o sentimento e a consciência nascem do vazio da mente. A árvore não é a palavra que a designa, não é as folhas, os galhos ou as suas raízes; é o conjunto desses elementos que forma a árvore, e esta, por sua vez, nada tem a ver com suas partes componentes. O conteúdo mental é um atributo da mente, que em si é o vazio, mas não é a própria mente. O tempo e o espaço vicejam nesse vazio. A vida e seus inumeráveis problemas formam o conteúdo do cérebro. Limitado por natureza, o cérebro é incapaz de apreender a vastidão da mente, porque o todo não é a soma das partes. No entanto, contrariamente a este princípio, o cérebro busca formar o todo através da união das partes que se contradizem".

Desprezando o processo de acúmulo, negando qualquer tipo de evolução progressiva, Krishnamurti apontava para a prioritária necessidade de uma revolução interior traduzida pela mutação de consciência, instantânea, salto abrupto, descontinuidade radical, no mesmo ato transformadora do homem e do mundo que são inseparáveis. Tal mutação de consciência jamais será produto da análise: desta nasce o analista isolado e o conflito inexorável. Na atenção total é dissolvida a dualidade sujeito-objeto, extinguindo-se o medo. Acontece então a mudança real, que consiste, simplesmente, em *ser o que se é*. Nenhuma escolha, nenhum esforço, nenhum ideal, nenhum centro: só êxtase, em que amor e morte enlaçam-se no vazio fértil; só o borbulhar pleno da vida na eternidade do aqui-e-agora.

Sempre implacável, sóbrio e devastador, o caminho de Krishnamurti é o da negação de tudo que não é essencial. Gigante solitário, no Ser fixou a sua residência. Monumento de síntese, brado de alerta, despertador de homens, Krishnamurti.

Sinopse do caminho analítico e sintético

Esboçando um resumo, o método *analítico* moderno é um importante fruto do racionalismo científico que ergueu-se como saudável e necessária reação ao indiferenciado obscurantismo medieval que simbiotizava religião e ciência sob a tirania da "Santa" Inquisição. Focaliza a parte, buscando as unidades constitutivas e atuando como eficiente bisturi retalhador de totalidades. Gerou o enfoque disciplinar caracterizado pela tendência reducionista e unilateralidade de visão. Sustentado no paradigma mecânico clássico, inclinou-se para um enfoque mecanicista.

Caracteriza-se pelo aspecto quantitativo, perseguindo o ideal da codificação matemática. Fundamenta-se, sobretudo, na razão e sensação, dirigindo-se pelos conhecidos cinco sentidos humanos. Parte do princípio da forçosidade, ou seja, prescreve a existência de leis necessárias e gerais que engendram o determinismo, visando o controle e a previsibilidade. Veste o aparamento sofisticado da exatidão. Implica a abordagem linear da causalidade: todo fenômeno é efeito de uma causa. É progressivo, acumulativo. Parte de uma atitude básica extrovertida, afirmando-se como excelente instrumento de estudo e exploração do espaço exterior. Tem como meta ideal a objetividade e isenção valorativa, excluindo a subjetividade do seu manipulador. Sua vocação é experimental: seu produto típico é gerado em laboratórios sofisticados com manipulação impecável das variáveis. Seu substrato neurofisiológico — levando em conta a interconexão cerebral — é o hemisfério esquerdo, da racionalidade, predição e angústia humana. Caracteriza a mentalidade típica do ocidental. Postula uma função explicativa: objetiva explicar ativamente o universo.

O método *sintético* delineou-se no final do século XIX e início deste, como uma reação à fragmentação e dissociação geradas pela síndrome do analisicismo. Focaliza a totalidade, a interconexão, a forma, a *gestalt*, visando o processo de vinculação e unificação. Sua tendência é ampliadora e de integração. É uma via qualitativa que se indica mais por linguagem poética e através de metáforas, por seu caráter inefável. É orgânico, retomando os ritmos vitais. Fundamentado principalmente nas funções psíquicas do sentimento e intuição. Parte de um espaço de indeterminismo, de intrínseca liberdade e responsabilidade. Enfatiza a participação e a singularidade de cada encontro. Ocorre na instantaneidade. no salto abrupto, no *insight*: é não-cumulativo. É sincronístico, reconhecendo as coincidências significativas ou o princípio das conexões acausais ou transcausalidade, segundo Progoff (l4). Reveste-se de tecido vivo, flexível e impreciso, desapegado da exatidão. Amplia-se no aspecto descritivo e biográfico. Guia-se por uma visão introspectiva que descortina e investiga o espaço interior. Assume um caráter consciencial subjetivo, a intersubjetividade e os valores. Focaliza a finalidade, o significado ou sentido. Sua vocação é experiencial: seu produto típico é fruto do laboratório vibrante da vivência humana. Seu substrato neurofisiológico é o hemisfério cerebral direito. Caracteriza a mente clássica do oriental. Não se distingue do sujeito. Exerce uma função compreensiva: é um caminho para se compreender contemplativa e participativamente o universo.

Destaco, no quadro sinóptico a seguir, as características predominantes do método analítico e do sintético, ressaltando ter este uma finalidade apenas didática e indicativa:

Método Analítico	Método Sintético
• Reação ao dogmatismo e obscurantismo medieval	• Reação ao racionalismo positivista e analisicismo moderno
• Ênfase na parte	• Ênfase na totalidade
• A serviço da decomposição	• A serviço da unificação
• Fatos específicos, particulares	• Realidade plena, total
• Tendência reducionista	• Tendência ampliativa, globalista
• Via quantitativa	• Via qualitativa
• Caráter mecanicista	• Caráter organicista
• Fundamentos principais: razão e sensação	• Fundamentos principais: emoção e intuição
• Somático (5 sentidos clássicos)	• Psíquico
• Necessidade e leis	• Liberdade e responsabilidade
• Determinista	• Indeterminista
• Exatidão, regularidade	• Incerteza, flexibilidade
• Codificação matemática	• Codificação poético-metafórica
• Reprodutividade	• Unicidade
• Visa o controle	• Visa a participação
• Previsibilidade	• Imprevisibilidade (inclui Mistério)
• Geral, regularidade	• Singular, biográfico
• Inclinação indutiva	• Inclinação dedutiva
• Progressividade, acumulação	• Instantaneidade, descontinuidade
• Relação causal	• Relação acausal: sincronicidade
• Ponto de vista da causalidade	• Ponto de vista da finalidade (sentido)
• Espaço externo (exterioridade)	• Espaço interno (interioridade)
• Nível do objeto	• Nível do sujeito
• Realidade objetiva	• Consciência, valores
• Experimental	• Experiencial
• Hemisfério cerebral esquerdo	• Hemisfério cerebral direito
• Exclusão do sujeito (dualidade)	• Inclusão do sujeito (não-dualidade)
• Função explicativa	• Função compreensiva
• Aplicado às ciências da natureza	• Aplicado às ciências do espírito
• Alguns mentores: Galileu, Bacon, Descartes, Newton, Freud, Berne...	• Alguns mentores: Dilthey, Smuts, Jung, Soler, Frankl, Krishnamurti...

Holística: integrando análise e síntese na dinâmica todo e as partes

Quero sublinhar que estes dois métodos — o analítico e o sintético — são complementares e não antagônicos. O termo *complementaridade* foi proposto por Niels Bohr como solução do paradoxo partícula-onda da física subatômica e pode ser aplicado, perfeitamente, ao paradoxo metodológico análise-síntese que estamos abordando. Nunca é demais alertar para o equívoco decorrente da miopia de uma visão extremista e excluidora. A parcialização analítica é um processo necessário e saudável desde que seguida por uma integração sintética que vincula e restaura. Enfim, a análise decompositora precisa ser sucedida — e não substituída — por uma síntese unificadora.

A ênfase excessiva na análise — na parte — conduz ao reducionismo escotomizante, enquanto a focalização unilateral na síntese — no todo — conduz ao globalismo obscurecedor: dois caminhos opostos que conduzem à alienação e desequilíbrio.

Karl Jaspers (1883-1969) (15), filósofo existencialista e psiquiatra alemão, discorrendo sobre a necessidade de se empreender reflexões metodológicas, afirmava que na prática do conhecimento necessitamos de vários métodos simultaneamente, enfatizando três grupos:

1. apreensão dos fatos particulares que implica a separação, delimitação (análise, portanto) e descrição fenomenológica;

2. investigação das relações, onde o *explicar* refere-se ao conhecimento de conexões causais objetivas, vistas do exterior, enquanto *compreender* diz respeito à intuição do psíquico, adquirida na interioridade; e

3. percepção das totalidades, para não se cair no grave erro de se esquecer o todo, no qual e pelo qual a parte subsiste.

Para Jaspers, este todo não se faz diretamente objeto, existindo uma polaridade onde a totalidade é vista pelos elementos, e esses a partir daquela, subsistindo o círculo: a determinação recíproca da parte e do todo. Neste enfoque, o todo, o horizonte do ser humano, nasce de uma liberdade inacessível à investigação empírica. Concluindo, Jaspers assinala que o trabalho científico só fará progressos se analisar, mas, se nisto se limitar, fatalmente morrerá, impossibilitado de distinguir o essencial do não-essencial.

Esboçando uma representação diagramática resumo:

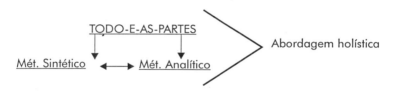

Gosto de representar a complementaridade do método analítico e sintético num simples diagrama onde o símbolo do Infinito (∞) faz a conexão dinâmica e heurística, a ponte pulsante e contínua de superação desta polaridade:

Ressalto que a abordagem holística não é nem analítica nem sintética; caracteriza-se pelo uso simultâneo e conjunto ou da sinergia destes dois métodos. Ousando uma analogia útil para este entendimento, podemos afirmar que o substrato neurofisiológico envolvido nesta abordagem não é nem o hemisfério cerebral esquerdo nem o direito, e sim o *corpo caloso*, um espesso feixe de nervos agregando milhões de fibras nervosas que interligam estes dois centros cerebrais, exercendo a transcendente função de *interconexão hemisférica*. Neste sentido, o corpo caloso pode ser entendido como uma outra metáfora apontando para o que Soler denominou de "terceiro olho", indispensável para ver e *interligar*.

Em outras palavras, a abordagem holística representa uma superação das necessárias vias analítica e sintética, um metamétodo, um salto qualitativo de apreensão da realidade, um caminho para a visão inclusiva que vivifica e articula a dinâmica *todo e as partes*, facultando o exercício da transdisciplinaridade (16-17).

Qualquer abordagem holística em psicoterapia, na minha forma de ver, exige da parte do facilitador a habilidade analítica e a sintética: o *analista* e o *sintetista* facilitando que o humano se revele a si mesmo na sua dimensão restrita-e-ampla, fragmentada-e-total, relativa-e-absoluta.

O enfoque que eu desenvolvo com o nome de síntese transacional sustenta-se na metodologia analítica e na sintética. Evidentemente, pelo próprio título, enfatiza a *síntese*, e o faz por uma razão ocidental histórica: através dos últimos séculos desenvolvemos e hipertrofiamos o enfoque analítico até as raias da loucura. Esquizofrenizamos nossas existências e encontramo-nos encarcerados num viver esfacelado e desconectado de um sentido maior e essencial. Qual corpo de Osíris, esquartejado pelo bisturi analítico, espalhamos nossos pedaços pela terra, por nós também dividida, transformada em perene campo de batalha: parte contra parte, nosso drama dissociativo e conflitivo sem fim. O homem em conflito com os seus fragmentos, especializado em seu conhecimento e atomizado em seu coração, arrancado e exilado do Todo, não será esta a contundente metáfora da neurose coletiva dos nossos tempos? Este crucial *impasse de espécie* que vivemos está a nos exigir, como imperativo, o contágio restaurador do *espírito de síntese*. E por ter sido sempre uma sofrida testemunha desta contradição promotora de uma enfermidade básica dissociativa, nem por um instante hesito na denominação síntese transacional, um dos muitos caminhos que emergem do solo fértil da abordagem holística.

Espaço vivencial

Uma experiência singela pode conduzir a uma compreensão vivencial talvez mais plena do que aquela que se obtém através da reflexão sobre este árido discurso metodológico. Para isto, basta apenas que o leitor tenha à sua disposição duas rosas.

1. Apanhe uma das rosas e submeta-a ao método analítico. Para tanto, explore-a o mais exaustivamente possível: destacando as suas partes, vasculhando o seu interior, apreciando-a com todos os cinco sentidos, não deixando nenhum recanto seu inexplorado. Operação analítica concluída, pergunte a si mesmo, profundamente: "Onde está a rosa?".

2. Agora segure a outra rosa delicadamente, e busque apreendê-la pela via sintética: apenas olhe para ela com total atenção, buscando sintonizar-se com o seu ser. Contemple-a na maior comunhão possível. Caso o observador desapareça, mergulhe na vivência plena vivificante.

3. Reflita sobre as funções complementares e sobre a necessidade destes dois métodos, assim como necessitamos de duas pernas para, com nossos passos, empreender qualquer jornada.

> "Cruzarás, depois, o Vale da Unidade, onde tudo é partido em pedaços e, em seguida, unificado."
>
> FARID ATTAR

Referências bibliográficas

(1) CREMA, Roberto. *Introdução à visão holística — breve relato de viagem do velho ao novo paradigma*. São Paulo, Ágora, 1989.
(2) HABERMAS, Jurgen. *Conhecimento e interesse*, Rio de Janeiro, Zahar, 1982.
(3) TEILHARD DE CHARDIN, P. *O fenômeno humano*. São Paulo, Herder, 1970.
(4) PACHECO AMARAL, Maria de Nazaré C. *Dilthey: um conceito de vida e uma pedagogia*. São Paulo, Perspectiva e USP, 1987.
(5) JUNG, C. G. *Estudos sobre psicologia analítica, Obras Completas*, Vol. VII. Rio de Janeiro, Vozes, 1981.
(5) JUNG, C. G., *O homem à descoberta de sua alma*. Porto, Tavares Martins, 1962.
(6) PERLS, F. S. *Gestalterapia explicada*. São Paulo, Summus, 1976.
(7) PERLS, F. S. *Isto é Gestalt*. São Paulo, Summus, 1977.
(8) FRANKL, Viktor. *Em busca de um sentido — um psicólogo no campo de concentração*. Porto Alegre, Sulina, 1987.
(9) SALE, Ricardo e Juan Alberto. *Seminário de formação em logoterapia*, Brasília, 1986.
(10) FRANKL, Viktor. *Um sentido para a vida*. Aparecida, Santuário, 1989.
(11) SOLER, Ramón P. Muñoz. *Antropologia de sintesis, ritmos y funciones del hombre planetario*. Buenos Aires, Depalma, 1980.
(12) KRISHNAMURTI, J. *A educação e o significado da vida*. São Paulo, Cultrix, 1976.
(13) KRISHNAMURTI, J. *Diário de Krishnamurti*. São Paulo, Cultrix, s/d.
(14) PROGOFF, Ira. *Jung, Sincronicidade e destino humano*. São Paulo, Cultrix, 1989.
(15) JASPERS, Karl. *Psicopatologia geral*. Rio Janeiro, Atheneu, 1979.

(16) Declaration de Venise, Colloque de Venise, "La Science face aux confins de la connaissance: le prologue de notre passé culturel", Rapport Final, Unesco, 1986.
(17) WEIL, Pierre; D'AMBROSIO, Ubirantan; CREMA, Roberto. *Rumo à nova transdisciplinaridade — sistemas abertos de conhecimento*. São Paulo, Summus, 1994.

NOVOS DESAFIOS, NOVA LIDERANÇA: O FACILITADOR HOLOCENTRADO

"Aos quinze anos orientei o meu coração para aprender. Aos trinta, plantei meus pés firmemente no chão. Aos quarenta, não mais sofria de perplexidade. Aos cinqüenta, sabia quais eram os preceitos do céu. Aos sessenta, eu os ouvia com ouvido dócil. Aos setenta, eu podia seguir as indicações do meu próprio coração, pois o que eu desejava não mais excedia as fronteiras da Justiça."

CONFÚCIO (*Os Analectos*, II, 4)

"Se quiseres chegar àquela eminência, desfaz-te de ti mesmo; em seguida, sai do nada como outro Borak. Cinge a *khirka* do nada e bebe a taça da aniquilação; em seguida, cobre o peito com o cinto do apoucamento e põe na cabeça o albornoz da inexistência. Coloca o pé no estribo do desapego e impele o teu corcel inútil rumo ao lugar onde não há nada. Mas se subsistir em ti o menor egoísmo, os setes mares estarão, para ti, cheios de adversidade."

FARID UD-DIN ATTAR

"A terapia iniciática implica que se guie o homem pela sua via interior, no mesmo sentido em que os mestres da verdadeira vida o fizeram durante milênios. E hoje, o terapeuta que quer estar em condições de responder aos sofrimentos mais fundamentais, não tem outra escolha a não ser preparar-se para esta tarefa."

KARLFRIED GRAF DÜRCKHEIM

O ato de escolher o ofício de facilitador no campo da saúde psíquica reveste-se de uma especial responsabilidade quanto à permanente autoeducação, autocuidado e compromisso evolutivo. Não há como não se desenvolver e florescer neste caminho, desde que seja assumido conscientemente. Este salário qualitativo de aprendizagem compensa e redime no confronto diário com a dor psíquica.

Até onde alcança minha compreensão, distingo três tipos básicos de facilitadores ou líderes, quer se apliquem à área psicoterápica, educacional, institucional ou política: o centrado na *técnica*, o centrado na *pessoa* e o *holocentrado*. Esses tipos podem ser considerados estágios naturais de desenvolvimento numa escala evolutiva, partindo da imaturidade do iniciante rumo à excelência na arte de facilitar o parto das transformações pessoais. A grande tragédia, infelizmente não incomum, é a fixação nos estágios iniciais, que interdita o fluxo evolutivo, representando a morte do nosso direito inato à maestria. Indicarei, a seguir, cada uma das etapas nessa temerária via.

I   A infância do facilitador

O primeiro estágio eu o denomino centrado no método, na teoria ou na técnica. É quando o facilitador, diante da imensidão do fenômeno humano, busca segurança e apoio em algum modelo teórico e procedimentos já sistematizados e aprovados pela prática. É uma fase importante e mesmo imprescindível, para não se cair na armadilha do autodidatismo precoce e simplista. É quando necessitamos de bons professores e mestres, e de um caminho válido, bem pavimentado pelos que nos antecederam na busca.

Muitos anos, geralmente, são necessários ao aprendizado profundo de uma escola e de uma metodologia, eleita entre tantas dezenas. Por esta razão, convém hesitar um pouco antes da escolha; saborear um trago que seja de todas as opções ao alcance; avaliar, com a razão e intuição, o grau de nossa sintonia. Sobretudo, seguindo a indicação de Dom Juan Matus, mestre de Castañeda, indagar se tal caminho possui um *coração*, sem o qual toda caminhada é estéril.

Além do estudo sistemático, é necessário *viver* o método, no abandono da entrega pessoal, e ser por ele, na carne, batizado. A apreensão meramente intelectual, por mais primorosa que seja, é vazia de consistência e manca na prática. A compreensão exige a sustentação de duas dimensões complementares: a do *saber* e a do *ser*. Para a primeira, necessitamos da disciplina do estudo e da pesquisa; para a segunda, a vivência profunda do próprio caminho. Pierre Weil (1) denominou a estes dois aspectos de *hologia* e *holopráxis*, respectivamente, como os dois pilares que sustentam a abordagem holística. Daí nasce o aprendizado integral.

Todo modelo teórico, entretanto, é apenas uma representação provisória da realidade e um instrumento de orientação, especialmente útil quando damos os primeiros inseguros passos como aprendizes da vida. Na sábia metáfora oriental, é um dedo indicando a lua. O desastre tem início quando nos fixamos no dedo e confundimos o mapa com o território, perdendo a visão direta e insubstituível do fenômeno. É quando nos perpetuamos repetidores amestrados e automatizados de algum cânone e assassinamos nosso ente criador. Então nos condenamos a macaquear nossos ilustres professores, e o caminho que nos impulsionava antes transforma-se em cômoda tumba da criatividade.

A esclerose psíquica

A idade moderna, caracterizada pela revolução industrial, supervalorizou a tecnologia dentro de um contexto mecanicista, reducionista e consumista. A vida da maioria das pessoas é regida por técnicos que assumiram a função dos antigos sacerdotes. Infelizmente, perdeu-se a nobre noção contida na raiz da palavra tecnologia: *technologos*, que significa a arte dirigida por *Logos*, pela sabedoria, pelo sentido. E já sabemos, por duras, sofridas e recentes lições, do imenso perigo constituído pelas aplicações tecnológicas dissociadas de um Espírito e de uma ética humana. A "Declaração de Vancouver para a sobrevivência no século XXI" (2) é um contundente documento, assinado por reconhecidas autoridades, sob a égide da UNESCO (1989), conclamando para a premente tarefa de responder inteligentemente à ameaça de colapso do equilíbrio entre a humanidade e a vida planetária.

A ênfase excessiva nos procedimentos metodológicos e na tecnologia pode determinar um obstáculo ao êxito, quando se trata da arte de facilitar o desenvolvimento pessoal. Há uma estória ilustrativa: um caminhante depara-se com um caudaloso rio que cruza o seu trajeto. Para prosseguir, lança mão, satisfeito, de uma balsa que se encontra no local. Atravessa o rio e, chegando na outra margem, grato e apegado ao seu instrumento de travessia, coloca a balsa na cabeça e segue, pesada e arduamente, o seu caminho. O que antes foi preciso veículo torna-se, agora, extenuante carga, dificultando os passos e impossibilitando a dança do seguir adiante.

Quando necessário, diante do rio turvo da nossa inexperiência e imaturidade, utilizar o instrumental metodológico-técnico é sinal de prudência e sabedoria. Há um momento, entretanto, em que abandoná-lo ou transcendê-lo tornar-se-á imperativo no processo de assumir autoria dos próprios passos, com leveza e criatividade. E, quando isto não acontece, o sujeito padece, vítima de suas próprias rotinas de pensamentos, sentimentos e ações. Em vez de usar passa a ser *usado* pela técnica. Morre o criador, vegeta a criatura.

O processo de esclerose propaga-se, conforme tenho regularmente observado há anos, do plano mais sutil para o mais denso. Inicia-se com a rigidez expressa em hábitos mentais, emocionais e atitudinais, acabando, muito mais tarde, por petrificar-se em arteriosclerose propriamente dita. Resumindo, antes de se constituir física, a esclerose é mental e emocional: é *psíquica*.

A *esclerose metodológica* — uma variante da esclerose psíquica mais ampla — gera um tipo de estupidez muito em voga, caracterizada pela ausência da dimensão compreensiva. Todo método e técnica foram produtos da mente humana em momentos de compreensão. Como relâmpago, da abertura interior brota um clarão, e o parto de uma nova idéia ou sistema acontece. A compreensão gera múltiplos caminhos, enquanto seguir automaticamente um caminho não produz compreensão alguma.

Manfred Max-Neef (3), Prêmio Nobel alternativo de economia, declara-se pioneiro no estudo da *estupidologia*, ciência que precisa ser melhor compreendida, já que a estupidez humana é o fator básico determinante da megacrise em que vivemos. Tal estupidez caracteriza-se pela racionalidade lógica, exercida principalmente através da linguagem — o que a distingue da idiotice. A devastação suicida do ecossistema planetário, por exemplo, pode ser justificada ou racionalizada estupidamente através de uma lógica desenvolvimentista. Eis a desveladora imagem correspondente a esta atitude: um homem serrando um galho da árvore, exatamente onde se encontra sentado! Muito antes de Max-Neef, um outro notável Prêmio Nobel, Albert Einstein (4), costumava afirmar que, para ele, apenas duas coisas eram infinitas: o universo e a estupidez humana. E quanto ao universo, concluía Einstein sarcasticamente, ele ainda não estava totalmente seguro! ...

O facilitador fixado ou centrado na técnica não superou a sua infância, esclerosando-se em repetições automáticas e tiques metodológicos. Por mais sofisticadamente especializado que seja, por mais títulos que ostente, por mais segurança que possa aparentar, jamais passará de um ser estupidificado e aprisionado em sua própria previsibilidade. À moda da mitológica cama de Procusto, a sua desastrosa tendência é sujeitar e adaptar as pessoas e os problemas aos seus precários modelos e esquemas. Perde a visão da lua com o olhar fixado em alguma placa indicativa qualquer, condenando-se ao tédio de um caminhar compulsivo sempre pelo mesmo velho e conhecido caminho, fugindo, assim, da responsabilidade de criar-se a si mesmo e ao mundo a cada dia.

A atitude de deixar-se guiar por um modelo, por melhor que seja, conduz à mediocridade. Com a perda da visão direta resta-nos a triste sina do perpétuo seguidor: do que segue as pegadas alheias alienando-se da sua própria tarefa. Ansiando pela comodidade e aparente segurança da boiada, que segue a sineta do condutor, por uma miséria vende-se a própria individualidade e liberdade, que caracterizam o ser consciente. Centrar-se na técnica representa o suicídio da originalidade. É óbvio e inquietante constatar que esta é a larga via seguida pela grande maioria dos que se pretendem facilitadores e líderes.

A brutalidade terapêutica

É imperativo denunciar uma tendência, crescente na América Latina, que diz respeito ao aspecto mais sombrio e potencialmente destrutivo da fixação em modelos e tecnologias aplicados às ciências comportamentais. Trata-se do freqüente abuso de poder através das chamadas *técnicas ativas* em psicoterapia.

Neste enfoque não há facilitador; há um *técnico* a serviço de um modelo ou escola psicológica. As diferenças individuais são desprezadas e o mesmo tratamento é dispensado a todos. A orientação é maciça e genérica, exigindo que todos a ela se adaptem. Geralmente, utiliza-se um *marketing* bem ou malfeito onde, explícita ou implicitamente, é prometida uma certa panacéia, da cura à plenitude. Na sua forma mais anti-humanística, o "cliente" deve assinar um termo de compromisso, abrindo mão dos seus direitos de recorrer à Justiça, caso se sinta prejudicado pelo tratamento. No primeiro passo, decisivo para os seguintes, abre-se mão da *autonomia*, note-se bem!

A ideologia maquiavélica subjacente a este enfoque é a de que "o fim justifica o meio". Para atingir os pretensos fins curativos, tal técnico considera válido o uso de procedimentos bárbaros, humilhantes, ultrajantes. Tenta-se justificar finalisticamente o uso metódico de um tipo de tortura emocional e física: "Eu vou maltratá-lo e ofendê-lo agora, mas não se preocupe; será para o seu bem, para a sua cura!". Perpetram-se, assim, verdadeiros *estupros psíquicos* em nome do ideal terapêutico. Como se não bastasse a violência inerente à própria existência, é vendido como terapia um caminho de brutalidade e desrespeito sistemático, de submissão individual.

O princípio perverso de que o fim justifica o meio tem sido determinante de catástrofes. Consideremos um exemplo: o fim da "purificação da raça" justificando o extermínio de milhões de seres humanos considerados "impuros". O pesadelo nazista e o holocausto, então, transvestem-se de razoabilidade.

Que fique claro, portanto, que o fim *não* justifica o meio. O terror do presente de modo algum é justificado pelo ideal do futuro. Pretender ser humanístico apenas no final é jamais ter sido humanísta. *O meio é o fim, o fim é o meio*: isto é congruência.

A brutalidade no campo da psicoterapia é, geralmente, um fenômeno derivado da *sombra* do terapeuta. Jung denominava sombra a camada do inconsciente pessoal que contém tudo o que foi rejeitado e reprimido, por não se enquadrar à *persona*, os papéis esperados ou a imagem idealizada do sujeito. É a nossa face obscura, o avesso do que pretendemos aparentar no mundo. Portanto, a sombra do facilitador pode ser nomeada de *dificultador*, constelando tendências agressivas, sádicas, manipuladoras, sedutoras, narcisistas, entre outras, dissonantes da "*persona* terapêutica".

O perigo da sombra é proporcional ao desconhecimento dela por parte do sujeito. Quando alienado ou desconectado da própria sombra, o facilitador dela torna-se incauta vítima. A sua propensão será projetá-la nos demais, correndo o risco de, em momentos mais críticos, ser por ela possuído. Um exemplo bem conhecido encontra-se no conto de Stevenson, *Dr. Jekyll e Mr. Hyde*, consagrado na película "O Médico e o Monstro", em que, de forma didática, o mesmo eficiente e bondoso médico transmuta-se em hediondo criminoso. O axioma socrático "conhece-te a ti mesmo", neste caso, é um imperativo ético.

Por que muitas pessoas toleram e até mesmo gostam e se encantam quando se submetem a este tipo de tratamento? Penso que, sobretudo, pela enorme carência emocional-afetiva das mesmas. Para alguém desesperadoramente sedento, o ter algum líquido para beber, por mais tóxico que seja, traz imediato e indiscriminado alívio. Por outro lado, há uma hipnose ou transe característico, determinado pelo contexto intensivo de maratona, principalmente quando grupal, inibidor ou minimizador da capacidade crítica individual. Neste estado, a pessoa submete-se e realiza atos inimagináveis em condições habituais e dos quais poderá se arrepender amargamente mais tarde. Pode acontecer, também, uma aliança simbiótica das sombras do "terapeuta" e do "paciente", numa retroalimentação sadomasoquista. O analista junguiano Guggenbuhl-Craig (5), no seu livro *O abuso do poder na psicoterapia*, aprofunda-se neste tema, ampliando-o com a simplicidade conferida pelo saber de quem muito testemunhou.

"Mas isto funciona!", argumentam alguns práticos, que desdenham princípios e cosmovisão como detalhes inúteis. Acontece que tudo *pode funcionar*! As pessoas mudam, às vezes positivamente, quando vivenciam terremotos ou são enviadas para a guerra ou participam de rituais de magia negra ou, simplesmente, quando sofrem em alguma interminável fila de espera para psicoterapia. Será isto suficiente para prescrevermos um "tratamento" de terremoto ou guerra ou fila?... Principalmente quando lançamos mão de técnicas poderosas, que funcionam, é que se tornam imprescindíveis uma visão de homem norteadora e princípios éticos calcados nos valores fundamentais da espécie. Quando desvinculado do amor, o saber técnico perverte-se em manipulação e uso personalístico do poder. Que fique claro, então: o meio é o fim, o fim é o meio.

Supervalorizar a técnica em psicoterapia é um típico produto da concepção reducionista e mecanicista do homem, implícita no paradigma do racionalismo científico. Caso o ser humano fosse uma máquina, bastaria ao facilitador ser um técnico. Neste caso, a psicoterapia poderia ser industrializada com aplicação geral e maciça. Poderíamos desenvolver "pacotes" para os diversos tipos de neuroses e psicoses com "manutenção periódica". Faríamos, então, apologia da técnica, caso o ser humano fosse, de fato, uma máquina.

O ser humano, entretanto, contrariando os interesses tecnicistas, na sua dimensão mais própria é *mistério*. Muito além das engrenagens habita *pneuma*, o espírito, a essência humana. Cada ser humano traz, em si, a memória do Universo. Por outro lado, em cada indivíduo vibra, de forma singular, o *Eu Sou*. A cura é uma função do encontro e cada encontro é único, irrepetível; não se pode massificar o encontro. O que para um é remédio, para outro é veneno; o que é remédio num momento, em outro momento é veneno. A rigor, cada indivíduo necessita de uma psicoterapia diferente, de um caminho único e intransferível.

Cada encontro é artesanal. Psicoterapia é um *artesanato da alma*. É um espaço de troca e pretender industrializá-la significa banalizá-la, torná-la mercadoria. Psicoterapia não é mera pedagogia; é dança oscilante envolvendo duas totalidades. Não é mero procedimento; é ritmo de entrega, é alquimia, é mergulho incerto sustentado num credo de *fé* no ser humano. Aqui já superamos o domínio do técnico e adentramo-nos no terreno fértil da facilitação centrada na pessoa.

II A maturidade do facilitador

Estar sendo aprendiz de facilitador é viver um estado de quase permanente temor e embaraço diante da fugidia e complexa vastidão da mente humana. Eis a inevitável cena: abre-se a porta e uma pessoa, saindo das brumas da sua existência, assoma ao consultório. Em algum lugar senta e, olhos nos olhos, uma viagem tem que prosseguir por labirintos desconhecidos. O aprendiz de facilitador, então, lembrar-se-á de algum modelo preciso, de alguma abençoada técnica na legítima tentativa de iluminar a escuridão e ordenar o caos. Levemos em conta, por exemplo, que um engenheiro iniciante encontrará sempre um paciente e compreensivo mestre-de-obra que tornará a liga do cimento perfeita, levando em frente a obra, diante e apesar da insegurança disfarçada do primeiro. O aprendiz de facilitador, sem tal sorte, à frente do semelhante e da sua dor, desde o início estará sozinho, sem amparo e desculpa que não seja, é claro, a da sua própria teoria e técnica. Por esta significativa razão é que, com a rara exceção dos predestinados excepcionais, todo facilitador tende a fixar-se na técnica, à moda de tábua de salvação, no início de sua prática no ofício.

Para quem, apesar da escuridão, perdura na senda atendendo à voz *interior* da vocação, em algum momento feliz e justo haverá de ocorrer um salto evolutivo que deixará para trás a muleta da técnica, das fórmulas e dos truques. É quando o facilitador, agora não mais apenas aprendiz, retira a si mesmo do caminho, olhando diretamente para o outro, a pessoa, sem nenhum subterfúgio, seguindo o ditame do mestre Bashô (6), poeta dos haikais: "Não siga os Antigos. Procure o que eles procuraram. Respeite as regras. Então jogue todas fora. Pela primeira vez, você atinge a liberdade". Centrado na pessoa, portanto, é o facilitador que transcendeu a insegurança da fase infantil, tornando-se livre para assumir a essência da sua tarefa, que é *apresentar o outro a si mesmo*.

Abrindo passagem para o encontro

Ao longo da sua fecunda obra e vida, Carl Rogers (7) postulou a abordagem centrada na pessoa a partir de dois fundamentos básicos: o princípio da *tendência realizadora* e o da *tendência formativa*. O primeiro refere-se a uma função do organismo humano como um todo que o direciona no sentido da auto-realização, auto-regulação e plenitude, conformando o substrato da motivação individual. O segundo princípio, desenvolvido no decorrer dos últimos anos da existência de Rogers, é uma amplificação e extrapolação do nível individual para o universal: há uma tendência direcional formativa no próprio universo que o conduz a uma crescente ordem de complexidade e inter-relação. O indivíduo e o cosmo participam de um princípio evolutivo comum.

Segundo este enfoque, desde que haja um *solo fértil*, a pessoa naturalmente atualiza o seu potencial inerente de saúde com a liberação das forças integrativas do próprio organismo. Neste sentido, não há terapeuta; há um *facilitador*, um propiciador deste clima favorável e terreno fecundo a partir do qual cada um cresce por si mesmo, como qualquer planta. O facilitador é um "jardineiro" de seres humanos. O que torna alguém, de fato, um facilitador não é meramente um diploma ou *curriculum* sofisticado. Como sempre insistiu Rogers, são algumas características básicas da personalidade, destacando-se a capacidade de *aceitação incondicional*, a *empatia* ou habilidade de sentir-se como se fora na pele do outro e a *congruência* ou qualidade de ser verdadeiro, expressando concordância entre o que se diz e o que se faz.

Em obra anterior, aprofundei-me na proposta da análise transacional centrada na pessoa (8), diferenciando-a da centrada na técnica. Não pretendendo repetir-me, apenas pontuarei, a seguir, alguns aspectos que considero fundamentais.

Centrar-se na pessoa não significa uma atitude simplista de negação das técnicas e modelos que, desde que relativizados, exercem importante função na orientação e eficiência nos processos do encontro terapêutica. Significa, sim, que a pessoa é colocada no centro, ficando a teoria e a tecnologia ao seu serviço. Assim, a metodologia é adaptada ou adequada à pessoa — e não o contrário, que é a característica do enfoque centrado na técnica. Por outro lado, a compreensão e percepção aberta produzem novas teorias e técnicas, cada encontro gerando o seu caminho singular, a sua própria psicoterapia.

Para centrar-se no outro é necessário *silêncio interior*. Para ouvir o outro com clareza, temos que silenciar nossos diálogos internos. O pensamento é um ruído interior que interfere no encontro. É a voz do passado e da memória contaminando o presente vivo. Pensar em modelos e procedimentos técnicos é uma forma de evitar ou negar o contato com o real, sempre desconhecido e dinâmico. Do silêncio e abertura interior brota o espaço da comunhão que é, intrinsecamente, transformador.

Para centrar-se no outro, é indispensável uma confiança básica no ser humano, emanada de um *credo de fé na pessoa*.

Finalmente, centrar-se no outro implica o pré-requisito do *self*-centramento: a ação do facilitador a partir do seu próprio *ser*. Não pode acompanhar o outro quem não se acompanha; não pode testemunhar o outro quem não se testemunha. Aqui vale o princípio de que somos capazes de facilitar o caminhar do outro tão-somente até onde nós mesmos nos encontramos.

III A excelência do facilitador

O passo seguinte há de ser na direção da maestria. Quando nos centramos no outro, com abertura e inclusividade, em algum momento haveremos de deparar-nos com o Mistério da não-dualidade. É quando os véus se dissipam, quando caem os muros, quando nos expandimos além do *maya* da separatividade.

Centrar-se no outro ainda é um reducionismo humanista, um aprisionamento ao exclusivamente humano. Um *espaço* infinito nos envolve, interligando tudo.

Em outras palavras, centrar-se na pessoa é uma atitude antropocêntrica, excluidora da dimensão não-humana. A pessoa não está isolada; ela insere-se no *todo* e dele participa. Segundo a concepção holográfica (Priban e outros) pode-se afirmar, com respaldo em evidências, que assim como a parte está no todo, o *todo está nas partes*, confirmando o princípio implícito no termo universidade: unidade na diversidade. Parte-e-todo formam um binômio inseparável. Neste sentido também converge o conceito de *ordem implicada*, do conceituado físico David Bohm (9), referindo-se a uma esfera de indivisibilidade do todo, onde os mais diversos fenômenos participam de uma base comum. Partindo da biologia, nesta mesma direção Rupert Sheldrake (10), sustenta a hipótese dos campos morfogenéticos, uma estrutura espacial invisível modeladora das formas dos organismos, um campo de força causal e unificado. E de acordo com a abordagem *bootstrap* da física quântica (Chew e outros) (11,12), o universo é uma imensa rede, incomensurável tapeçaria, uma teia interconectada de eventos probabilísticos. Além das aparências os elementos inexistem, nada há de sólido, a substância é ilusória. Tudo é inter-relacionado numa rede viva habitada de eventos dinâmicos, de ritmos entrelaçados. Num nível mais profundo não há fronteiras, não há divisões. Somos todos células de um mesmo corpo vivo, indissoluvelmente ligados em padrões de compassos na dança do Todo. Salvo ilusões, naturalmente.

A contribuição da *ecologia* foi e continua sendo inestimável para o desenvolvimento desta consciência de unidade. Definitivamente, esta recente ciência *religou* o organismo ao meio ambiente, a parte ao todo. Neste sentido, a ecologia tem exercido, sutil e implicitamente, uma função de *religare*, comportando a dimensão de uma *mística natural*. Um dos seus axiomas básicos é o da impossibilidade de destacar o organismo da natureza que o envolve. E, desde 1971, quando Gregory Bateson (13) publicou a sua revolucionária obra sobre uma *ecologia da mente*, tem sido ampliada a abordagem complementar de uma ecologia interior *e* exterior interligadas. Neste contexto, a biologia vem se destacando crescentemente com seu vital enfoque sistêmico e orgânico, preenchendo o lugar antes ocupado pela física, durante a vigência do paradigma cartesiano-newtoniano.

A metáfora newtoniana do universo como uma grande máquina foi inexoravelmente superada. "O universo físico parece ser um holograma gigantesco, estando cada parte no todo e o todo em cada parte", afirma Ken Wilber (9). A nova metáfora aponta para o universo como um infinito *campo de consciência*, um Grande Ser pleno de vida.

Retornamos, assim, à visão orgânica dos antigos gregos, que denominavam de *Gaia* a deusa da Terra. Os neo-ecologistas retomaram esta bonita expressão indicando ser Gaia, a Terra, um *organismo vivo*. Todos e tudo que há nela são células dos seus múltiplos tecidos, num processo de contínua realimentação e troca. Podemos amplificar esta noção, compreendendo Gaia como uma partícula de um Organismo Universal. Não há como não participar, não há como destacar-se, a não ser através, é lógico, do processo analítico da mente que, neste sentido, sempre *mente*.

Colocar em prática este conceito da inseparabilidade — o que não é fácil — remete-nos a um mundo extraordinariamente novo e a uma inusitada atitude de estar-no-mundo. Como sabemos, uma cosmovisão não é meramente uma representação mental ou tentativa racional de apreensão da realidade. A visão que temos do mundo modela e define nossa ação-no-mundo. Uma nova cosmovisão, portanto, implica uma redefinição atitudinal global, uma efetiva mudança no modo condutual de estar-no-mundo. Nada menos que isto encontra-se em jogo quando acontece uma transição paradigmática em ampla escala como a que, atualmente, estamos testemunhando.

A *atitude holocentrada* respalda-se nesta nova consciência e representa a excelência do facilitador. Em livro anterior (8) denominei este estágio de *facilitador centrado no cosmo*. De acordo com a definição de Pierre Weil (14), uma pessoa holocentrada é "um ser humano que busca restabelecer-se como Ser, quer dizer, alguém que entrou numa via de desenvolvimento holístico". Neste tema, que considero de extrema importância e urgência, já que necessitamos como nunca de uma nova liderança em todos os campos do saber e fazer humano, é que pretendo estender-me e aprofundar-me.

Além da causalidade

Carl Gustav Jung mereceria ter ganho o Prêmio Nobel, apenas considerando uma das contribuições, das muitas a nós brindadas por sua genialidade: o conceito de *sincronicidade*.

Precisamente na metade do século XX, em 1950, Jung (15) publicou um denso trabalho, produto de décadas de pesquisa, intitulado *Um princípio de conexões acausais*, juntamente com uma monografia convergente e complementar do físico quântico Wolfgang Pauli. Novamente afrontando os preconceitos racionalistas da época, Jung sustentou, com fundamentação empírica e experimental, o conceito de *coincidência signi-*

ficativa fundamentado na *simultaneidade*, a sincronicidade, destinado à investigação dos domínios inatingíveis pelo dogma cientificista da causalidade.

A causalidade, o mais arraigado hábito do racionalismo científico, é o modo como interligamos dois eventos sucessivos. A sincronicidade, por outro lado, considera a correspondência entre um acontecimento psíquico e uma situação externa que transcorrem simultaneamente dentro de uma unidade de eventos. Através do momento comum da ocorrência dos fenômenos, o sujeito desvela um significado e a coincidência torna-se significativa. É pelo significado captado na simultaneidade que o mero acaso transmuta-se em tocante sincronicidade.

O princípio da sincronicidade aponta para a sutil cumplicidade dos eventos que se entrecruzam num momento da vivência, isentos de qualquer conexão causal. Jung afirmava ter, desta forma, diferenciado e atualizado, com evidência experimental e na experiência clínica, certos pressupostos filosóficos antigos, como o da *harmonia preestabelecida*, de Leibniz. Citando os experimentos de Rhine no terreno da parapsicologia científica, demonstrativos de que o espaço, o tempo e, logicamente, a causalidade são fatores dos quais se pode prescindir, Jung (15) sustentava que os fenômenos acausais, os milagres, são plausíveis: "Todos os fenômenos naturais desta espécie são combinações singulares extremamente curiosas de acasos unidas entre si pelo sentido comum das suas partes e resultando em um todo inconfundível", afirmava o sábio alquimista da psicologia.

Com este princípio, Jung incursionava no campo das percepções extra-sensoriais, como o da clarividência, telepatia e premonição, ao mesmo tempo que nos sistemas oraculares como o *I Ching*, produto da milenar visão unificada e sintética dos antigos chineses.

Ira Progoff (16), destacado investigador junguiano, postula a existência de um elemento arquetípico reestruturador da unidade de uma situação interconectada no tempo: *o fator transcausal*. O significado da sincronicidade é criado, segundo Progoff, através da reestruturação de situações interligadas temporalmente, por este fator adicional transcausal, que se move através e além da causalidade. É quando ocorre a conexão significativa de duas ou mais distintas seqüências causais, na totalidade restauradora do aqui-e-agora.

Assim como a razão embasa o enfoque da causalidade, o princípio da sincronicidade alicerça-se na ação imediata e global da *intuição*, habilitada para vasculhar e vislumbrar o que Lao-Tsé (17) denominava de "infinita teia do Céu", cujas largas malhas tudo envolve, nada deixando escapar.

Os fenômenos de sincronicidade foram classificados e amplificados por Jung, em três categorias:

1. quando há coincidência de um estado psíquico com um acontecimento objetivo externo correspondente, simultâneo e local;

2. quando há coincidência de um estado psíquico com um acontecimento externo correspondente, mais ou menos simultâneo e distante no espaço, que ocorre fora do campo de percepção do sujeito, como na telepatia, por exemplo, e
3. quando há coincidência de um estado psíquico com um acontecimento futuro, distante no tempo, a exemplo das profecias.

Evidentemente, os tipos 2 e 3 apenas são suscetíveis de verificação posterior, caracterizando-se como fenômenos psi, estudados há décadas pela ciência da parapsicologia.

"O espaço, o tempo e causalidade, a tríade da física clássica, seriam complementados pelo fator sincronicidade, convertendo-se em um tétrada, um quatérnio, que nos torna possível um julgamento de totalidade", conclui Jung (15), apresentando um diagrama esclarecedor, que desenvolveu com a colaboração do físico Pauli:

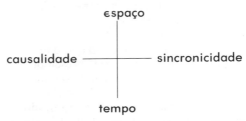

No seu livro *A Sincronicidade e o Tao*, a analista junguiana Jean S. Bolen (18), com estilo simples e fluido, apresenta rica fenomenologia extraída do cotidiano da sua vida e do seu consultório, acerca das coincidências significativas. Bolen assinala a possibilidade de existir um *tao* ou um caminho de vida, em concordância e harmonia com o Grande Tao, consubstanciando um estimulador ideal ético.

De fato, o mais vasto alcance do princípio da sincronicidade remete-nos a um espaço de não-divisibilidade, a uma matriz comum e universal que tudo entrelaça e tudo conecta. A aplicação prática deste conceito na existência possui a virtude sagrada de *reconectar-nos* ao tecido cósmico do qual fomos arrancados, violentamente, pelo fórceps de um hiperracionalismo que nos aliena da nossa dimensão essencial, como participantes integrados no Grande Mistério da Vida.

Vendo e ouvindo os sinais

O conceito de sincronicidade foi revitalizado, nas últimas décadas, pela abordagem *bootstrap*, a teoria holonômica, a noção de ordem implicada, de campos morfogenéticos, de Gaia, enfim, pelo florescente paradigma holístico que postula uma continuidade entre matéria-vida-consciência, entre indivíduo-sociedade-natureza. Quando ascendemos da visão mecanicista e fragmentada do racionalismo para a dimensão holística, penetramos nas entranhas de um universo-útero, cálido e sem barreiras, onde a totalidade é vislumbrada em cada ponto, em cada partícula. Neste espaço de consciência não-dual a ilusão da separatividade, geradora de todo tipo de sofrimento psíquico, esvanece, qual fantasma à luz do sol do meio-dia. Constatamos, então, que o universo não nos é indiferente, que não somos pobres-diabos abandonados à frieza do acaso, da carência e falta de sentido. Nossas indagações, então, passam a ativar respostas intrínsecas da totalidade. A deprimente sensação de isolamento extingue-se e um cosmo vivo nos enlaça, nutrindo-nos de amor e saber no infinito *agora*. Isto é reassumir a cidadania cósmica, nossa herança como filhos e filhas da Vida. Isto é, depois de um miserável exílio, retornar à nossa própria Casa.

Quando nos adentramos neste novo habitat, à moda dos Antigos, nos abrimos aos *sinais*. Aos sinais internos, advindos do *daemon* socrático, e aos externos, através da apreensão das sincronicidades. Com uma atenção ampliada, este novo caminhar abriga os diversos diálogos. Neste mundo reencantado, uma folha que cai, um canto de pássaro, um frear de automóvel, um grito de criança, uma tempestade repentina, um sussurrar interior, uma entrevisão instantânea, todos os possíveis eventos adquirem um valioso potencial de mensagem. A ditadura e clausura da razão e dos pensamentos são depostas como guias de nossos passos. O próprio fluxo do aqui-e-agora nos direciona, a *alma do mundo* nos orienta a partir de uma confiança básica que se instaura no cerne do nosso ser.

Quão diferente é este estar-no-mundo daquele outro, frio, indiferente e compartimentalizado! Quão definitiva a ruptura, quão impossível o retorno!

Sincronicidade e superstição

É preciso discernir, de forma clara e precisa, a sincronicidade da superstição. Lidar de forma simplista com esta pesquisa poderá mesclar, inconseqüentemente, trigo e joio, sanidade e desequilíbrio.

Em análise transacional (19) definimos superstição como uma *contaminação* do estado do ego Adulto, a esfera racional da personalidade, pelas primitivas fantasias mágicas do estado do ego Criança:

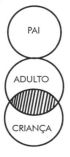

Contaminação do Adulto pela Criança, caracterizada pela superstição, impulsividade e emotividade.

"Passar debaixo de uma escada dá azar" ou "Cruzar com um gato preto é sinal de desgraça" são típicos exemplos de superstições em voga. Pode ser que tenha acontecido um acidente, em alguma época e lugar, com alguém que passava debaixo de uma escada ou que tenha cruzado com um gato preto. A generalização desta situação vinculando-a a um determinismo causal é o fator gerador da superstição. O condicionamento supersticioso já foi, inclusive, evidenciado em pombos em situação experimental pela psicologia comportamental. É puro automatismo não-consciente.

A sincronicidade é o oposto: exige uma atitude consciente e atenção plena. O significado que se apreende do entrecruzamento de dois eventos ou seqüências causais distintas é um clarão repentino, único e intransferível para qualquer outra situação. Em outras palavras, não se pode generalizar tal significado para outras circunstâncias semelhantes, sob pena de degenerar sincronicidade em superstição.

Um exemplo ilustrativo de consultório: um senhor está comentando, entusiasmado, num contexto de grupoterapia, a sua confiança total em um negócio que está prestes a fechar. Neste momento, invade a sala o ruído assustador de um carro chocando-se com algo, provavelmente um poste. O facilitador, atento, chama a atenção para esta sincronicidade. E indaga: "Não haverá um lado seu que está alarmado, que desconfia deste negócio, que adverte contra um possível desastre financeiro?". Então, como que despertando de um sono, o senhor desata a falar de aspectos antes não mencionados e que, aos olhos de qualquer leigo na matéria, seriam suficientes para bradar: "Alto lá, não faça isto! Isto é contra-senso, um desastre certo!'". O que busco assinalar é que, por mais que uma sincronicidade, como a mencionada, seja impressionante, o seu significado jamais poderá ser aplicado, automaticamente, em outra situação. Um outro choque de carro num outro momento poderá suscitar um significado completamente distinto e inusitado. A qualidade da atenção é vinculada na consideração da sincronicidade.

É necessária muita cautela quando se trabalha com o ponto de vista da sincronicidade. A sua aplicação exagerada ou forçada pode deturpar e obscurecer o seu potencial de *awareness*. A sua banalização favorece um clima fantasioso e mágico, que é um obstáculo ao atingimento da abertura e sobriedade implicada no seu discernimento. Por esta razão, o facilitador holocentrado capta o "sinal" sem fazer nenhum alarde, freqüentemente sem mencioná-lo, numa atitude sutil e eficaz.

Ao longo dos últimos anos tem sido, para mim, tão natural lidar com este ponto de vista quanto com o da causalidade e da finalidade. Tantas vezes o escaravelho de Jung — utilizado aqui como uma metáfora referente à famosa sincronicidade que Jung (20) relata em sua autobiografia — bateu na vidraça do meu consultório que impossibilita qualquer tentativa de enumerá-las. Quando a sincronicidade é aplicada no cotidiano, deixa de ter um caráter excepcional e atípico. Passa a ser um modo atento e inclusivo de atuar naturalmente, numa esfera ampliada de dialogicidade com tudo o que nos cerca a cada momento.

A unidade do encontro

O facilitador holocentrado é aquele que já se adentrou e, pelo menos em grande parte do seu tempo, habita no universo holístico. Quero esclarecer desde o início, entretanto, que esta atitude não é esotérica e nem se reveste de algum nebuloso misticismo. A atitude holocentrada é aberta e *inclusiva*, caracterizando-se pela *simplicidade*. Trata-se de reabrir a visão e partir sempre do *óbvio*, do que a totalidade de cada instante nos apresenta, sempre com frescor e novidade.

O sofrimento psíquico é função de um viver desconectado, desvinculado e compartimentalizado que nos aliena da seiva da vida. A pessoa que sofre encontra-se, via de regra, confundida e encarcerada nos seus múltiplos fragmentos, separada de si mesma, do outro e da natureza envolvente.

Na psicoterapia de grupo, este fato é constatado por um sintoma comum e quase permanente que, quando desaparece, significa que a pessoa aproxima-se do seu dar-se alta: todos querem "lutar pelo seu espaço", e é clássico um certo jogo de "contabilidade do tempo". Neste contexto selvagem e separatista, funciona uma regra disfuncional: quando alguém "trabalha o seu problema" os demais "aguardam a sua vez". Nesta fantasia coletiva, cada um projeta o seu mundo particular de miséria. Há o *invasor* que está sempre "roubando o tempo dos outros" e "trabalhando" em toda sessão; há o ansioso espreitador, sempre pronto para "ocupar um espaço vago" qualquer; há o *oportunista*, que se interessa pelo "caso" do outro para nele "pegar carona, usurpando espertamente o espaço"; há o que *sofre de adequação* e tortura a si e aos outros na busca da razoabilidade, da "divisão justa do espaço"; há o *bem-comportado*, que espera a sua vez, "educadamente"; há o *suicida* que se condena ao ostracismo vivendo à margem do grupo, praticamente não existindo no palco do encontro, e tantos outros mais. Nesta fantasia impera a descontinuidade dos eventos grupais; é como se todos os "casos" fossem isolados, existindo à parte dos outros. Enquanto alguns saem da sessão "aliviados" por terem "trabalhado", outros batem em retirada asfixiados pelo que tiveram que "assistir" e pelo que "não puderam trabalhar", magoados ou ávidos pela chance do próximo encontro. E há os indiferentes, que apenas viveram, sonolentos, duas horas no meio de um grupo qualquer...

Se o facilitador for, exclusivamente, um *analista*, a sua percepção não será muito diferente das acima citadas. Ele apenas acompanhará os fragmentos do encontro; apenas facilitará os processos individuais, as figuras destacadas do fundo, a onda desconectada do oceano. Com o seu bisturi analítico, ele reforçará ainda mais a fantasia coletiva do espaço cindido, da matemática dos "trabalhos psicoterápicos", da insuficiência e carência do espaço-tempo, do jogo da miséria. Ele apenas atualizará uma parcela do seu potencial de facilitador; apenas o lado esquerdo dos seus hemisférios cerebrais estará ativado.

Quando o facilitador é também um *sintetista*, poderá movimentar-se, então, na dimensão *gestáltica* da interconexão, em que todos os fenômenos participam de um fundamento comum, emergindo do mesmo *solo do encontro*. O seu testemunho será imensamente amplificado, já que se encontra apto para acompanhar, conscientemente, o *continuum* dos processos, a cadeia ininterrupta dos eventos interligados. Desde o momento em que abre a porta do consultório para as pessoas entrarem, até o instante em que a fecha, tudo será uma dança só, uma mesma *unidade de encontro*.

O sintetista é um *pontifex*. Este é um antigo termo latino, relembrado por Aldous Huxley (21) em obra onde discorre sobre a condição humana, e que significa *construtor de pontes*. O pontifex é um interligador que facilita a consciência de que, num nível real e profundo, *nada está separado*, tudo comunga e se entrelaça, a psique é uma só. Para o sintetista, *facilitar é interligar*. É convidar o outro a deixar o casulo miserável da sua solidão, lançando pontes onde a mente analítica fragmenta e isola. A sessão é uma unidade de encontro à luz do *testemunho ativo* do facilitador holocentrado.

Na psicoterapia, o *encontro* é o agente de transformação. Facilitar o encontro consigo mesmo, com o outro e com o cosmo define a função fundamental do facilitador holocentrado. O encontro, para não ser parcial e insuficiente, precisa abranger luz-e-sombra, maravilha-e-terror, bem-e-mal, ou seja, todas as *polaridades* envolvidas na existência. Transitar pelos extremos das polaridades, sem preferência nem fixação, gangorrar pelos pólos para, em algum momento, *transcendê-los*, é o metabolismo básico do laboratório transformacional do encontro.

É bonito e recompensador acompanhar o despertar do hemisfério sintético que liberta as pessoas de suas ilhas de isolamento. A ação holocentrada do facilitador é contagiante e, gradativamente, a pessoa vai tornando-se mais e mais *atenta* e *presente*. A plena atenção é uma poderosa antítese da fragmentação e alienação pessoais. Então, a "luta pelo espaço" deixa de fazer sentido e a pessoa se abre para visualizar o fio de continuidade que conecta todos os eventos na situação grupal e que, sempre, diz respeito a todos os envolvidos. Assim como uma onda que, ao se levantar e avançar, afeta todo o lago, a pessoa que se coloca mobiliza, mais ou menos conscientemente, todos os presentes. Neste contexto, a *participação indireta* adquire um novo colorido, um multiplicado impacto. Não há como *não* se comunicar, não há como *não* se transformar nesta dimensão holográfica, em que o indivíduo está no grupo assim como o grupo está no indivíduo. As carências se aplacam com este sentimento de sutil participação que aclara um significado subjacente na sentença buberiana (22) de que "no início *é* a relação". E esta plena atenção se expande, naturalmente, para a vida além-do-consultório, possibilitando o dar-se conta do fio de continuidade que interliga todas as etapas percorridas na existência, promovendo o processo curativo e criativo de resgate da inteireza, o bem mais precioso da vida plena.

Analista e sintetista: dois caminhos unificados de ação

O facilitador holocentrado, portanto, é analista e sintetista. Enquanto analista, apoiado no intelecto racional — à moda de Freud —, utiliza o ponto de vista da *causalidade* e, a exemplo de Berne, o da *finalidade*. Enquanto sintetista, sustentado na função intuitiva, é um perito no emprego da *sincronicidade*, na apreensão dos *sinais*. Enquanto analista, é capaz de deter-se na parte, investigando retrospectivamente o *porquê* e, prospectivamente, o *para quê*. Enquanto sintetista é um navegante da instantaneidade, desvelador do *como*, no *aqui-e-agora transtemporal* que contém o germe do passado e do futuro.

A concepção holográfica, originalmente, refere-se à dimensão espacial: a parte está no todo e o todo está na parte. É heurística e reveladora a sua transposição para a esfera do tempo: assim como este instante está na seqüência temporal ligando passado e futuro, *a totalidade passado-presente-futuro encontra-se neste instante*. O alcance visionário do vidente e do profeta inscreve-se nesta dimensão holográfica temporal. Neste sentido, o sintetista vincula-se a uma fonte inexaurível de informação, uma vastidão informática inesgotável.

Como metáfora útil, é interessante considerar o substrato neurofisiológico da facilitação holocentrada, o *corpo caloso*, que exerce especial e transcendente função *pontifex*, interligando o hemisfério analítico esquerdo com o hemisfério sintético direito, habilitando-nos para a visão e ação transdisciplinares.

Através de uma cultura dominantemente racional e tecnológica, no mundo ocidental hipertrofiamos, perigosamente, o hemisfério analítico. Por esta razão estamos vivendo uma descomunal crise patológica de dissociação e desvinculação, que ameaça a própria perpetuação da espécie. A nova liderança holocentrada terá que enfatizar, enquanto perdurar este desequilíbrio, a função sintética e os caminhos tradicionais de obtenção da visão não-dual.

A integração saudável da via analítica e sintética descortinará um ampliado horizonte humano. Os novos facilitadores, os novos líderes estão despertando e, em número crescente, encontram-se já atuando nos mais diversos setores, da educação à política internacional. Somente através deste caminho unificado de percepção e de ação que religa ciência à consciência é que estaremos, realmente, preparados para os inusitados desafios com os quais nos deparamos nesta véspera do terceiro milênio.

Características do facilitador holocentrado

Na abordagem junguiana, é postulada a existência de quatro *funções psíquicas*, ordenadas em duas polaridades: a do *pensamento-sentimento* e a da *sensação-intuição*. Geralmente, uma pessoa tem desenvolvida apenas uma das funções de cada polaridade, encontrando-se as demais indiferenciadas. Vale ressaltar que são as funções atrofiadas e não-desenvolvidas que governam, preponderantemente, as nossas vidas. Por exemplo, o superpensador é freqüentemente emboscado pelos seus sentimentos estranhos e indomáveis; o supersensorial costuma cair nas armadilhas pelo desuso da fulgurante intuição que, de forma abrupta, sinaliza a realidade, e assim por diante. Pressupostamente, o facilitador holocentrado é aquele que se conscientizou das suas tendências nessas polaridades, tendo desenvolvido as suas funções menos diferenciadas, equilibrando-as.

Por outro lado, é de suma importância a consideração dos *estados de consciência*. De acordo com o *Mandukya Upanishad* (23), são também quatro os estados de consciência contidos no mantra sagrado AUM, cuja pronúncia resulta no som primordial, na sílaba indivisível OM, significando Brahman, o Universo, a Totalidade:

"Tudo o que vemos exteriormente é Brahman. Esse Eu que está no interior é Brahman. Esse Eu, que é uma coisa só com OM, possui três aspectos, e, além desses três, diferente deles e indefinível — o Quarto".

Estes quatro aspectos conformam os estados de consciência envolvidos na nossa existência. O primeiro é o de *vigília*, alojado na nossa natureza física, e apenas consciente dos objetos exteriores. No *Upanishad*, este estado é nomeado *Vaiswanara*. A grande pobreza do racionalismo científico consiste em levar em consideração apenas este primeiro nível, um brutal reducionismo. O segundo aspecto é o estado do sonhar, denominado naquela escritura de *Taijasa*, localizado em nosso sutil corpo onírico. O terceiro é o estado do *sono profundo e sem sonhos*, o *Prajna*, um abençoado retorno ao indiferenciado e à Inefável Luz, como sustentam os budistas tibetanos qualificados. E, finalmente, o Quarto — com letra maiúscula para diferenciá-lo dos anteriores subalternos — é o *transpessoal* ou *holístico*: consciência pura, não-dual, traduzida, experiencialmente, por *sat-chit-ananda*, cujo significado é sabedoria-consciência-beatitude. "Ele é o bem supremo. Ele é o Um sem segundo. Ele é o Eu. Conhecei apenas a ele!", brada o *Upanishad*.

O primeiro aspecto, afirma o *Mandukya Upanishad*, corresponde à primeira letra — A. O segundo, à letra U; o terceiro, à letra M. O Quarto é o OM, mantra universal, referindo-se ao indivisível UM.

A atitude holocentrada também pressupõe o conhecimento e a investigação vivencial desses estados de consciência, o trânsito por esses complementares mundos na direção de uma plenitude existencial que faz parte do potencial da espécie *homo sapiens*.

É fundamental que o facilitador holocentrado tenha apurado a sua consciência e integrado, em si, as funções psíquicas, bem como descortinado os estados de consciência possíveis no fluxo do seu próprio existir. Caso contrário, não poderá facilitar a consciência desses aspectos na sua relação com a pessoa, condenando-se a um testemunhar parcializado e fragmentado. Vale aqui a regra de que só podemos facilitar ao outro o crescimento que já logramos em nós mesmos; só podemos conduzi-lo até o ponto em que já chegamos. Não é possível iluminar para o outro uma parte que, em nós, é escuridão.

A integração das quatro funções psíquicas com os quatro estados de consciência, em torno de um eixo de Abertura tendendo ao Infinito, conforma o foco central do modelo teórico da Formação Holística de Base (24), um projeto pioneiro, com três anos de duração, desenvolvido pela Universidade Holística Internacional de Brasília, sediada na Fundação Cidade da Paz. Esta formação tem, como principal objetivo, formar líderes holocentrados, dentro do Espírito de *Pontifex*, de que tanto necessitamos na Nova Idade.

Destaco, em seguida, as características que considero mais relevantes na facilitação ou liderança holocentrada.

INCLUSIVIDADE

Um olhar abrangente e não-excluidor, uma atenção não-preferencial, uma atitude acolhedora de todas as polaridades e uma ampla consideração dos múltiplos aspectos e inúmeras facetas do humano e da realidade são, talvez, o que mais distingue um facilitador holocentrado.

Inclusividade significa não rechaçar nenhuma necessidade e nenhuma dimensão da pessoa: dos mais primários e instintivos aos mais elevados e sublimes, todos os ângulos do ser humano são igualmente acolhidos e considerados. A equanimidade encontra-se aqui também implicada. Tal virtude, evidentemente, é suscetível de aperfeiçoamento durante todo o processo de individuação.

INOCÊNCIA

A *inocência* precisa ser destacada. Ela é o nosso maior poder, o maior de todos os *sidhis*. O sábio revela-se, principalmente, pela inocência que irradia através do olhar e pela simplicidade dos gestos dela decorrente. Esta é a visão incontaminada que as crianças possuem naturalmente e que, por desgraça, é perdida no processo de aculturação, sendo substituída pelo olhar malicioso e corrupto característico do adulto. É por esta razão que os grandes mestres holocentrados apontam a criança como símbolo da perfeição. A *criança divina*, mencionada por Jung, que as feras não atacam e que herda o Reino dos Céus.

Ver antecede conhecer. A visão inocente foi assinalada por Eric Berne (25) como *visão de primeira mão* ou *linguagem do marciano*, desprovida dos conceitos e preconceitos terráqueos. Rebatizei esta expressão (já que os marcianos têm os preconceitos de Marte! ...) de *visão do E. T.*, límpida, direta e imaculada. Através desta *visão* e não de teorias e técnicas — é que temos acesso à realidade móvel que se nos apresenta renovada a cada instante, para nela atuar e edificar.

ESPAÇO INTERIOR

A visão holística é uma *função do espaço*. Ela não é atingida pelo processo de aquisição de mais experiências, estudos, conhecimentos e pelo consumo de livros, cursos e seminários. É, sim, uma questão de esvaziamento e capacidade de *silêncio interior*. Tudo o que necessitamos é de espaço interior a partir do qual nos conectamos com o espaço exterior e, por assim dizer, nos unificamos.

A física quântica demonstra que só existe espaço sem divisão nenhuma. E, no entanto, padecemos miseravelmente de falta de espaço: eis o paradoxo.

O típico ocidental tem horror ao vazio e ao silêncio. Esta é uma coletiva *selfobia* ou fobia do *ser*, condicionada por deformações de uma cultura e educação que enfatizam o ter e parecer, o adquirir, acumular e consumir. Se algum silêncio ou vazio nos ameaça, ligamos imediatamente o rádio, a TV, abrimos um jornal, fugimos para um *hobby* ou tagarelamos ao telefone. Tudo, menos *apenas ser*. Não é por acaso que o domingo, *Dominus Dei*, dia do Vazio, é tão apavorante e deprimente para uma grande maioria de mutilados do *ser*.

Neste contexto, chamar uma pessoa de "vazia" é percebido como um grande insulto. Na perspectiva holística, este é o maior elogio, pois é através deste vazio essencial que é vibrada a melodia das esferas e a Canção da Vida. E é também por meio do espaço interior que atuam as forças curativas da Natureza.

É o vazio do vaso que lhe fornece a utilidade, afirmava o sábio Lao-Tsé. É também através do vazio que o facilitador holocentrado se faz útil, facilitando que a ferida psíquica, causada pelos entulhos do passado — que, quando projetados, geram o futuro —, seja curada, por sua aptidão em retirar-se do caminho e convidando o outro a encontrar-se consigo mesmo. Para ascender a esta virtude, é imprescindível a *meditação*, a *contemplação*. Como relembrou David Bohm, em diálogo com Krishnamurti (26), a palavra "contemplar" é proveniente de *templo* e significa *criar um espaço aberto*.

ABERTURA

Implícita nas qualidades anteriormente mencionadas, a abertura denota amplidão interior e disposição de entrar em contato com o desconhecido. É a ousadia de afirmar *eu não sei*, três palavras que são pura magia, *abracadabra* que abre um espaço inteligente de percepção e compreensão do novo.

A mente pode movimentar-se do conhecido para o conhecido, e isto é *script* ou esclerose psíquica. O movimento do conhecido para o desconhecido é *consciência* e do desconhecido para o desconhecido é *êxtase*. Sem abertura, não há como escapar da prisão do passado, do conhecido. Por esta razão é que nossas pretensas certezas são perigosas, pois podem interromper ou barrar, arrogantemente, a jornada para a plenitude antes mesmo de ser iniciada. Mais vale uma *dúvida essencial*, que nos abre caminho para a expansão criativa, do que mil cômodas certezas ou o túmulo de nossas verdades. Esta é a perene lição de Sócrates.

FLEXIBILIDADE

A vida se aninha no flexível, a morte, no rígido. No relaxamento e soltura habita a saúde, a patologia, na tensão e contensão.

Observando o acúmulo da neve quebrar o forte tronco de árvore enquanto o tenro e flexível junco sobrevivia à terrível borrasca, o perspicaz samurai desvendou o judô. Admirando a maleabilidade e brandura do recém-nascido, em contraste com a arteriosclerose inflexível do alquebrado velho, Uyeshiba-sam desenvolveu o aikidô. Lições da contemplação!

Não opor força com força, não reagir resistentemente à resistência, consciente do poder do delicado e receptivo, da força do *yin*, é marcante característica da atitude holocentrada.

MOVIMENTO

A realidade não estaciona, em nenhuma parte reside, não tem endereço fixo. "Só há mutação!", exclama o *I Ching*: não há quem muda nem o que muda, só a mutação *é*. Só há *fluir*, murmuram os rios de Heráclito. As montanhas envelhecem e passam, as divindades perecem. Só o *devir* permanece.

Na simplicidade, as melhores demonstrações são encontradas: observe a podridão fétida de uma poça com água parada. Agora, observe a limpidez musical da água corrente. E não deixe de transpor a sua conclusão para a vida do homem...

Movimento e flexibilidade estão intrinsecamente relacionados; diante do vir-a-ser, a atitude maleável é a condizente com a sanidade e a evolução. Assim é que o facilitador holocentrado movimenta-se, orientado pela bússola do aqui-e-agora.

PLENA ATENÇÃO

Para navegar no presente, é necessário o instrumento de uma atenção plena, fluídica e permanente. Este é o sustentáculo da *awareness*, do *dar-se conta* inerente ao processo de qualquer transformação consciente.

Toda patologia transcorre na desatenção. A plena atenção, que abrange atenção ao objeto, a si mesmo e ao todo circundante, é um *metafator* que religa, restaura e cura: um metaprincípio que merece um capítulo à parte.

HUMOR

A seriedade é uma séria patologia. Levar-se muito a sério pode ser grave sintoma neurótico; levar o mundo demasiado a sério pode ser enlouquecedor. "Pouco riso, muito siso", além de ser um provérbio invertido, é uma triste situação.

Rir é um santo remédio. Uma boa gargalhada desfaz muitos nós, revitaliza e oxigena o organismo inteiro. É estético, rejuvenesce e sempre é um presente dado a si e aos vizinhos; é anúncio de celebração, é a música da alegria.

Leela é um bonito conceito do hinduísmo que significa *brincadeira de Deus*. O mundo é *leela*, é um divertimento da Totalidade; é mais parecido com uma dança do que com um quebra-cabeça. Brincar de nascer, brincar de viver, brincar de morrer é pura arte das crianças e dos iluminados.

Conta-se que, numa ocasião em que Sidarta, o Buda, deveria fazer um discurso, ele apenas olhou para uma flor, em silêncio. E, no meio da multidão confusa e inquieta, um discípulo sorriu. Este foi o mais belo discurso de Buda e apenas Mahakasyapa, o discípulo que sorriu, pôde compreendê-lo e levar adiante a mensagem indizível. Buda olha para a flor, o discípulo sorri e o mundo se ilumina.

O facilitador holocentrado é, definitivamente, bem-humorado. Bom humor é a arte de sorrir de tudo e, principalmente, de si próprio. Não é preciso ter motivos para sorrir. O sorriso deveria ser gratuito, uma forma natural de reverenciar a vida e um convite para que o outro também sorria, assim inventando, do nada, a sua felicidade.

VOCAÇÃO

A vocação é a nossa *voz interna*; é a promessa intrínseca que trazemos no *ser*; é o trabalho intransferível que viemos realizar. Para isto encarnamos.

O labor de quem vive a sua vocação é pleno de sentido e se desenvolve na direção de uma Obra-Prima única que acrescenta algo ao universo. A *excelência* atualiza-se naturalmente para quem resgatou a sua vocação.

Descobrir a tarefa para a qual nos convocamos à existência é um dos mais importantes desafios. Saber ou não saber *para que* estamos aqui, eis a questão! Esta é a diferença entre aquele pedreiro infeliz e mal-humorado que, ao colocar tijolo sobre tijolo, está apenas fazendo um maldito muro em troca de algum dinheiro para sobreviver, daquele outro que está ao seu lado, com entusiasmo e um sorriso nos lábios, pois sabe que está edificando uma catedral!...

Um pré-requisito para o holocentramento é a consciência do que estamos fazendo no laboratório da existência. Neste caso, não se trata de mera ocupação ou profissão num contexto de papéis no teatro social: é convocação do Destino. Este é um metaprincípio e a ele retornaremos, oportunamente.

INTUIÇÃO

Já foi dito que a intuição é uma das quatro funções psíquicas que necessita ser desenvolvida no processo de individuação. Por seu especial valor nesta abordagem, já que intuição é a inteligência holística por excelência — Perls (4) a definia como "a inteligência do todo", em contraposição ao jogo de encaixe das partes do intelecto —, pretendo ressaltá-la, em linhas gerais.

A nossa mente particular está inserida na mente impessoal da humanidade, que Jung denominou de *inconsciente coletivo*. Esta, por sua vez, faz parte da Mente Universal. Sintonizar-se com esta Grande Mente é uma tarefa impossível para o nosso rudimentar e moroso intelecto e para o pensamento, subalterno vestígio das experiências passadas. Esta necessária e essencial sintonia realiza-se mediante o despertar da intuição.

A visão intuitiva desvela uma *ordem* subjacente ao Todo e inacessível à razão. Num relance, *sabemos*.

No livro *Máxima criatividad*, Harman e Rheingold (27) analisam a "história oculta da criatividade", negada e reprimida pelo racionalismo por consistir de iluminações repentinas, como que advindas de uma *superconsciência*. De acordo com estes autores, as irrupções criativas geralmente obedecem às etapas de *preparação* ou entrada, *incubação* ou processamento, *iluminação* ou saída e *verificação*.

Na aceleração cada vez mais intensificada dos eventos que caracteriza nosso momento histórico, a *liderança intuitiva* destaca-se qual farol a iluminar o embate violento de ondas em íngremes rochedos. Na tempestade da megacrise que se desenrola, é premente a ênfase na intuição, na inteligência da Totalidade, para que possamos evitar o naufrágio, reconduzindo-nos ao mar aberto e promissor. Esta é outra característica do novo facilitador.

PACIÊNCIA

Eric Berne destacou, no processo da psicoterapia, o que denominou de três *P: permissão, proteção* e *potência*. No seu enfoque, o facilitador, para ser eficaz, necessita dar permissão, ou seja, licença para que a pessoa desobedeça à voz autoritária das figuras parentais introjetadas que a impulsiona para os padrões compulsivos do *script de vida*. Precisa fornecer proteção, especialmente quando a pessoa inicia o processo de mudança rumo às metas pessoais, sendo acometida pelo *medo da autonomia*, até então desconhecido. Finalmente, carece ser dotado de potência e carisma que sobrepuje o poder da própria patologia alojada na pessoa.

Adiciono, agora, um necessário *quarto P*, o da *paciência*. Aqui é necessário denunciar o mito do "curador", do terapeuta poderoso que cura. Encontra-se implícita nesta falácia uma atitude usurpadora do poder pessoal do outro. A substituição da palavra curador por *facilita-*

dor aponta para outra humanística atitude: apenas podemos facilitar um contexto favorável, um terreno fértil e propício para a pessoa atualizar o seu potencial de autocura e autodesenvolvimento. "A sua fé o curou!", dizia aquele extraordinário e perfeito Facilitador.

Paulo Freire (28) afirma que ninguém educa ninguém e ninguém se educa sozinho; as pessoas se educam na comunhão. É o que traduzo por ninguém cura ninguém e ninguém se cura sozinho; as pessoas se curam no encontro. E *não se pode apressar o encontro*. Cada pessoa tem o seu ritmo próprio, que precisa ser respeitado, pois há nele uma sabedoria implícita. Violentar este ritmo é equivalente a arrancar, prematuramente, a casca de uma ferida. Ela sangrará novamente, deixando exposta a carne viva. Toda patologia, por mais absurda que possa parecer, na sua aquisição, teve uma função de proteção e de sobrevivência num contexto social patogênico. A sua ação natural é a de um escudo; é uma "casca" protetora de uma ferida da alma, de um ferimento psíquico. Um facilitador autêntico é aquele que fornece condições para que uma segunda pele se desenvolva embaixo, até a casca tornar-se obsoleta, caindo por *si mesma*. A *cura precoce* é como a ejaculação precoce: uma tosse de pélvis, sem nenhuma dança de gozo e de encontro, sem nenhuma transformação!

Há uma outra questão sutil envolvida, quando alguém tenta curar o outro, empurrando-o apesar dele mesmo. Esta ação, como qualquer outra, gera conseqüências. A tentativa de fazer o que só ao outro compete implica como que uma extorsão de um *karma* que queimará nas mãos do "poderoso terapeuta salvador". Neste sentido, a paciência é um elixir de longa vida. O facilitador holocentrado, consciente do valor do tempo que transmuta a ferida da ostra em pérola, não abreviará os seus dias...

HUMILDADE

Entendo por humildade a capacidade de a pessoa *assumir o seu próprio tamanho*. Significa não querer aparentar ser nem maior e nem menor do que se é. Em outras palavras, é a arte de *ser o que se é*.

Espero ter ficado claro que não se trata, aqui, da pseudo humildade, muito cultivada pelos hipócritas, que consiste numa encenação de que se é sempre pequeno, o menor dos menores. Sustento que é falta de humildade alguém calar, dizendo "não sei", quando é para ousar exclamar "eu sei". A chama de vela não é para ser perigosamente escondida debaixo da cama; é para ser colocada no alto, em cima do telhado: outra lição de sabedoria Crística. O pólo oposto da mesma hipocrisia é gritar pretensiosamente "eu sei", quando é para silenciar e afirmar "não sei", abrindo-se para algum real aprendizado.

Há uma bela oração, creio que de São Francisco de Assis, que denomino de *oração da potência*:

Senhor, dai-me força para mudar o que pode ser mudado,
dai-me paciência para aceitar o que não pode
ser mudado, e, sobretudo,
dai-me sabedoria para discernir uma coisa da outra.

Onipotência é tentar mudar o que é para ser aceito, enquanto impotência é aceitar o que é para ser mudado. O caminho do meio da *potência* pode ser chamado de humildade: assumir o exato tamanho no preciso momento.

TER AS MÃOS VAZIAS

Na obra de Castañeda, aprendi a importância de caminhar com as mãos vazias. Este é o caminhar da leveza, equivalente a ter a mente vazia.

Geralmente, caminhamos carregando todos os nossos tesouros, nossos pertences, álbuns de fotografias, nossos diplomas e experiências. Passado e futuro pesam, como chumbo, nas nossas sofridas mãos.

Ter as mãos vazias é sacudir, como pó da estrada, os entulhos do passado e do futuro; é desprender-nos de todo o *autoritarismo exterior*: nossos venerados mestres, com suas pesadas escrituras, métodos e técnicas. É também desprender-nos de todo *autoritarismo interior*: nossas veneradas memórias, as assombrações dos diálogos internos e a eloqüência das experiências vividas. Somos livres apenas quando nada temos a defender. Nenhuma bandeira, nenhuma metralhadora, o que deixa nossas mãos livres para a tarefa, nada fácil, de nos fazermos criação permanente.

Era uma vez um americano turista que, estando em Israel, foi visitar um sábio rabino. Lá chegando, espantou-se com aquela casa vazia; nenhuma mobília, nenhum enfeite, nenhum quadro na parede, nem mesmo cadeiras e mesa, nem mesmo cama e armários. Sem poder conter a sua perplexidade, indagou: "Onde estão as suas coisas, meu Senhor?". "E onde estão as suas?", contraperguntou o velho rabino. "Ora, estão na minha casa, no país de onde venho; eu estou aqui só de passagem", respondeu o turista. "Eu também!", sentenciou o mestre.

A consciência de que estamos aqui de passagem torna a existência uma bela e valiosa aventura. Chegamos de mãos vazias, iremos de mãos vazias. Só levamos conosco o passaporte das nossas ações.

VER A PARTE NO TODO E O TODO NA PARTE

Quando isso deixa de ser apenas uma interessante teoria, constituindo um *saber*, um *sabor*, emerge do nosso íntimo um natural respeito e reverência por tudo que existe e nos rodeia. Cada detalhe lembra o todo, o todo se faz presente em cada detalhe, numa palpitante correspondência que afugenta, definitivamente, o tédio e ausência de sentido de nossas vidas. O místico sufi Farid Attar (29) refere-se a esta realidade como o Vale da compreensão:

"Quando o sol da compreensão alumia essa estrada, cada qual recebe luz de acordo com o seu mérito e chega à etapa que lhe foi destinada na compreensão da verdade. Quando se lhe revela claramente o mistério da essência dos seres, a fornalha deste mundo se transmuda em jardim de flores. Quem se esforça verá a amêndoa na casca dura. Já não se preocupa consigo mesmo, mas ergue a vista para o rosto do amigo. Em cada átomo verá o todo; e meditará sobre milhares de segredos brilhantes."

Esta é uma vivência transpessoal e transmutadora. Apresenta-se a nós como luz que dissipa as trevas da ignorância existencial fundamentada na dualidade, fonte de todo tipo de patologia individual, social e cultural. É também fonte transbordante de amor e compaixão.

A atitude holocentrada considera e respeita a singularidade da parte e o todo, dela inseparável. O testemunho sistemático e dinâmico da *polaridade parte-todo* conduz à sua superação através de uma síntese inclusiva e diluidora do *maya* da separatividade.

O facilitador e líder holocentrado é instrumento de uma consciência não-dual. É também uma voz que clama no deserto da incompreensão do ser humano fragmentado que é, ainda, dominante. O lado sombrio ameaçado reage; há combates, há perdas e espinhos pelo caminho. É necessário estar preparado para o sacrifício, o sacro-ofício, envolvido na tarefa de colaborar ativamente para o parto de uma Nova Idade, em que o *espírito* será resgatado e falará, novamente, pelas mãos dos homens.

Assumindo a maestria

Todo ser humano possui um mestre interior que pode ser despertado. Este espaço de maestria não se localiza em nenhum estado do ego; é uma função do *ser*, que está em conexão com o Grande Ser, o oceano de consciência cósmica. Pelo desenvolvimento do canal intuitivo podemos participar desta sabedoria potencial.

O holocentramento é uma conquista gradual do processo evolutivo, denominado por Jung de individuação. Inicialmente, nos damos conta, através da reflexão e do estudo, desta possibilidade de comunhão holística: é a fase do conhecer, da *hologia*. A sua importância, especialmente para a mente ocidental, é que através dela obtemos uma *permissão intelectual* para o mergulho no caminho vivencial, sem o qual tudo não irá além de vãs teorias e estéreis palavras: é a fase do experienciar, da *holopráxis*. E se o buscador tiver real sede do infinito, munindo-se de vontade férrea numa disciplina do cotidiano, poderá lograr, em algum indescritível momento da jornada, a *realização holística*, estágio denominado pelas Tradições de *reino dos céus*, *nirvana* ou *iluminação*. É quando *ser* e *Ser* confluem na vivência não-dual. Nas palavras de Confúcio, é quando se pode confiar nas indicações do próprio coração, pois o que se deseja, então, jamais ultrapassará as fronteiras da Justiça. É o retorno ao *Tao* de Lao-Tsé, aos *Logos* de Heráclito: é a volta ao nosso Lar essencial.

Para não se nutrir alguma fantasia romântica e idealista contraproducente, é salutar uma advertência aos pretendentes: antes desta realização há que se atravessar o *vale das sombras* e teremos que nos confrontar com todos os dragões e demônios da condição humana. Há que se resgatar as projeções e encarar, dia após dia, o "Zé Ninguém" dentro de nós, com suas típicas secreções da vaidade, orgulho, ira, possessividade, ciúme, enfim, toda a escória humana. Sem o confronto e integração do nosso lado sombrio, jamais ultrapassaremos o jogo do teatro e a máscara ilusória de nossas identificações superficiais. Este não é um caminho fácil; é a senda estreita, é o fio da navalha onde não há atalho nem barganha. Há que se atravessar a lama para ser *senhor de si mesmo*. Esta é a lição do lótus que, para atingir a luz, brota do lodo, transmutando-o em flor.

Aqui é preciso considerar a questão do ego e do *Ser* (que, em obra anterior, denominava de *Self*). Ego-*Ser* é uma outra fundamental polaridade que, freqüentemente, tem sido trabalhada de maneira parcial e reducionista. Há uma psicologia do ego muito desenvolvida no Ocidente, especialmente neste último século. Reagindo a esta tendência pragmática e cientificista, surgiu a psicologia *transpessoal* enfatizando o *Ser*, principalmente a partir dos anos 70. Neste cenário, podemos observar, não raramente, uma prática distorcida e extremista de abordar estes dois pólos da condição humana. Alguns circunscrevem-se na ilha do ego, negando a dimensão mais profunda e sutil da psique total e desconsiderando o fator transpessoal. Outros destacam unilateralmente o *ser*, o além-do-ego, desprezando, solenemente, o fator egóico. E como tudo o que é negado torna-se feroz inimigo, pesadelo do qual não nos libertamos, os primeiros acabam sendo sabotados pelo sublime reprimido, enquanto os últimos terminam invariavelmente vítimas do próprio ego rejeitado e hipertrofiado pela ignorância de si.

A abordagem holística considera estes dois pólos como complementares, sendo ambos úteis e necessários ao processo de individuação. O ego precisa ser desenvolvido, estruturado e expandido; somente então poderá ser transcendido. Como transcender aquilo que não se logrou? O ego não é negativo; ele é um *fato*, ele funciona exercendo imprescindível função de adequação à realidade exterior. Desde que não seja endeusado e nem usurpe a função de comando da totalidade psíquica — que só o *Ser* pode ocupar integralmente — o ego tem o seu importante lugar na dinâmica do existir. Sob o comando do *Ser* torna-se um instrumento de ação construtiva e eficaz.

O facilitador holocentrado precisa ser um perito nos domínios do ego, compreendendo a sua constituição e os seus jogos. E, ao mesmo tempo, um argonauta no espaço do *Ser*. Esta é a lição da cruz, composta do plano relativo horizontal que abrange o cotidiano, a seqüência temporal: a dimensão do ego; e o absoluto plano vertical, da essência, do *ser* atemporal. É neste cruzamento que Jesus Cristo está fixado, crucificado: *Jesus*, o homem enquanto ego, e *Cristo*, a consciência divina, Logos encarnado.

Ser mestre é assumir a própria *autoria* e esculpir o destino com as próprias mãos. Na abordagem holística, não podemos temer esta palavra, principalmente quando consideramos a facilitação e liderança holocentrada, que é um movimento num espaço em que profano-e-sagrado, relativo-e-absoluto se irmanam, convergindo na busca do *todo humano* e na sua evolução. É necessário *ousar ser*. Nas palavras de um mestre contemporâneo, criador da Terapia Iniciática, Karlfried Graf Dürckheim, segundo Yves Leloup (30), que merecem ser destacadas:

> "O médico que é ou gostaria de ser homem total e deseja, por conseqüência, tratar o paciente de forma total, deve aprender a criar neste também as condições que permitam ao homem se curar a partir de seu ser essencial e testemunhá-lo diante do mundo. Certamente esta tarefa solicita, no terapeuta, não o médico, mas o mestre, o guru. Isso não deve espantar os terapeutas atuais. A terapêutica iniciática implica que se guie o homem por sua via interior, no sentido em que os mestres da via verdadeira o fizeram durante milênios. E, hoje, o terapeuta que quer estar em condições de responder aos sofrimentos mais fundamentais não tem outra escolha a não ser preparar-se para esta tarefa".

Esta desafiadora tarefa exige uma preparação árdua e contínua, que se prolonga por toda a existência. O excepcional Confúcio necessitou setenta anos para lográ-la!... Todos somos, em algum grau, incompletos. Este planeta é uma grande Escola e aqui viemos para nos diplomar como seres humanos plenos. Aceitar a própria imperfeição e seguir adiante, atento ao aprendizado de cada momento, é o caminho da realização rumo à plenitude. Humildade é assumir, ao mesmo tempo, a condição de discípulo e de mestre. Podemos imaginar uma corrente onde cada pessoa é um elo que pode aprender dos que estão adiante, ensinando aos que seguem atrás. Sempre há alguém para nutrir-nos com a sua luz, sempre há alguém aguardando para ser nutrido com a nossa própria luz. O desequilíbrio acontece quando nos fixamos em apenas *um* desses pólos, capturados na esclerose *ou* do discípulo *ou* do mestre. Aqui vale, novamente, o *princípio pendular* do aprendizado com as polaridades.

O mestre autêntico assume esta condição em função da necessidade de aprendizado do outro, sensível à sua dor, ao seu grito de socorro. Está muito distante da real maestria quem se apega a este papel por uma necessidade própria, pelo miserável apego ao poder, pela ambição da onipotência. É um contra-senso paralisante ambicionar a maestria. Ambição é o medo de ser o que se é. Maestria é a capacidade de viver e espelhar a realidade para o outro, convidando-o, simplesmente, a ser o que já é.

A maestria é uma decorrência natural da abundância do *ser*. Certa vez, perguntaram a Krishnamurti: "Por que você ensina?". E ele respondeu: "Por que as flores florescem?".

Na medida em que alguém se habilita na complementaridade do *saber* e do *ser*, passa a transpirar maestria, naturalmente. A sabedoria da espécie e do universo habita em nós, a voz de todos os mestres murmura em nosso íntimo: é o *guru interior*. Despertá-lo é uma responsabilidade individual e também social neste tempo de Caos que, como sabemos, é promessa de Ordem, matéria-prima do Cosmo. Ser mestre é facilitar que o outro descubra e desperte a sua própria maestria. E, como afirma Jean-Yves Leloup (31), o guru primordial é a própria vida:

"O grande mestre, o único mestre, é a vida. Esse grande mestre, por misericórdia por nós, pode colocar no nosso caminho um mestre encarnado. Se esse mestre encarnado for um verdadeiro mestre, vai fazer de nós não um outro discípulo, mas fazer-nos descobrir o nosso próprio mestre interior".

A visão holística é uma função do despertar da *Kundalini*. Este é um tema básico, estudado há milênios na psicologia oriental pela ciência do yoga. A energia ígnea da Kundalini, representada no estado latente como uma serpente enrolada na base da medula espinhal, é a que, ascendendo, ativa os *chakras*, as rodas ou vórtices do nosso corpo energético. Cada chakra representa um centro de consciência e uma peculiar sabedoria, um mestre especial, um livro interior de puro conhecimento, abordando uma esfera da realidade. São sete os mais conhecidos do canal ou *nadi* central — um *caminho do meio* denominado *sushumna* —, desde o *mooladhara*, o chakra raiz, até o *sahasrara*, o lótus de mil pétalas da consciência não-dual. É na medida do despertar de cada um desses chakras que nos "ligamos" às diversas dimensões da realidade e temos acesso à nossa sabedoria intrínseca.

A condição da pessoa *adormecida* é semelhante à de um aparelho elétrico desconectado da tomada. É uma condição apagada, subdesenvolvida, semimorta. Apenas quando nos "ligamos" à *tomada universal*, através da ascensão da Kundalini, é que o nosso potencial se atualiza e nos religamos ao universo holístico. Esta é a fonte real da maestria e voltaremos a este tema ao tratar da plena atenção.

Subindo os degraus

Passo a passo percorremos, esquematicamente, a galeria das nossas possibilidades como facilitadores e líderes. Da infância à excelência, da imaturidade à maestria, é um só caminhar, com ponto de partida e sem ponto de chegada, já que o processo evolutivo dura enquanto durar a existência. E, quando inconcluso, há de prosseguir além, naturalmente.

Por meio de três diagramas poderemos recapitular, para concluir, as três etapas do *continuum* de desenvolvimento do facilitador.

1. Etapa da infância

> PESSOA → OBJETO

Aqui, em função da própria limitação e natural imaturidade do pretendente a facilitador, o outro é tido como *objeto* de uma técnica, de um modelo ou um sistema teórico. O vetor é unilateral e, portanto, não há real encontro, não há intersubjetividade. O facilitador é, basicamente, um técnico. É uma fase importante e necessária, desde que nela não nos fixemos, o que geraria uma esclerose metodológica e falência da criatividade.

Espaço vivencial

1. Sente-se diante de outra pessoa. Cada um olha para o outro, numa atitude de exploração, buscando apreendê-lo ou "sacá-lo", descobrindo tudo o que puder a seu respeito. Permaneça nesta vivência durante aproximadamente três minutos. Agora, fechem os olhos e se autoinvestiguem, vasculhando os seus interiores, suas sensações, pensamentos, imagens etc., durante o mesmo tempo da experiência anterior. Após, comentem as vivências.

2. Etapa da maturidade

> PESSOA ←→ PESSOA

Aqui, há o encontro simultâneo com o outro e consigo mesmo. O facilitador, *self*-centrado, centra-se na pessoa, de forma aberta e receptiva. Não se ocupa de decifrar o outro a partir de uma lente teórica pessoal; simplesmente dá passagem ao outro, apresentando-o a ele próprio. O vetor é bilateral: a atenção expande-se na mutualidade, há sinergia. Apresentando a qualidade de congruência, o facilitador encontra-se com a pessoa de forma empática, com aceitação incondicional do seu *ser*. É uma fase em que a compreensão gera método e técnica para cada singular encontro. Entretanto, esta atitude encerra-se na esfera isolada do humano, constituindo, neste sentido, um humanismo reducionista.

2. Sente-se diante da mesma pessoa do experimento anterior. Agora, cada um olha para o outro numa atitude receptiva, buscando compreendê-lo, sem interferir com nenhum julgamento e classificação.

Mantenha a atenção sintonizada ao mesmo tempo em si e no outro, observando-se no mesmo ato em que observa. Após aproximadamente cinco minutos, comentem a vivência, traçando um paralelo com o experimento 1.

3. Etapa da excelência

> PESSOA ∞ PESSOA

Aqui, o espaço do encontro amplia-se abrangendo *holos*, o todo envolvente. A atenção é fluida, a visão é inclusiva, a atitude é aberta, holocentrada. O vetor de conexão é o *infinito* (∞). Além do ponto de vista da causalidade e da finalidade, aplica-se o princípio de conexão acausal, da sincronicidade. A sinergia é ampliada ao incomensurável. Nesta abordagem, hologia e holopráxis caminham juntas. A sua culminância é determinada pelo ascender ou despertar pleno da Kundalini que ativa o sistema de chakras, realizando a conexão holística e despertando uma maestria inata.

3. Novamente, sente-se diante do seu par. Agora, olhando-o, abra totalmente a sua percepção, com atenção plena. Testemunhe o outro ao mesmo tempo que a si mesmo e a tudo que os circunda: os diversos sons, cantos de pássaros e grilos, a sensação da brisa na pele, a *melodia das esferas* sempre presente. Se houver silêncio interior, viva e desfrute o espaço de comunhão.

Após o tempo necessário, comentem esta vivência, traçando um paralelo com as anteriores. Tire as suas próprias conclusões.

Concluindo, é preciso lembrar que este é apenas um esquema, de cunho didático e pretensão indicativa. Sua possível utilidade é relativa, naturalmente. Cada trajetória é única, há oscilações, há interpenetrações, há passos que adiantam e outros que recuam. O que pretendo com convicção assinalar é a possibilidade e necessidade de um novo facilitador, um novo líder para os novos tempos.

Qualquer idealismo neste sentido, de algum alvo fora da nossa realidade presente, denota fragmentação, perda de energia, negação do que se é, paralisia da individuação. Aceitar cada momento do nosso caminhar, com o seu alcance e sua limitação, sua cor e sua dor, é um fator básico impulsionador da evolução.

Por ser um processo de conquista de autoria dentro de um *continuum* individual, cada facilitador holocentrado é distinto, dotado de um timbre carismático único, com fragrância própria. Não bradam ideologias nem ostentam bandeiras padronizadas, já que sua maior potência advém do espaço e silêncio interior do dom da plena atenção. Por sua

qualidade de participação na totalidade, irradiam um saber vinculado ao amor e à compaixão. Não gostam de hierarquias e confiam na *rede*, na teia holística, na sintonia de consciência e cumplicidade evolutiva. É imprevisível, pois navega no inusitado instante. É um inventor de mundos. Definitivamente, é uma fonte de incômodo para os esclerosados psíquicos.
Que se multipliquem e habitem um renovado mundo!

Referências bibliográficas

(1) WEIL, Pierre. *A neurose do paraíso perdido — proposta para uma nova visão da existência.* Rio de Janeiro, Espaço e Tempo/CEPA, 1987.
(2) JORNAL I CHI — *Intercâmbio dos círculos holísticos internacional.* Ano V, n? VI, 1990.
(3) MAX-NEEF, Manfred. Conferência no Encuentro Holístico Internacional, El Fundamento Humano y Ecológico de la Empresa y la Economia. Mendoza, Argentina, novembro de 1989.
(4) PERLS, F. *Escarafunchando Fritz: dentro e fora da lata de lixo.* São Paulo, Summus, 1979.
(5) GUGGENBUHL-CRAIG, Adolf. *O Abuso do poder na psicoterapia — e na medicina, serviço social, sacerdócio e magistério.* Edições Achiemê, Rio de Janeiro, 1978.
(6) LEMINSKI, Paulo. *Bashô.* São Paulo, Brasiliense, 1983.
(7) ROGERS, Carl R. *Um jeito de ser.* São Paulo, E.P.V., 1983.
(8) CREMA, Roberto. *Análise transacional centrada na pessoa... e mais além.* São Paulo, Ágora, 1984.
(9) WILBER, Bohm; PRIBRAN, Ferguson; e CAPRA, Weber. *El paradigma holográfico — una exploración en las frontieras de la ciencia.* Barcelona, Kairós, 1986.
(10) WEBER, Rennée. *Diálogos com cientistas e sábios.* São Paulo, Cultrix, 1988.
(11) CAPRA, Fritjof. *O ponto de mutação.* São Paulo, Cultrix, 1986.
(12) CAPRA, Fritjof. *Sabedoria incomum.* São Paulo, Cultrix, 1990.
(13) BATESON, Gregory. *Steps to an ecology of mind.* Nova York, Ballantine Books, 1985.
(14) WEIL, Pierre. *Nova linguagem holística — um guia alfabético.* Rio de Janeiro, Espaço e Tempo/CEPA, 1987.
(15) JUNG, Carl G. *A dinâmica do inconsciente*, Obras Completas, Volume VIII. Petrópolis, Vozes, 1984.
(16) PROGOFF, Ira. *Jung, sincronicidade e destino humano — a teoria da coincidência significativa de C.G. Jung.* São Paulo, Cultrix, 1989.
(17) LAO-TSÉ. *Tao-Te-King.* Trad. de Rodhen. São Paulo, Alvorada, 1979.
(18) BOLEN, Jean Shinoda. *A sincronicidade e o Tao.* São Paulo, Cultrix, 1988.
(19) BERNE, Eric. *Análisis transaccional en psicoterapia.* Buenos Aires, Psique, 1976.

(20) JUNG, Carl G. *Memórias, sonhos, reflexões*. Rio de Janeiro, Nova Fronteira, 1975.
(21) HUXLEY, Aldous. *A situação humana*. Rio de Janeiro, Globo, 1982.
(22) BUBER, Martin. *Eu-Tu*. São Paulo, Cortez & Moraes, 1977.
(23) SWAMI Prabhavananda; MANCHESTER, F. *Os Upanishads — sopro vital do eterno*. São Paulo, Pensamento, 1987.
(24) UNIVERSIDADE HOLÍSTICA INTERNACIONAL DE BRASÍLIA. *Projeto da formação holística de base*. Fundação Cidade da Paz (Cx. Postal 02.0021, CEP 70001, Brasília, DF), 1989.
(25) BERNE, Eric. *Que dice usted despues de decir hola?*. Barcelona, Grijalbo, 1974.
(26) KRISHNAMURTI, J. e BOHM, D. *A eliminação do tempo psicológico, diálogos*. São Paulo, Cultrix, 1989.
(27) HARMAN, Willis e RHEINGOLD, Howard. *Máxima creatividad*. Argentina, Aletheia, 1989.
(28) FREIRE, Paulo. *Pedagogia do oprimido*. Rio de Janeiro, Paz e Terra, 1975.
(29) ATTAR, Farid Ud-Kin. *A conferência dos pássaros*. São Paulo, Cultrix, 1987.
(30) LELOUP, Jean-Yves. "A Unidade das tradições espirituais". In *O novo paradigma holístico — ciência e mística*. São Paulo, Summus, 1991.
(31) LELOUP, Jean-Yves. "Três orientações maiores de uma psicoterapia iniciática". In *Visão holística em psicologia e educação*. São Paulo, Summus, 1991.

MEMÓRIAS DA PRISÃO

"A vida é o que fazemos dela. As viagens são os viajantes. O que vemos não é o que vemos, senão o que somos."

FERNANDO PESSOA

O racionalismo científico desidratou a obra do seu sujeito, dissociando o criador da criatura, com o mito da objetividade. Produto do reducionismo objetivista, o discurso acadêmico esterilizou-se da própria alma, excluindo o subjetivo, o biográfico, o onírico, o qualitativo, o próprio processo da criação.

Ciente dessa contradição, Carl Gustav Jung afirmava que toda teoria psicológica é uma autoconfissão do seu autor. Coube à física quântica evidenciar que ninguém pode isentar-se de si mesmo já que, num certo sentido, nós criamos o mundo que observamos.

Estou convencido de que a fala transdisciplinar holística precisa transcender a dualidade sujeito-objeto, incluindo a razão e o coração, a sensação e a intuição, a vigília e o sonho, a fórmula e o poema. Enfim, todas as contradições e dimensões do humano. Gosto de imaginar que, no futuro próximo, a obra científica também terá um caráter biográfico, expondo o pensamento e o pensador. Procurando ser congruente com esta convicção é que explicito, a seguir, o fundo existencial que levou-me, gradativamente, a esta proposta de síntese transacional.

Oh, Amada minha!
Eu te busquei nas eras,
Eu te busquei nas terras,
Eu te busquei nos tempos,
Eu te busquei nas lendas,
Eu te busquei nas brenhas,
Eu te busquei no espaço,
Eu te busquei nas sombras,
Eu te busquei nos sonhos,
Eu te busquei nas águas,
Eu te busquei nos prados,
Eu te busquei nas pedras,
Eu te busquei nas nuvens,
Eu te busquei nas grutas,
Eu te busquei no lodo,

>Eu te busquei no lótus,
>Eu te busquei nas quedas,
>Eu te busquei nos pântanos,
>Eu te busquei nos montes,
>Eu te busquei nas pontes,
>Eu te busquei nas brumas,
>Eu te busquei nas chamas,
>Mais ainda que em tudo
>Nos desertos te busquei,
>E depois de tanta busca
>Foi na dor que te encontrei.

Graças a Deus e graças à Dor. Sendo o sétimo de uma irmandade de dez, nasci numa boa encrenca grupal. Se eu fecho os olhos e busco na memória a mais remota imagem de mim mesmo, o que vejo é um menino com olhos assombrados e grades na frente. Na mais antiga de minhas lembranças, vejo-me como um prisioneiro. Curiosamente, esse menino de minha primeira recordação também via os seus familiares, e todos os que o cercavam, com grades na frente. Nessa protolembrança, vejo-me um prisioneiro no meio de prisioneiros. Grades e gritos: é o que em toda parte via e ouvia, além de todas as aparências. Isso não era pensado e refletido intelectualmente; era vivido e sentido visceralmente, como um fado que se vê sem se saber.

Diante dessa percepção alógica, instintivamente, adotei duas regras básicas de sobrevivência: não levar nada demasiado a sério e procurar sempre focalizar o positivo nas outras pessoas e no que me cercava. Hoje compreendo bem que, extrair de tudo o néctar, como faz o beija-flor, é um modo eficaz e encantado de tornar o mundo imediatamente mais habitável e melhor freqüentado.

Um pouco mais tarde, aquilo que era uma sensação e vivência interior expandiu-se mais concretamente. Aos onze anos de idade, meus pais enviaram-me, com meu irmão mais velho, a um colégio-interno numa cidade maior. De fato, ele fora uma boa instituição educacional anteriormente, em que estudaram meus irmãos mais velhos. Nessa ocasião, entretanto, sem que meus pais soubessem, tinha praticamente se transformado num reformatório, abrigando adolescentes-problema. Lembro-me, inclusive, de um rapaz, talvez o único com quem pude trocar certa amistosidade e simpatia, que era efetivamente um prisioneiro: tinha assassinado um colega a golpes de canivete e, por ser menor, estava detido nessa instituição.

Havia duas alas distintas nesse sombrio educandário: o "maiorito" e o "minorito". Meu irmão maior e protetor foi instalado no primeiro e eu, sendo o menor do "minorito", aí fiquei, desoladamente trancafiado e isolado. Lembro-me das lágrimas que saudavam-me ao amanhecer, de uma hostilidade generalizada e da amarga solidão. E de uma mangueira em cuja sombra me deixava ficar, comigo mesmo, nos intervalos dos recreios.

Foi um tempo de dura provação e de iniciação num mundo bárbaro, de malícia e violência. Até então, minha existência havia transcorrido nas ruas aconchegantes de minha pequena cidade natal, com os irmãos e amigos da tenra infância. Agora, era a lei da selva e do anonimato. Chamavam-me de "Bonitinho", o que era uma ofensa mortal no mito machista dessa adolescência perturbada. Então brigava e, por ser menor, levava quase sempre a pior. Exceto uma gloriosa vez, em que peguei o "Coelho" de surpresa, sem o seu inseparável irmão, o "Bode". Atormentado pela culpa, na missa das seis da manhã seguinte, atrasei-me para confessar o "pecado". Não precisei pagar a penitência, pois, logo ao deixar a igreja fui vítima de uma traiçoeira tocaia do "Bode" e do "Coelho", numa desforra de triste recordação.

Nessa ocasião, tive minha primeira experiência *numinosa*. Estava participando da missa matinal e olhava uma mandala crística na batina do sacerdote, que elevava o cálice no ofertório. O desenho da cruz no círculo começou a rodar e, abruptamente, desmaiei pela primeira e única vez nesta existência. Via-me caindo de uma escada e, quando chegava ao solo, despertei do desmaio. Envergonhado por ter perturbado o ofício sagrado, fingi estar desmaiado um pouquinho mais, para justificar o incômodo dos vizinhos que me levaram para fora do templo. "Falta de ar!", foi o simplório diagnóstico de alguém mais velho. Vinte anos depois, numa sessão de psicoterapia junguiana, dei-me conta de que este foi o primeiro e fulminante impacto vivencial perante um arquétipo do *Self*, de síntese e de libertação.

Minha revolta crescente, nesse contexto em que me via injustamente cercado de pessoas maiores e ofensivamente agressivas, levou-me a tecer um plano macabro. Privei-me dos sonhados sorvetes dos passeios dominicais e economizei o suficiente para comprar um canivete — certamente inspirado pela estória do prisioneiro, relatada acima. Pensei, então: "O primeiro que me chamar de 'Bonitinho', morre!". Não tardou; no dia seguinte, no meu retiro da mangueira, fui importunado pelo "Avião", muito mais velho, que desferiu-me a dita ofensa. Saquei do canivete e disparei, alucinado, na sua direção. Poderia ter acontecido o pior se "Avião" não tivesse justificado seu apelido e escapado, numa olímpica fuga. Terminei na sala do padre diretor que, com uma fala carinhosa, disse que compreendia minha situação e que tinha que reter meu canivete, para o meu próprio bem. Prometeu devolvê-lo mais tarde — promessa que não cumpriu. No dia seguinte, quando entrei na sala de aula, fui pela primeira vez homenageado com um respeitoso olhar e com o silêncio de todos os colegas. Não pude desfrutar desse novo heróico *status*, pois estava nos últimos dias do ano letivo. Regressamos para as férias e, felizmente, jamais retornamos, pois, talvez como um reflexo do caos, foi extinto o regime de internato nesse colégio, onde iniciei-me no lado mais sombrio da existência.

Nos anos seguintes, paralelamente aos estudos colegiais e ao trabalho na empresa de meu pai, dediquei-me a pesquisar insetos e animais.

Nessa ocasião, não considerava os seres humanos muito interessantes e merecedores de estudo e pesquisa!... Cheguei a colecionar 1.600 insetos, devidamente classificados, em vigílias que às vezes varavam madrugadas. Intuitivamente, venerava os vaga-lumes e as cigarras, como divindades da luz e do som da natureza e recusava sacrificá-los para tê-los em minha coleção. Uma cigarra morta, não tive dificuldade em encontrar; o mesmo não ocorreu com o fugidio vaga-lume. Certa noite, após ter capturado um bonito espécime, tranquei-me no escritório; tive com ele um respeitoso colóquio enaltecendo os objetivos científicos pelos quais ele seria sacrificado. Pedi o seu perdão e disse-lhe adeus. Apaguei a luz do quarto e coloquei-o num vidrinho com álcool. Jamais me esquecerei do seu olhar luminoso, lentamente se apagando.

Destemido pela familiaridade com os seres da natureza, capturava escorpiões utilizando simples pinças e "pescava" enormes caranguejeiras munido de varinhas com barbante e chiclete. Colecionava também serpentes e mantinha algumas vivas, alimentando-as em covas que fazia sob medida. Até que minha mãe descobriu, com uma intensa catarse emocional, não propriamente de admiração. Precisei doá-las ao nosso colégio, pesarosamente e sem demora.

Talvez eu tivesse me tornado um etólogo, caso não fosse acometido por um repentino *insight*, numa festinha dançante com amigos. O disco terminou na vitrola e, no silêncio que se seguiu, repentinamente perguntei, em tom de desafio, aos companheiros: "Vamos formar um conjunto musical?". Todos topamos; elegemos os instrumentos e os compramos a prestações. Aos trancos e barrancos aprendemos a tocar e nossa cidade adquiriu sua primeira e memorável banda, "Os Corujas". Pagamos as prestações de nossos instrumentos animando bailes, festas e comemorações. Cada vez menos barulhentos e mais harmoniosos, fizemos muitas excursões pitorescas e inusitadas, em diversas cidades do interior de Minas Gerais. Comecei a mirar e admirar mais e mais as pessoas que dançavam e transbordavam as suas almas ao som de nossas baladas. Foi assim que me converti à espécie humana. Foi assim, também, que me tornei um facilitador de dinâmica grupal: os temperamentos dos participantes da banda eram muitos e diversos, nem sempre fáceis. Alguém tinha que facilitar os processos relacionais, pois precisávamos honrar os contratos; a cooperação e a sinergia num conjunto musical são, obviamente, indispensáveis. Despontou, assim, o esboço do que mais tarde me tornaria: um terapeuta e grupólogo, fascinado pela alma humana.

Aos dezessete anos, vivi uma tocante experiência, que apenas muitos anos depois pude compreender plenamente. Devo dizer que, naquela época, considerava-me ateu, após ter realizado um curso de teologia e uma leitura estreitamente crítica e racionalista da Bíblia. Era uma manhã de domingo; acordei e olhei no relógio, que marcava 9 horas. Pensei: "Que bom que não preciso mais ir à missa das 10...!" e virei para o outro lado, retornando ao sono. Logo em seguida, sonhei:

Estou num corredor e caminho sobre um tapete vermelho que me puxa para dentro de si. Há uma comprida mesa no final do corredor, em que, no centro, está sentado um homem que não conheço, com uma postura sóbria e rosto sereno; ao seu lado, no canto da mesa à direita, está sentado o meu maior amigo desta época, com uma garrafa de café à sua frente. Caminho com um esforço quase sobrenatural pois uma grande força quer tragar-me tapete a dentro. Luto ferozmente e consigo chegar, completamente exausto, até a mesa onde apoio as mãos para não cair. Então, o meu amigo pergunta-me, risonho: — "Aceita café?". A pergunta parece-me tão absurda que acordo... Minha mão direita está sobre o coração, que explode em taquicardia; sinto que estou morrendo, o alento e a força vital esvaindo de mim. No desespero da agonia, chamo "Mamãe!" três vezes — numa vivência regressiva, como quando, garotinho de cinco anos, acordava assustado na madrugada, chamando-a — e já não tinha voz, no desfalecimento galopante. Vi então, num relance de segundo, toda a minha existência transcorrendo, como num filme, na tela psíquica; com uma surpreendente lucidez, dei-me conta das minhas ações e omissões existenciais. Então, num gesto transracional, aceitei a morte e entreguei minha alma para Deus. E fui enlaçado por uma escuridão acolhedora e a benção de uma paz que desconhecia...

Quando recobrei os sentidos, com o corpo ainda paralisado, necessitei muito tempo para movimentar meus dedos, sentindo a força vital retornando lentamente. Minha cama estava molhada, como se alguém nela tivesse jogado um balde de água. Conclui que estava com Mal de Chagas, pois a região onde morava era de risco. Como um bom "Zé Durão", decidi não ir ao médico e não contar essa experiência para ninguém, por não querer encarar o fato, para mim já consumado, de estar condenado. Apenas a compartilhei com o amigo que constava do sonho, pedindo-lhe absoluto segredo. No meu diário da época, que conservo comigo, escrevi: "Um dia eu vi a Morte. Ela sorriu para mim aquele sorriso frio que faz arrepiar. Mas depois disse-me que estava só de passagem. Apenas uma visita de cortesia. Ela foi-se... mas seu sorriso continua dentro de mim".

Anos depois, já cursando a universidade, fui instado a fazer um *check-up*, com eletrocardiograma. Com a expectativa mais sombria dirigi-me ao cardiologista para constatar, aliviado, estar com um coração plenamente saudável e vigoroso.

Quase trinta anos após esta *experiência de quase-morte* — em tanatologia já são clássicos os estudos do que se convencionou chamar *near death experience*, desde o *best seller* de Raymond Moody, *Life after Life*, à tocante obra de Elisabeth Kubler-Ross — posso compreendê-la como uma vivência iniciática muito importante para a tarefa na qual me lançaria mais tarde, objeto deste livro. Como afirma Castañeda, em sua obra xamanística, a Morte é a mais sábia e impecável conselheira. É na transição da morte que a existência se nos apresenta transparente e lúcida. Para muitos, é apenas no coração da morte que o gosto do que jamais morre será sentido.

Em minha leitura, o corredor do sonho representa a passagem; o vermelho é o sangue da agonia; o homem sóbrio e o melhor amigo na mesa apontam para o tema arquetípico do julgamento do morto, tão bem representado nos antigos papiros egípcios. A pergunta absurda e o café impulsionaram o despertar. O apelo infantil pela mãe também pode indicar o arquétipo da Grande Mãe; a visão panorâmica da existência é o que permite a sua avaliação sintética: é quando muitos percebem, tragicamente, que dedicaram o precioso existir quase tão-somente a questiúnculas insignificantes, desdenhando o essencial, a própria missão. Finalmente, quando a luta e a resistência cessam, vem a aceitação do inevitável, a entrega, a rendição ao Ser.

Evidentemente, essa vivência refere-se ao primeiro *bardo*, ao estágio inicial do processo dessa passagem complexa e misteriosa que chamamos morte. O *Bardo Todol, livro tibetano dos mortos*, é um profundo e simbólico texto de psicologia perene, que desvela as etapas e meandros intrincados do processo de morrer, para o qual encontra-se habilitado apenas aquele que aperfeiçoou-se na arte de viver.

Ao longo desse período existencial, o tema da prisão continuava presente nos meus sentimentos e reflexões. Aos dezoito anos, chegou às minhas mãos um livro muito especial, traduzido pelo orientalista brasileiro Murillo Nunes de Azevedo, *Introdução ao Zen Budismo*, do mestre Suzuki. Muitos anos depois, travei fecundo contato com Murillo Nunes, com quem mantenho laços de profunda amizade. Li este livro de uma forma inusitada e impactante: constatava, arrepiado e tocado no mais profundo da minha psique, que eu já *sabia* aqueles ensinamentos, estranhos e completamente familiares para um jovem que, pela primeira vez, se deparava com uma relíquia da psicologia oriental. De modo especial tocou-me o conceito de *maya*, ilusão, e a proposta evolutiva centrada no *satori*, o despertar de um olhar para o essencial. Vislumbrava que esta simbologia referia-se à minha remota autopercepção de ser prisioneiro entre prisioneiros; a prisão é *maya*; o *satori* é a libertação.

Essa experiência levou-me a discordar da proposta de Jung, de que ocidente e oriente têm caminhos próprios de individuação e que o primeiro não necessita pedir "esmolas" ao último. *Estamos sendo* ocidentais e orientais apenas nas camadas superficiais da psique; na sua profundidade uma só humanidade habita, bem como todo o universo. Constato mesmo que, de forma transregional, ocidente e oriente podem ser compreendidos como estados complementares de consciência. Em meu caso particular, os símbolos do oriente repousavam quase à superfície ensolarada de minha alma, esperando tão-somente por uma flauta, por uma parábola paradoxal e agreste, por um dedo apontando para a Lua, para despertarem imediata e definitivamente.

Nessa ocasião escrevi meu primeiro texto, nunca publicado, denominado "Caminhando". Literalmente, eis sua primeira página:

Foi quando comecei a pensar.
Há muito estava adormecido.
Mas despertei e vi que o sol já brilhava e
havia muito que caminhar.
Embora não houvesse nenhum caminho.
Podia ser que não encontrasse nem sombra nem
água e nem alimento pela frente.
Podia ser que me perdesse sem encontrar nenhum
destino.
Podia ser que perecesse na jornada.
Mas era muito cedo para sentir medo.
E eu bem sabia que poderia encontrar uma
esperança de resposta para todas as perguntas,
milhares de seres se ligando, se trocando e se
focalizando em alguma direção, um abrigo
para o inverno da solidão.
Poderia encontrar até mesmo um amigo.
Não sabia o que me esperava, mas já era tarde
e não me faltava coragem.
A todo custo me encontraria na confusão,
na incerteza e na tristeza da realidade.
Eu estava caminhando em busca de mim mesmo...

Alguns anos mais tarde, já formado em psicologia e antropologia, como analista transacional didata orientava uma formação nesta área para psicólogos e médicos. O serviço à comunidade fazia parte do programa como forma de ação solidária e aperfeiçoamento experiencial. Tanto me fascinava ainda o tema da prisão que, com um grupo de treinandos, prontifiquei-me a prestar serviço voluntário na Papuda, o presídio de Brasília. Durante alguns anos passei a dedicar a esta atividade uma manhã por semana, dando cursos, facilitando dinâmica de grupo e introduzindo alguns caminhos de relaxamento e meditação entre os prisioneiros. Partia do princípio de que, com uma mudança atitudinal saudável, um período na prisão pode ser transmutado em *retiro* para crescimento pessoal e transpessoal.

Esse foi um tempo-espaço muito fértil, de troca e de aprendizagem. Em suma, constatei que não é muito diferente ensinar na Papuda ou fora dela: a condição humana não evoluída é a de um prisioneiro, dentro ou fora do presídio propriamente dito. Ou melhor: há uma diferença, curiosamente *a favor* dos que estão na Papuda: eles *sabem* que estão presos; há efetivamente grades à sua frente! E o que mais importa para quem se sabe prisioneiro, senão a libertação? Saber-se prisioneiro é o primeiro e indispensável passo; o segundo, decorrente e inexorável, é a luta prioritária pela libertação. Fora da Papuda, nos iludimos ser livres e nesta fantasia nos acomodamos, estagnando o processo natural de individuação.

Falando de um outro modo, ao redor dos sete anos de idade, muito bem sabem os psicoterapeutas, em função das influências parentais e socioculturais, a pessoa toma as decisões básicas acerca da existência. Quem sou? Quem são os outros? Sou melhor ou pior? Que mundo é esse? O que acontece às pessoas como eu?... Antes de distinguir a mão direita da esquerda, programamos nosso destino, no contexto hipnótico da convivência familiar. A esta precoce estruturação significativa e a estas precárias decisões de sobrevivência, Eric Berne denominou de *script*. E, por não investir na psique e no autoconhecimento, refletindo um modelo educacional miseravelmente reducionista que apenas adestra o intelecto, menosprezando as dimensões emocional, artística, valorativa e espiritual, a maioria dos humanos não supera os sete anos de idade! Seguem hipnotizados nas trilhas de uma rotina existencial tediosa, reduzindo a graça e a aventura de existir a um draminha monótono e previsível. O cárcere do *script* aliena e priva sua vítima do dom natural da inteligência criativa e da autonomia individual.

Foi numa manhã de abril de 1985, que sonhei:

> O diretor da Papuda está sentado diante de uma mesa e comenta que quer mudar o nome de sua divisão, de Análise para Síntese. Convoco-o, então, a escrever sobre isto e ele, muito animado, imediatamente começa a escrever, sustentando sua proposta.

Acordei impregnado desse entusiasmo e compreendi, num relance, a mensagem existencial do sonho: é necessário transcender a divisão, a fragmentação do enfoque analítico por uma abordagem sintética. Era o dia em que prestava serviço no presídio e, durante o trajeto de carro até a Papuda, o *insight* acerca da síntese transbordava da minha mente, intensamente lúcida. Nessa manhã dei a minha primeira aula de síntese transacional para os amadurecidos colegas de fado da Papuda. De forma súbita e definitiva, havia-me convertido em *sintetista*, uma expressão que cunhei para referir-me ao agente de um processo de restauração da inteireza psíquica.

Compreendi, então, que a prisão é a *ignorância existencial*, a fantasia da separatividade que nos condena a um exílio do Ser num mundo compartimentalizado e sem sentido. O sentimento de abandono e desamparo decorre da ilusão da desvinculação do Todo. Compreendi, também, que é mais fácil derrubar as paredes da Papuda do que romper as muralhas internas de nosso presídio psíquico e as amarras sombrias do desconhecimento do Ser.

Compreendi, enfim, a origem de minha constatação básica ontológica, que desde a infância me obcecava, de estar sendo um prisioneiro entre prisioneiros. Encarnamos para aprender a amar, nascemos para *ser*. Leva-se tempo para aprender a amar e para plenamente ser. Há que atravessar o deserto das miragens, consumindo as solas dos muitos sapatos, num caminho com coração. Nesse sentido, a existência é uma escola de perfeição em que, com dores e amores, aprendemos a ser quem somos. Estamos condenados à iluminação.

Portanto, escrevo este livro não apenas para compartilhar reflexões e vivências sobre as encrencas do existir e as façanhas do processo curativo e evolutivo. Escrevo este livro para me libertar.

Tenho aprendido também que ninguém liberta ninguém e ninguém se liberta sozinho; nós nos libertamos no Encontro. Na alquimia do Encontro consigo mesmo, com o outro, com a natureza e com o Mistério é que nos transformamos na direção do milagre de ser quem somos. Transmutar as grades da prisão na flor da iluminação, não será esta a mais desafiante tarefa do existir?

Espaço vivencial: diário de bordo existencial

O único livro de estudo imprescindível é o da própria existência. Há um fio significativo de continuidade existencial, que conecta todas as fases do existir, por mais equivocadas e casuais que possam aparentar à primeira vista. Para incrementar essa consciência — a exemplo do que fez a escritora Anaïs Nin e do que propôs o psicoterapeuta junguiano Progoff —, pode ser muito útil a realização de um diário dos eventos significativos da existência:

1. Feche os olhos e, na tela psíquica, procure focalizar os sonhos do seu passado ainda conservados na memória. À medida em que surgem, anote algumas palavras de resumo do mesmo e prossiga nessa tarefa até esgotá-la.

2. Feche os olhos e sintonize, na tela psíquica, os eventos significativos da sua existência, desde a mais remota infância. Para não perdê-los, na medida em que aparecem, anote breves resumos dos mesmos, até o seu momento presente.

3. Agora, desdobre num Diário de Bordo biográfico as relíquias dos itens 1 e 2. Depois estude-as com rigor, buscando as suas relações e os *insights* que sempre surgem. Busque traçar um fio de sentido condutor, entrelaçando os sonhos e eventos do seu passado, num *continuum*, até a consciência do seu presente, por meio de uma leitura interpretativa holística.

Vale lembrar aqui uma pérola da sabedoria búdica: Se você quiser saber qual foi o seu passado, *olhe para o seu momento presente*; ele é o fruto direto do que você pensou, sentiu e atuou. Se você quiser saber qual será o seu futuro, *olhe para o seu momento presente*; é ele que está construindo o seu porvir.

> "Que enigma estes astros que giram no espaço!
> Cautela, Khayyam, com a vertigem que em torno
> De ti faz caírem os teus companheiros!
> Agarra-te à corda da Sabedoria."
>
> OMAR KHAYYAM

METAPRINCÍPIOS PARA UMA ABORDAGEM TRANSDISCIPLINAR EM TERAPIA

"Eu sou Eterna Beatitude
e Consciência Pura.
Eu sou, Eu Sou".

SHANKARACHARIA (VI dC)

O enfoque sintético, da proposta de uma síntese transacional, parte de alguns metaprincípios ou metaconceitos fundamentais no campo da saúde psíquica e do desenvolvimento evolutivo, no marco de uma abordagem holística. São postulados heurísticos e norteadores de uma visão de inteireza na prática psicoterápica.

Um metaprincípio é mais do que um princípio: é um *princípio de princípios*. Sua aplicação tem um valor de abrangência imenso, já que está implícito em todas as demais proposições do sistema conceptual. Sua compreensão tem valor de um *aprender a aprender*, desvelando aos nossos olhos um novo e ampliado horizonte de transformações possíveis.

Serei sempre grato à maestria de Pierre Weil que, no início da década de 80, introduziu-me nesse domínio vasto e transpessoal, através do seu "Cosmodrama, a Dança da Vida". Nessa abordagem, Weil (1, 2) realiza uma bela e consistente síntese de sua ampla e fértil travessia no campo da psicologia ocidental e pelas vias de sabedoria e práticas orientais, de modo especial a do budismo tibetano.

A QUINTA FORÇA

Todos os metaprincípios que passarei a refletir são antiquíssimos e preciosos legados da *filosofia perene*, segundo Aldous Huxley (3) ou da *psicologia perene*, de acordo com Ken Wilber (4).

A fragmentação epistemológica é inerente ao racionalismo científico. Por imperiosas razões, a ciência moderna desvinculou-se da religiosidade, da metafísica e da arte. Após cumprir importante e criativa função no desenvolvimento do saber-e-fazer humano, esse modelo encontra-se esgotado e sucumbe ao peso de suas próprias contradições, necessitando ser transcendido pelo paradigma holístico. Com cuidado, preservando suas muitas virtudes, amplificando-o com discernimento e inclusividade, para, na expressão metafórica, não se jogar fora a criança junto com a água suja. Sem demora, pois os sintomas da dissociação ciência e tradição sapiencial são terríveis e avassaladoras: a destruição suicida dos ecossistemas, a onda crescente de violência, crônicas desigualdades e injustiças sociais, cinismo e corrupção generalizada, a falência da ética com a perda dos valores fundamentais da espécie, são sinais eloqüentes e óbvios de uma enfermidade e decadência cultural de fatídicas proporções. O avanço científico-tecnológico destituído de um correspondente desenvolvimento psíquico-ético-espiritual, representa a mais séria ameaça à perpetuação da humanidade, neste crítico final do segundo milênio.

O termo religião advém de *religare*, religação da parte ao todo, do homem ao universo, implicando uma consciência de participação e vivência não-dual. Espiritualidade, na essência, é *amor*; na prática, é *serviço*. Quando a ciência fragmentou-se da mística, o conhecimento desvinculou-se do amor e da compaixão. Esse é o trágico resumo do desvio da visão clássica e moderna do real.

Para adquirir o *status* de científica, lograda na segunda metade do século passado na Alemanha (5), a psicologia reduziu-se, brutalmente, aos aspectos imanentes, materialistas e observáveis-quantificáveis do ser humano, redundando em desumanização e alienação, segundo Stanislav Grof (6).

De acordo com Abraham H. Maslow (7), a partir do final do século passado ocorreram quatro grandes revoluções conceptuais na psicologia, que ele denominou de *forças*. A primeira e a segunda, a psicologia objetivista-behaviorista mecanomórfica e o freudianismo ortodoxo redutivo causal, surgiram nas primeiras décadas do século XX. A psicologia humanista, com sua ênfase na saúde e na individuação, apresentou-se como a *terceira força*, a partir de meados deste século. Maslow considerava-a uma psicologia de transição para a *quarta força*, "transpessoal, transumana, centrada mais no cosmo do que nas necessidades e interesses humanos, indo além do humanismo, da identidade, da individuação e quejandos". Dentro de uma perspectiva integradora, essas concepções podem ser consideradas complementares, ramificações criativas de uma única ciência psíquica.

Na direção do resgate de sua amplidão, encontra-se em expansão um vigoroso movimento que podemos denominar de *quinta força* em psicologia: a *abordagem transdisciplinar holística*, que supera a polaridade pessoal *versus* transpessoal. Nesta, a psicologia moderna e a perene encontram-se, fecundam-se e harmonizam-se. A sua raiz histórico-antropológica pode ser encontrada nos Terapeutas, tradição judaica descrita por Philon de Alexandria, na tradução e leitura de Jean-Yves Leloup, em sua obra *Prendre soin de L'Être — Philon et les Thérapeutes d'Alexandrie, l'être et le corps*. Há dois milênios, no início da era cristã, postulando uma antropologia não-dualista em que o ser humano é um todo irredutível corpo-psique-espírito, os Terapeutas do deserto eram, ao mesmo tempo, filósofos, sacerdotes, médicos, psicólogos e educadores. Para esses notáveis ancestrais da holística, o templo era também hospital e escola, sendo a saúde considerada a transparência do corpo e da psique ao Ser que os animam. Na origem do termo *terapeuta*, podemos encontrar uma inesgotável fonte de inspiração, na imprescindível tarefa-desafio de desenvolver uma *psicologia da inteireza*, centrada no desenvolvimento da plenitude do potencial humano.

Transdisciplinaridade, em psicoterapia, implica a convergência da psicologia moderna com a psicologia perene, esta última correspondendo às grandes e milenares tradições espirituais, orientadas para a transformação evolutiva do ser humano rumo à *iluminação*.

A formação na abordagem holística da realidade é muito mais árdua e exigente do que no paradigma clássico cartesiano-newtoniano. Exige, ao mesmo tempo, a habilitação racional científica, com o rigor da metodologia analítica e a das virtudes intuitivas, com o despertar da visão sintética. Exige uma disciplina dupla do *saber* e do *ser*, da *hologia* e da *holopráxis*; enfim, da integração harmoniosa das capacidades do *analista* e do *sintetista*.

Na bibliografia do precavido facilitador holocentrado, portanto, ao lado das obras clássicas da psicologia, como as de Freud, Skinner, Jung, Adler, Frankl, Berne, Rogers, Maslow, Grof, Lowen, Weil etc., devem constar os tratados sapienciais como o Antigo e o Novo Testamento, Tao-Te-King, Dhammapada, Attaka, Tantras, Bhagavad-Gita, Ramayana, Upanishads, Patanjali, Analectos, Cabala, Chuang-Tzu, Alcorão, Trimegistus etc.

Esse texto pretende ser um testemunho dessa possibilidade, que considero um imperativo: a imprescindível *nova aliança* entre a psicoterapia ocidental e a oriental, a ciência e o espírito, a psicologia moderna e a perene, visando a plena saúde e realização máxima do potencial inerente ao humano.

Nesse campo referencial, serão refletidos alguns metaprincípios que, de acordo com observações clínicas sistemáticas ao longo de duas décadas de prática psicoterápica, considero preciosas chaves na facilitação do processo da cura e da evolução.

I APEGO: *a metapatologia*

> "A sede d'um homem que vive estouvado cresce como trepadeira;
> Ele pula de existência em existência qual macaco na floresta, desejoso de fruta.
> Quem quer nesse mundo seja subjugado por esta abjeta sede do apego,
> Suas mágoas aumentam qual o luxurioso capim-cheiroso."
>
> DHAMMAPADA (334 - 335)

No princípio é o *Big-Bang*, diz o cientista. No princípio é o *Verbo*, diz o místico. Tudo que sobe, converge, aclara o cientista-místico Teilhard de Chardin.

Evidenciam os físicos contemporâneos que, há cerca de quinze bilhões de anos, o fogo criativo de uma explosão cósmica gerou este universo. Nessa remota era, bilhões de galáxias tiveram origem a partir do espetacular detonamento de uma esfera inimaginavelmente diminuta: 10^{-33} centímetros, ou seja, bilhões de bilhões de bilhões de vezes menor que um núcleo atômico, numa monstruosa temperatura limite, segundo os Bogdanov (8). Tudo que existe teve sua origem nessa incomensurável efervescência expansiva de Luz, nessa fornalha primordial, dotada do completo código cósmico.

É o que traduzo ao afirmar que somos filhos e filhas do *Big-Bang*. A nossa real idade — e a de tudo o que existe e nos cerca — , no mínimo, é de quinze bilhões de anos, portanto, falando em termos bastante relativos de apenas um ciclo cósmico, uma cosmogênese. Já que nada se cria, nada se perde; tudo se transforma, tudo se recicla, é impossível escapar do palco misterioso da transmutação vital. Não sem razão, os antigos chineses afirmavam que não há o que muda, não há quem muda; só há mutação! Apontando nessa mesma direção, em uma estória que ouvi de Pierre Weil, Buda indagava aos seus discípulos: "O que é oposto à morte?", ao que responderam, com o automatismo de uma lógica superficial: "A vida.". "Não", sentenciou Buda: "É o nascimento, pois a Vida é eterna!"

Como afirma o físico Brian Swimme, "este universo é um único e multiforme desdobramento energético de matéria, mente, inteligência e vida". Na infindável reciclagem cósmica, somos átomos vibrantes de um único corpo universal, que os hindus denominam Brahman. Somos notas singulares de uma só Canção.

Também a ontogenia, reeditando a cosmogenia, tem início com o *big-bang* da concepção. Quando o espermatozóide penetra o óvulo, o universo se recria, no nível do microcosmo. O novo ser, então, habita o paraíso da fusão, da indiferenciação. Leboyer, na sua obra *Nascer Sorrindo*, fala da *fase de ouro*, quando o feto dança no amplo espaço materno, ao som rítmico do coração, e da *fase do calvário*, quando o útero se torna pequeno e estreito, indicando a aproximação inevitável do parto. Neste, ocorre a expulsão do paraíso uterino e o pequeno ser enfrenta o primeiro impasse existencial: terá que respirar com os próprios pulmões e, mais tarde, fazer o pão com as próprias mãos. O corte do cordão umbilical representa o momento dramático e definitivo da desvinculação biológica e o ponto de partida para o processo de individuação.

A necessária e árdua decorrência de, simbolicamente, termos experienciado o fruto da *árvore da diferenciação* — do bem e do mal — remete-nos ao universo da dualidade e à perene batalha das polaridades. Em outras palavras, ao reino humano.

A raiz do sofrimento psíquico reside no que Pierre Weil denomina (10, 11) de *fantasia da separatividade*. Assim é que nos tornamos desesperadas ondas buscando o oceano, folhas aflitas clamando pela árvore, sofrida relva ansiando pela terra. A *desvinculação* é um dos maiores males que aflige o homem de todas as épocas e, de modo especial, o da Idade Moderna.

O sentimento de desvinculação determina o *apego*, que se traduz por *identificação*, o processo de vivenciar as múltiplas experiências como se fosse o próprio experienciador. Na tentativa de escapar da sensação básica de abandono, por se sentir separado do *todo*, é que a pessoa se apega, buscando possuir os objetos de suas identificações e agarrando-se, por assim dizer, do seio materno ao seio da família, da sociedade, das coisas, idéias, papéis, *status* etc. O desejo e compulsão de *posse* é uma compensação à insuportável insegurança derivada da ilusão da cisão com a Totalidade.

Caso existisse algo permanente, um solo firme, fixo e seguro, então valeria nele lançarmos a âncora de nossos apegos. Entretanto, o quê de permanente e imutável há na realidade? O universo é uma teia de eventos interconectados, dinâmicos e probabilísticos, é o que nos desvela a abordagem *boodstrap* da física quântica. Tudo é devir, sustentava Heráclito de Éfeso: não se pode banhar duas vezes no mesmo rio pois, então, será outro o banhista e será outro o rio. Logo, o apego conduz, inevitavelmente ao *medo*: medo de perder o que se julga possuir; ou de não reaver o que se julga ter perdido. O temor é a sombra do apego. Por sua vez, a motivação do medo determina o *estresse*, o desgaste da existência, condicionador básico das emoções destrutivas e enfermidades psicossomáticas.

Podemos resumir todo este ciclo desintegrador por meio de um simples e elucidativo diagrama, proposto por Pierre Weil (2), indicando o fator patogênico universal do apego e traduzindo, em termos atuais, um milenar legado de sabedoria:

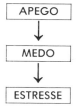

O apego, ou a identificação com algo, determina medo — de não obtê-lo ou de perdê-lo — que provoca estresse, definido por Hans Selye (12) como a tensão da vida ou o grau de desgaste total da existência. Esse, por sua vez, encontra-se na base das emoções disfuncionais destrutivas, geradoras das mais diversas enfermidades que realimentam este ciclo vicioso de dor, *ad infinitum*. Esse desastroso circuito resume a triste condição psíquica da miséria humana.

O apego é a prisão. Esse metaprincípio é uma relíquia da antigüidade, tendo sido considerado por praticamente todos os grandes sábios e terapeutas da humanidade. Por exemplo, a primeira nobre verdade, desvelada há mais de 2.500 anos, por Sidarta Gautama, o Buda, é o da existência do sofrimento: viver implica em sofrer. A segunda nobre verdade indica a causa do sofrimento: o desejo que fundamenta o apego. A terceira nobre verdade trata da cessação do sofrimento pela extinção do desejo e do apego. A quarta, refere-se à via óctupla, *caminho do meio*, que evita os extremos da auto-indulgência e da auto-mortificação ascética: a palavra correta, a ação correta, o meio de vida correto, o esforço correto, a plena atenção correta, a concentração correta, o pensamento correto e a compreensão correta (13,14), passos que conduzem à iluminação. A metapatologia do apego abrange a primeira e segunda nobres verdades do *dharma* búdico: sofremos porque nos apegamos.

Afirma o Bhagavad-Gita: "Do pensar muito sobre os objetos dos sentidos surge o apego a eles; o apego engendra o desejo e o desejo engendra a ira. A ira alimenta a decepção, a decepção leva à perda de memória, a perda de memória arruina a razão, e a ruína da razão significa a completa destruição" (II, 62-63). Prossegue o Gita: "Aquele em quem todos os desejos se apaziguam, tal como as águas mergulham no oceano que sem transbordar as recebe, esse homem encontra a paz; não aquele que alimenta seus desejos. Atua, ó Arjuna, sem apego, firme na Yoga, com a mente igual no êxito ou no fracasso. A equanimidade da mente é a Yoga" (II, 70, 48). "Quando o indivíduo não se apega aos objetos dos sentidos e renuncia a todos os resultados diz-se que ele atingiu o equilíbrio" (VI, 4). (15,16)

"Quem se apega a algo, logo o perderá. Por isto, o sábio não é egocêntrico e nunca falha. Não se apega a nada — por isto não perde nada", declarava Lao-Tsé (17, 18). Acrescentava ainda que o "sábio permanece na ação sem agir, ensina sem nada dizer. A todos os seres que o procuram ele não se nega. Ele cria, e ainda assim nada tem. Age e não guarda coisa alguma. Realizada a obra, não se apega a ela. E, justamente por não se apegar, não é abandonado".

"Onde estiver vosso tesouro aí estará também vosso coração", sentenciava Jesus, que advertia quanto a se acumular tesouros num mundo em que as traças da impermanência vicejam. Os abençoados "pobres de espírito" são os que a nada se prendem, os que a nada se apegam, escapando assim dos laços fatais da vaidade. "Vaidade das vaidades, tudo é vaidade e correr atrás do vento" prega o Eclesiastes, nas palavras veementes de Coélet. E canta Davi (19), no Salmo 131:

> "Iahweh, meu coração não se eleva,
> nem meus olhos se alteiam:
> não ando atrás de grandezas,
> nem de maravilhas que me ultrapassam.
> Não! Fiz calar e repousar meus desejos,
> *como criança desmamada* no colo de sua mãe,
> *como criança desmamada* estão em mim meus desejos."

Dizia Omar Khayyam (20): "Derviche, despoja-te dessa túnica pintada, de que estás tão orgulhoso e que não tinhas ao nascer! Cobre-te com o manto da Pobreza. Os viajantes não te saudarão, mas ouvirás cantar em teu coração todos os serafins do céu".

Quando constatamos que o apego é a fonte de todo sofrimento, é justo indagar: qual é a fonte do apego? Se a pessoa se sente conectada a tudo, com consciência vivente de participação e vinculação, dar-se-ia à dura lida de apegar-se? Se tudo é *isto* e eu sou *isto*, porque então apegar-me? Evidencia-se, então, que o apego é um derivado do "pecado original": a fantasia da separatividade. Esta é, de fato, a fonte da dor psíquica e a sua cura definitiva é uma função da *iluminação*, o pleno despertar do potencial evolutivo que religa o indivíduo a *holos*, ao Todo. Eis, portanto, o ciclo completo da dor humana:

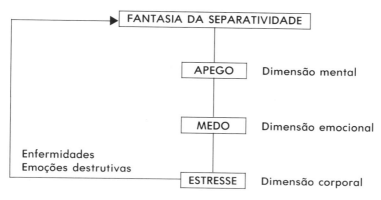

Afirma Pierre Weil: "A cada nível corresponde, sobretudo nos mais primários na hierarquia dos *chakras*, um apego. Este apego é o responsável, ao mesmo tempo, pelo prazer de conseguir os objetivos ligados a ele, mas, também, pelo medo da perda do objeto do apego. Três são os tipos de medo ligados ao apego: o medo de não conseguir; se conseguiu, o medo de perder; se perdeu, o medo de não reaver. Como já vimos, como tudo no universo é sistema energético, isto é, tudo é provisório e ilusório, toda espécie de apego é desgaste inútil de energia, já que a pessoa se apega ao ilusório, ao impermanente. O apego é o responsável pela estagnação em um nível evolutivo. Toda estagnação é considerada no *ioga* como patológica e geradora de neuroses" (11). Ainda segundo Weil, o próximo diagrama, mais detalhado que o anterior, é representativo de um modelo teórico do processo de reincorrência do apego, a partir da fantasia da separatividade.

É importante salientar que a *aversão* está intrínseca e diretamente ligada ao apego. Quando nos atentamos à antipatia extrema, à repugnância ou evitação exagerada, torna-se claro discernir que emanam, sempre, de alguma fonte do apego. Sem apego não há aversão.

Na base de todo sentimento de posse encontra-se também o apego. Entretanto, não se pode avaliar o estado apegado de alguém em função de suas propriedades, dos seus pertences. Não se trata de uma questão de quantidade, e sim da qualidade de possuir. Um bilionário pode — embora não seja nada fácil — não estar identificado com seu império, enquanto um miserável pode estar identificado, ou seja, apegado, aos seus parcos bens, ao seu único par de chinelos. A riqueza autêntica não é tudo possuir; é nada desejar, a nada se apegar: é a arte de se contentar.

Investiguemos por alguns instantes, como já o fizemos em obra anterior (21), à luz de alguns conceitos psicopatológicos da Análise Transacional, a veracidade da afirmação do apego como uma metapatologia: a *contaminação* deriva do apego a um ou dois estados do ego cuja hipertrofia invade o Adulto; os *jogos psicológicos* implicam apego a

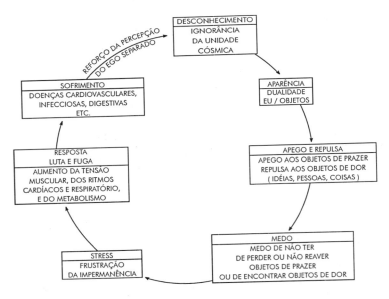

padrões disfuncionais de interação, aprendidos na infância; os *disfarces* são apegos a expressões emocionais substitutas das naturais reprimidas, conseqüência de modelagem familiar; a *simbiose* é uma dependência relacional, fruto do apego a outra pessoa; a *posição existencial não-OK* é apego a uma conclusão infantil de supervalor ou desvalor de si e dos demais, enquanto o *script* refere-se a apegos a decisões precoces de sobrevivência que alimentam um programa existencial automático, não-consciente. Fica a questão-desafio: haverá alguma disfunção psicológica que não esteja alicerçada no apego?

Ram Dass (22) afirma que sempre que há apego, associar-se com ele traz interminável miséria. "A senda que conduz à liberdade passa pelo desapego dos velhos hábitos do ego." Na mesma direção, clarifica ainda mais a límpida e concisa explanação de Tenzin Gyatso, o atual XIV Dalai Lama (23): "Hoje estamos estreitamente interligados, somos realmente parte de uma única família humana. A maioria de nossos problemas se deve ao apego a coisas que, equivocadamente, consideramos duradouras. A busca dos objetos do nosso desejo envolve agressão e competitividade. Tais ações têm ocorrido à mente humana desde épocas imemoriais, mas sua execução se torna mais efetiva sob as condições modernas". Quanto às dificuldades de nos livrarmos do apego, ilustra muito bem o poema de Kabir (24):

> "Amigo, dize-me por favor o que posso fazer com este mundo
> a que me apego e do qual tento sempre me libertar!
> Desisti das roupas costuradas e vesti um chambre,
> mas um dia percebi que a roupa estava bem tecida.
> Então comprei aniagem, mas ainda
> a atirei com elegância sobre o ombro esquerdo.
> Reprimi meus desejos sexuais
> e agora descubro que estou deveras irado.
> Renunciei à raiva e agora percebo
> que passo o dia cobiçando.
> Labutei muito para dissolver a cobiça
> e agora estou orgulhoso de mim.
> Quando a mente quer quebrar sua ligação com o mundo,
> ainda se apega a alguma coisa.
> Kabir diz: Ouve, meu amigo,
> são muito poucos os que encontram o caminho!".

Nesta altura, é irresistível indagar: Como transcender a prisão do apego em direção à vida plena? Através do *desapego*, tende a responder, de imediato, a nossa mente racional. Receio ser esta uma resposta tão apressada quanto equivocada. Buscar o desapego costuma ser apenas outra forma mais sutil de manifestação do próprio apego. Pretender eliminar e reprimir o apego, ostentando um ideal do *ser desapegado*, é atitude típica de um certo *materialismo espiritual*, muito bem diagnosticado por Chogyam Trungpa (25). Desejar o desapego é ainda irônico e disfarçado apego, convenhamos.

O apego não é algo ruim, não é negativo em si mesmo. É um fato básico da existência, uma decorrência natural do processo de individuação. A relação objetal representa o início ontogenético da diferenciação e do desenvolvimento do ego pessoal. De apego a apego o ser sofre, aprende e se expande. Sem tal atrito não há evolução possível. Na sua cartografia da consciência, multinivelar e hierárquica, afirma Ken Wilber (26, 27) que "em cada ponto do crescimento psicológico encontramos: *1*. uma estrutura de ordem superior surge na consciência; *2*. o eu identifica o seu ser com essa estrutura; *3.* surge, então, eventualmente, a próxima estrutura de ordem superior, e o eu se desidentifica da estrutura inferior e passa a sua identidade essencial para a superior; *4.* assim, a consciência transcende a estrutura inferior e se torna capaz de operar sobre ela a partir do nível de ordem superior; *5.* todos os níveis precedentes podem então ser integrados na consciência e, em última análise, como consciência. Observamos que cada estrutura sucessiva de ordem superior é mais complexa, mais organizada e mais unificada — e a evolução continua até haver apenas Unidade".

O ego é a sede de todos os apegos, como parece nos indicar a sua grafia em português: ap.ego. "Nada arde no inferno senão o eu", diz a Theologia germânica, segundo Huxley (3).

Ampliando a definição de Eric Berne (28), podemos afirmar o estado do ego como apego a um sistema de pensamentos e emoções conectado com um padrão atitudinal básico. Essa constatação torna óbvia a grande limitação das abordagens psicológicas centradas exclusivamente no ego e, portanto, no apego, como é o caso da análise transacional ortodoxa. O ego é uma residência em que nos fixamos e a partir da qual colocamos ordem no caos do mundo, dando a ele um sentido pragmático e uma estrutura significativa familiar. Se nos limitamos a ela, unicamente, torna-se o nosso cárcere. Se a transcendemos, logrando abrir os seus portais para possibilitar a entrada e a saída, torna-se importante e útil base de apoio na grande aventura de existir. Em outras palavras, o ego é constituído de apegos e, sem lográ-lo, não há como superá-lo ou transcendê-lo. Do seio materno ao seio do Universo, da residência egóica à morada na vacuidade fértil do Ser, eis a escala de nossa expansão e realização viável.

Desapegar-se é desvencilhar-se das identificações. É ser-no-mundo sem ser-do-mundo. Agir sem se prender aos frutos da ação é um resumo da lição essencial do *Bhagavad-Gita*. Nesse tratado de sabedoria, Krishna ensina a Arjuna que, em todos os reinos, o que atua são as *gunas* ou as três qualidades da matéria: *rajas* (movimento), *tamas* (inércia) e *sattva* (harmonia). O sábio é quem com nada se identifica, uma testemunha desapegada do drama da existência, da dança infindável das gunas.

Tal equanimidade não denota frieza, e muito menos indiferença, como pode aparentar ao despreparado na reflexão desse tema. Pelo contrário, é apenas através do desapego que o ser se abre para a dimensão do amor mais elevado e da compaixão total, como nos atesta a passagem dos homens iluminados como Mahavira, Buda, Lao-Tsé e Jesus. A mensagem fundamental de todos converge com a do sábio Shankaracharia (29), no seu poema ao Nirvana ou Realização do Ser, uma oração do desapego, do desprendimento, da desidentificação de tudo o que não é essencial:

"Eu não sou a mente,
não sou a inteligência, não sou o ego, nem a atenção,
não sou as orelhas ou a língua,
não sou os sentidos do olfato ou da visão,
nem o éter, nem o ar, nem o fogo,
nem a água, nem a terra.
Eu sou Eterna Beatitude e Consciência Pura,
Eu sou, Eu Sou.

Eu não sou o prana,
nem os cinco elementos vitais,
nem os sete elementos do corpo,
nem os seus cinco invólucros,
nem as mãos, nem os pés, nem a boca,
nem os outros órgãos das ações.
Eu sou Eterna Beatitude e Consciência Pura
Eu Sou, Eu sou.

Não me pertencem a ganância nem as falsas ilusões,
nem o desgosto, nem o prazer,
nada do orgulho ou do ego,
do Dharma ou da Liberação,
nenhum desejo da mente,
nem o próprio objeto do desejo.
Eu sou Eterna Beatitude e Consciência Pura,
Eu Sou, Eu Sou.

Não sei nada do prazer e da dor,
da virtude e do vício,
dos mantras e dos lugares sacros,
dos Vedas e do sacrifício,
eu não sou aquele que come,
nem o alimento, nem o ato de comer,
Eu sou Eterna Beatitude e Consciência Pura,
Eu Sou, Eu Sou.

Para mim não existe morte ou temor,
nenhuma distinção de casta,
não tenho pai, nem mãe,
não tive nem mesmo um nascimento,
não existe amigo, nem companheiro,
nem discípulo, nem mestre,
Eu sou Eterna Beatitude e Consciência Pura,
Eu Sou, Eu Sou.

Eu não tenho forma, nem aparência
o Onipresente eu sou,
em todo lugar eu existo,
e ainda além dos sentidos,
não sou a salvação,
nem nada do que pode ser conhecido.
Eu sou Eterna Beatitude e Consciência Pura,
Eu Sou, Eu Sou."

ESPAÇO VIVENCIAL: meu tesouro, meu coração

1. Faça uma lista do seu Tesouro: examine, cuidadosamente, e liste uma dezena de seus bens mais preciosos: valores, pessoas, objetos etc.

2. Agora, feche os olhos e se recorde da última vez que você sofreu. Na sua tela mental, reviva esse sofrimento, com todos os detalhes possíveis. Quando concluir, anote o resumo da sua vivência.

3. Agora, pesquise se há um ou mais apegos na base da sua dor revivida. Não se surpreenda o leitor caso depare com o apego em questão encabeçando a lista do seu Tesouro!

II PLENA ATENÇÃO: a metaterapia

"Oh amigo, desperta, e não durma mais!
A noite já passou,
Queres perder também o dia?"

KABIR

Se há uma metapatologia, há de existir, por certo, uma *metaterapia*: um fator terapêutico intrínseco a todos os processos curativos. Enfatizei, antes, que o apego é um fato natural e que o desapego, quando buscado ativamente, apenas redunda em reforço ao próprio apego. É o ego querendo livrar-se de si mesmo. Assim sendo, qual é a saída afinal? Responde a sabedoria perene: *presença no aqui-e-agora*, cujo instrumento é a *plena atenção*.

Na cultura racional do ocidente, somos condicionados para um tipo de atenção fragmentada e parcializada, fixa em algum objeto. O dom da atenção plena e fluida, que toda criança inocente possui, é perdido, desgraçadamente, no processo de aculturação, num contexto educacional mecanicista, reducionista e utilitarista. Imaginemos um menino "ligado", ao mesmo tempo ouvindo um passarinho, olhando para uma formiga carregando uma folhinha, sentindo o vento roçar os seus cabelos, enquanto tem na sua frente um caderno de lições. "PRESTA ATENÇÃO!", bradam os zelosos professores e pais, as autoridades, centenas de vezes seguidas, preocupadas com a mente "dispersa" da feliz criança. Então, para sobreviver nesse ambiente exigente e pragmático, à força de uma modelagem de concentração sistemática, a atenção abrangente e a mente contemplativa do pequeno ser vai sendo estrangulada e reduzida a focalizações exclusivistas e parciais. Assim é que deixamos, infelizmente, de ouvir pássaros e contemplar nuvens, reduzindo e cerrando gradativamente as portas de nossa percepção global. A melodia das esferas e a visão do espaço infinito são, dessa forma, exilados na inconsciência humana.

É preciso diferenciar a *pequena atenção* da *plena atenção*. A primeira é fixa e estreita, concentrada, seguindo o paradigma clássico do conhecimento como derivado de uma relação unilateral sujeito-objeto. Em outras palavras, o sujeito presta atenção exclusiva ao objeto, com uma percepção seletiva. Para isso, necessita reprimir a percepção de tudo que não for o objeto visado, um processo de inibição de sensibilidade a todos os outros estímulos presentes. Esse é um processo excluidor, de resistência ao *todo* envolvente, um ativo movimento de resistir que exige uma imensa aplicação de energia que, de outra forma, estaria disponível para a amplificação do contato. Paradoxalmente, essa pequena atenção, fixa no objeto, é viabilizada por um mecanismo de desatenção ao *dar-se conta total*:

SUJEITO → OBJETO

Sob o domínio compulsivo da pequena atenção, o *continuum* fluxo da consciência é esfacelado por focalizações desvinculadas de uma totalidade perceptiva. Essa condição dissociada manifesta-se, existencialmente, mediante um viver cindido em esferas estanques, numa representação desconectada, de papéis isolados, desprovidos de uma consciência de inteireza. Um brutal empobrecimento perceptivo, mantenedor de uma incongruência pessoal crônica.

Por outro lado, a plena atenção é inclusiva, acolhedora do inteiro universo das percepções. É uma *atenção sem escolha*, na afirmação de Krishnamurti. *Awareness*, um processo ampliado de *dar-se conta*, uma *metaconsciência* ou consciência da consciência. Ao mesmo tempo, o sujeito está em contato com o objeto e consigo mesmo, e com o contexto envolvente. O infinito é o elo de ligação entre sujeito-objeto neste diagrama representativo da plena atenção:

SUJEITO ∞ OBJETO

Reconto uma história que aprendi com o Paulo Coelho (30), que pode ilustrar o significado da plena atenção. Um buscador, querendo iluminar-se, vendeu tudo que tinha e empreendeu uma longa jornada até um notável sábio, que morava num suntuoso palácio. Lá chegando, após árdua travessia de um deserto, ansiosamente pergunta ao mestre sobre como realizar plenamente seu potencial adormecido. Responde o velho sábio: "É simples, meu filho. Tome esta colher com duas gotas de óleo dentro. Caminhe pelo palácio com todo o cuidado para não perder sequer uma mínima fração deste precioso óleo!". Satisfeito pela simples tarefa, foi-se o aprendiz, com os olhos cravados na colher, a percorrer toda a extensão da imensa residência. Muitas horas depois, retorna feliz: "Tarefa cumprida, mestre. Aqui está a colher com todo o óleo intacto!". Então, escuta a indagação: "O que você me diz do meu palácio, jovem? Gostou do lago, do jardim, dos pássaros, dos quadros e tapeçarias raras?". "Eu nada vi além da colher com o óleo, senhor...", respondeu aflito, o aprendiz. "Como você ousa visitar um sábio, fechando os olhos à sua morada? Volte, pois, e aprecie as inspiradoras paisagens à nossa volta!", sentenciou o sábio. Muitas horas depois, deslumbrado pela beleza do lugar sagrado, o aprendiz retorna ao mestre: "Tarefa cumprida, senhor. Que palácio maravilhoso; quantas relíquias, quanta exuberância, quantos tesouros!", suspirou enlevado. "E onde estão as duas gotas de óleo, seu descuidado?!", interrogou o ancião, severamente. "Eu estava admirando o palácio, meu senhor, e esqueci da colher!" Então, com bondade, o sábio desvelou: "Aprenda esta única lição, meu filho. Se você pretende iluminar-se, saia pelo jardim do mundo, atento, ao mesmo tempo para as suas paisagens e para as duas gotas de óleo da sua colher!".

Esta metaquestão, como a do apego, ocupa um lugar de destaque nas Tradições de sabedoria. "A vigilância é o caminho da imortalidade. A negligência é o caminho da morte. Os vigilantes não perecem; os negligentes já estão como mortos", afirma o Dhammapada, o Caminho da Verdade budista (II, 21). E ainda: "O homem inteligente, como a um supremo tesouro, guarda a sua vigilância" (II, 26). "Vigilante entre os desatentos, desperto entre os adormecidos, o sábio avança rápido como um corcel veloz que deixa após si um pobre rocinante" (II, 29). A palavra *Buddha* provém da raiz páli, derivada do sânscrito, *Budh*, que significa *desperto*, consciente. O nome Buda, portanto, indica a encarnação do estado de consciência desperto (31,32).

"Fica atento a ti mesmo", repetia Moisés (33, 34), insistentemente, ao seu povo. (Dt 8, 12) "Muitos são os sinais nos céus e na terra. Mas os homens passam por eles distraídos", lastimava o profeta Maomé (12, 105). Zaratustra, na antiga Pérsia, apontava o galo como o símbolo precioso da plena atenção. Ainda Salomão (19) une sua voz ao coro dos despertos: "Até quando dormirás, ó preguiçoso? Quando irás te levantar do sono?" (Provérbios 6, 9-10).

"Oh, nobre filho, não permitas nunca que teu espírito se distraia (...). Não te distraias. Nisto reside o limite entre o despertar dos Budas e a ilusão dos seres vivos". (35,36) Apontando o caminho do Tao, Lao-Tsé (17, 18) assevera: "O bom guardião não precisa de fechadura nem de chave e mesmo assim ninguém pode abrir o que ele guardou" (XXVII).

"Vigiai, portanto, porque não sabeis nem o dia nem a hora", admoestava Jesus. "Vigiai e orai para que não entreis em tentação pois o espírito está pronto mas a carne é fraca" (Mt, 26).

DESPERTA! pode ser uma palavra resumo da maestria perene para um ser humano desatenciosamente adormecido, de olhos abertos e fechados, num mundo de ilusão e sofrimento. "Desperta! Desperta! Oh tu que dormes na terra das sombras, acorda! Expande-te", advertia

William Blake (37). "Miseráveis mortais, abri os olhos!", bradava Leonardo da Vinci. "Quanto a ti, que estás dormindo, por que não vestes luto? Tu, que não viste a beleza do teu amigo, levanta-te e procura! Por quanto tempo ainda ficarás como estás, como burro sem cabresto? (...). O verdadeiro conhecimento virá para quem se mantém acordado", afirma o poeta persa sufi Farid ud-Din Attar (38).

Numa antiga estória zen, o discípulo pergunta ao mestre Ikkyu: "O senhor pode escrever para mim um resumo da mais alta sabedoria?". Ikkyu, então, imediatamente escreveu no papel a palavra "Atenção". "É somente isto? O senhor não pode acrescentar mais nada?", tornou a indagar o aprendiz. Como resposta, Ikkyu escreveu duas vezes seguidas: "Atenção. Atenção". "Bem, na verdade não vejo muita profundidade e sabedoria no que o senhor está repetindo", desabafou o homem, aborrecido. Então Ikkyu escreveu três vezes em seguida: "Atenção. Atenção. Atenção". Já zangado, o discípulo perguntou: "Afinal, o que significa Atenção?". E Ikkyu respondeu, com delicadeza: "Atenção, significa Atenção!".

"O sufi é filho do tempo presente", afirma Djal al-Din Rumi, acrescentando: "O passado e o futuro escondem Deus da nossa vista; queimaos a ambos com o fogo. Por quanto tempo serás dividido por esses segmentos, qual um caniço? Enquanto o caniço for dividido não receberás segredos, nem será sonoro em respostas aos lábios e à respiração" (3).

Ouso afirmar que toda psicopatologia transcorre na desatenção, quando nos perdemos no lá-e-então, ilusão do passado e ficção do futuro. Estar no *real* é caminhar no fio da navalha do aqui-e-agora, pelo dom da plena atenção, a terapia das terapias que, segundo o yoga, é uma função do despertar da *Kundalini*.

Portanto, *plena atenção aos apegos* é o caminho alquímico de transformação. O apego ocorre sempre na desatenção, quando nos identificamos com algo e, assim, nos coisificamos, congelando o processo do vir-a-ser intrínseco à saúde. O ato de testemunhar atentamente implica certo afastamento, um distanciamento da experiência em curso, ou seja, desidentificação. No momento do dar-se conta, uma alquimia transformacional é dinamizada. Por exemplo: sinto ódio de alguém e estou a ponto de explodir emocionalmente. Então, torno-me cônscio e fico atento, testemunhando o turbilhão. Imediatamente uma mutação transcorre pois, para testemunhar, distanciei-me da intensa emoção. Em outras palavras, em algum grau ocorreu um movimento de desidentificação, abrindo um espaço criativo, propício à transformação. Sugiro ao leitor não acreditar nessa afirmação: experimente e constate por si mesmo!

O processo de desapegar-se, assim, é uma conseqüência natural da lucidez, de *awareness*, da plena atenção.

Por meio da plena atenção nos ancoramos no aqui-e-agora, que é *transtemporal*, contendo os germes do passado e do futuro, o único tempo-espaço real de edificação e transmutação. Quanto mais nos *presentificamos*, por meio da plena atenção, menos rodamos no *samsara* ilusório das memórias fossilizadas e dos infindáveis diálogos internos, nutrição básica de toda patologia psíquica.

Essa qualidade de *presença* encontra-se no cerne das artes marciais provenientes da China e do Japão, que podem ser consideradas o *zen em movimento*. Zen é uma palavra japonesa que traduz a expressão chinesa *chan* que, por sua vez, traduz o sânscrito *dhyana*, que significa *meditação*, que é estar *presente* no aqui-e-agora. Também este é o fundamento da arte do samurai, do *bushidó*, o caminho do cavaleiro ou do guerreiro impecável, do vencedor de si mesmo. São elucidativas as palavras do filósofo Herrigel (39), discorrendo acerca do estado meditativo na *Arte Cavalheiresca do Arqueiro Zen*: "Esse estado, em que não se pensa nada de definido, em que nada se projeta, aspira, deseja ou espera e que não aponta em nenhuma direção determinada (e não obstante, pela plenitude da sua energia, se sabe que é capaz do possível e do impossível), esse estado, fundamentalmente livre de intenção e do eu, é o que o mestre chama de *espiritual*. Com efeito, ele está carregado de vigília espiritual e recebe também a denominação de *verdadeira presença de espírito*. Isso significa que o espírito está onipresente, porque não está preso em nenhum lugar (...). Um círculo vazio, símbolo desse estado primordial, fala com muita força para quem nele se encontra".

Também inspirado pelo zen, o mestre e fundador da *psicoterapia iniciática* Karlfried Graf Dürckeim (40), em sua proposta de uma abordagem que supera a dicotomia entre corpo e espírito — já que o corpo é a manifestação do espírito e o espírito o sentido do corpo — focaliza o tema fundamental do *hara*, palavra japonesa que significa ventre, o centro vital do homem localizado na região do umbigo, como um fundamento básico da *presença*.

"O que significa *presença*? Presença significa simplesmente: 'Eu estou aqui'. Pela maneira como alguém se senta, manifesta-se e realiza-se a medida pela qual ele está presente." Para Dürkheim, "eu estou aqui" significa estar presente no agora, sendo que, algumas situações exigem um outro Eu, uma presença essencial. "Isso, porém, só é possível com o hara".

Ensinava Omar Khayyam (41), poeta das estrelas:

> "Mais rápidos que a água do rio,
> que o vento do deserto, escoam-se
> os dias. Dois não me interessam:
> são o de ontem e o de amanhã.
> Não te mergulhes no passado
> nem no porvir. Teu pensamento
> não vá além do presente instante!
> Este é o segredo da paz".

Na tradição do yoga, a qualidade da plena atenção é uma manifestação do despertar da Kundalini, que ativa o sistema de *chakras* do nosso corpo energético, distintos e complementares centros de consciência, livros de uma sabedoria inata da espécie. Através da energia ígnea da Kundalini nos *religamos à tomada cósmica*, abrindo os portais da nossa visão e percepção total. Então, acordamos para o Universo vivo que, a cada momento, nos enlaça e nutre. Esse é um processo vivente evolutivo que faz brotar a semente do nosso potencial de inteireza e plenitude. A conexão com essa energia sutil se traduz por atenção pura, um processo de iluminação que afasta e elimina, naturalmente, as sombras pesadas e dolorosas dos apegos.

O ser humano, desprovido do poder sutil desta consciência desperta, pode ser comparado a um computador desconectado da tomada elétrica e, assim, carente da energia ativadora do seu imenso potencial adormecido.

Kundalini deriva do termo *kundal*, que significa *espiral*. A psicologia milenar do Yoga a representa, em seu estado latente, como uma serpente enrolada na coluna, em três voltas e meia, a partir do osso sacro. Kalbermatten, da tradição Sahaja Yoga (42), afirma que, assim como o ar é soprado através dos sete orifícios de uma flauta para ecoar como melodia, *Adi Shakti*, o Sopro ou Espírito Santo, manifesta-se através de sete principais canais. De acordo com essa profunda sabedoria holística, o Corpo Cósmico ou *Virata*, como um organismo vivo universal, possui também sete aspectos ou *Adi Chakras*. O despertar da Kundalini, energia do puro desejo, atua como uma conexão essencial, religando o microcosmo humano ao macrocosmo. A palavra Yoga significa *união*, de *Jivatma* e *Paramatma*, do indivíduo com o cosmo, da parte com o todo.

Correspondendo às três *gunas* ou qualidades da matéria (*Prakriti*), já citadas: *tamas*, *rajas* e *sattva*, no ser humano há três canais sutis de energia ou *nadis*, respectivamente, *ida*, canal esquerdo da memória, do passado; *pingala*, canal direito da ação, do futuro; e *sushumna*, canal central, o caminho do meio da evolução, do aqui-e-agora. Desde o *mooladhara*, o chakra-raiz de sustentação, ao *swadhistan*, ao *manipur* ou *nabhi*, ao *anahata* do coração, ao *vishuddi*, ao *ajnya* no centro da testa, até o *sahasrara* chakra, o lótus de mil pétalas da consciência não-dual, a energia ígnea da Kundalini, na sua elevação, ativa as fontes de sabedoria perene correspondentes.

Simplificando muito, a título de indicação inicial, eis os sete principais chakras e as suas funções básicas:

1. *Mooladhara* — aspecto primordial da inocência, segurança básica;
2. *Swadhistan* — criatividade, centro gerador da sexualidade;
3. *Manipur* ou *Nabhi* — contentamento, estabilidade, poder;
4. *Anahata* — centro do Si Mesmo, alegria silenciosa, amor, compaixão;

5. *Vishuddi* — inspiração, expressão, espaço do testemunhar;
6. *Ajnya* — perdão, auto-esquecimento, visão pura, sabedoria;
7. *Sahasrara* — integração e realização plena; consciência não-dual.

O despertar de cada *chakra* desvela uma dimensão valorativa e um horizonte de saber-e-fazer, emitindo um som próprio, uma tonalidade musical e singular. A sua ativação em conjunto, orquestrada, faz soar e ressoar a melodia da inteireza e plenitude individual possível.

ESPAÇO VIVENCIAL: **a meditação**

Meditar é o caminho qualitativo do cultivo da presença no aqui-e-agora. É um processo de desfazer-se de tudo que não é essencial. É uma prática cotidiana para se *temperar o aço da plena atenção.*

Múltiplos são os diferentes métodos de meditação, rios distintos que conduzem ao mesmo oceano do despertar para a vivência não-dual. Opto por indicar este horizonte de auto-conhecimento e realização plena pelos ensinamentos perenes de Krishna a Arjuna, apresentados no Bhagavad-Gita (15), uma das mais belas pérolas da sabedoria hindu:

"Aquele que encontra a felicidade em seu interior, que repousa somente em sua vida interna, que tem a luz em seu interior, esse Yogue, sendo um com a natureza, alcança a unidade com Brahman.

"Obtêm a unidade com Brahman os sábios cujos pecados foram apagados, cujas dúvidas se resolveram, que alcançaram o controle sobre si mesmos e que estão absorvidos no bem-estar de todos os seres.

"Livres do desejo e da ira, donos de si mesmos, os ascetas que realizaram o Atman encontram a unidade com Brahman em todas as partes ao seu redor.

"Tal asceta é sempre livre — tendo cortado o contato com os sentidos, senta-se com o olhar fixo entre as sobrancelhas; regula o movimento da inalação e da exalação; controla os seus sentidos, mente e intelecto; livre de medo, desejos e ira; resolvido a alcançar a Liberdade" (V, 24-28).

Mahatma Gandhi, comentando esta passagem do Gita, de transmissão da ciência milenar da Yoga, adverte para a necessidade do seu praticante exercitar as disciplinas preliminares que Patanjali, mestre supremo da Yoga, denominava *Yamas* e *Niyamas*. Os primeiros são os votos obrigatórios: não-violência, veracidade, não-roubar, sublimação da sexualidade e desprendimento dos bens materiais. *Niyamas* referem-se aos votos voluntários: pureza exterior e interior, contentamento, estudo das Escrituras, austeridade e devoção ao divino.

Para esse exercício da plena atenção é conveniente ter um local limpo, claro e bem ventilado. Uma prática simples é sentar-se sobre uma almofada baixa, coluna ereta, o pescoço e a cabeça em uma linha reta, olhos cerrados ou semicerrados, em quietude. A atenção pode voltar-se para a respiração natural, nos seus movimentos de inalação-intervalo-exalação-intervalo. Ou, então, pode-se colocar a atenção no topo da cabeça e aí permanecer, desperto, de quinze minutos a uma hora, dependendo da motivação pessoal.

É importante a prática cotidiana, pela manhã, antes das atividades do dia, e/ou ao entardecer, antes das atividades da noite, para que a qualidade da *presença* possa irradiar-se, gradativamente, no fluxo da existência.

O aprofundamento dessa *holopráxis* exige a orientação de um mestre ou instrutor, nas diversas vias consagradas pelo tempo: yoga, zen, contemplação, oração, dança sufi, tai-chi, aikido etc.

Tendo iniciado pelo Gita, encerro também pelo Gita (15), apontando o caminho do meio, em que habita a virtude:

"A Yoga não é para aquele que come em demasia, nem para o que jejua demasiado, tampouco para o que muito dorme, nem para o que dorme pouco.

"Para aquele que é moderado no alimento e no repouso, no esforço de suas atividades, no sono e na vigília, a disciplina da Yoga liberta de todo o mal" (VI, 16, 17).

III ACEITAÇÃO: *o círculo da superação*

"Seja feita a tua Vontade."

JESUS DE NAZARÉ

O ser humano destaca-se das demais criaturas por ser o único cindido entre o real e o ideal. Querer ser diferente do que é, seguramente, é a maior idiossincrasia da nossa espécie e a marca singular de nossa neurose coletiva.

No *início é a relação*, dizia Buber. Nascemos em uma encrenca grupal e em outra morreremos. A sociedade tem as suas regras e exigências, transmitidas ao indivíduo pela instituição familiar. Para sobreviver, na primeira infância, o pequeno ser introjeta os ideais, valores e mensagens básicas acerca do que *deve* ser, de acordo com a sua "bíblia familiar". Decide o seu *script* e veste a sua máscara, a sua *persona*. Frente às expectativas parentais, via de regra a criança se submete ou se rebela: dois estilos básicos de ajustamento social. Carente de aceitação incondicional, forja um *eu ideal* através do qual espera ser amada e bem sucedida. O que não se enquadra nesta auto-imagem idealizada há que ser rejeitado e lançado, como escória indesejada, na lixeira da nossa psique inconsciente. Esta desastrosa fragmentação pessoal representa o maior impedimento ao processo natural de individuação e florescimento do ser.

Frederick S. Perls (43) explicitou, de forma feliz e tocante, este absurdo tipicamente humano: "É óbvio que o potencial de uma águia será atualizado no vagar pelo céu, ao mergulhar para pegar pequenos animais para comer e na construção de ninhos. É óbvio que o potencial de um elefante será atualizado através do tamanho, força e desajeitamento. Nenhuma águia quer ser elefante e nenhum elefante quer ser águia. Eles se aceitam, aceitam seu 'ser' (...). Eles apenas são o que são, o que são. Quão absurdo seria se eles, como os humanos, tivessem fantasias, insatisfações, decepções. Como seria absurdo se o elefante, cansado de andar na terra, quisesse voar, comer coelhos e botar ovos. E se a águia quisesse ter a força e a pele grossa do elefante. Que isto fique para o homem! — tentar ser algo que não é — ter ideais que não são atingíveis; ter a praga do perfeccionismo de forma a estar livre de críticas e abrir a senda infinita da tortura mental".

Somos prisioneiros de tudo o que negamos na realidade. Tudo o que rejeitamos em nós transmuta-se em obsessão, aderindo ao tecido subcutâneo de nossa identidade; torna-se grilhões e tocaia, constitui-se *sombra*.

Carl G. Jung (44, 45, 46), na sua teoria de personalidade, denominou de *persona* ao primeiro e aparente estrato da nossa psique consciente, cujo centro é o ego. É a máscara com a qual nos identificamos, constituída pelos papéis que representamos no palco social, um sistema de defesa e sobrevivência que utilizamos como veículo de contato no espaço exterior. É o cartão pessoal de identidade que apresentamos e a imagem construída que vendemos ao mundo. À segunda camada, Jung denominou de *sombra*: a nossa face obscura e oculta, centro do inconsciente pessoal, constituída do que refugamos e reprimimos em nós mesmos. É o nosso lado indesejado, considerado negativo e inferior, dissonante do ideal da persona, que contém os aspectos negados, negligenciados e os que nunca foram acolhidos e desenvolvidos. Antítese da persona, é forjada na escuridão pelo material psíquico alienado, pelo que excomungamos em nós mesmos. Um exemplo: quem desenvolve a persona de um "puritano" terá a lascívia na sua sombra. A inexorável regra psíquica é que, na medida em que é desconhecida, a sombra será projetada no exterior: o "santo" vive num mundo de "pecadores"... Por outro lado, quanto menos reconhecida mais ameaçadora e perigosa tornar-se-á a sombra que, em alguma situação mais crítica, na vigência de um estresse intenso, pode fazer uma verdadeira irrupção, fenômeno que freqüentemente é denominado de *possessão*. É quando o "diabo" se apossa da freira reclusa ou quando o *gentleman* perde a cabeça, ou seja, a persona, e comete atrocidades, para o espanto geral. É a constatação consciente da própria sombra, pré-requisito para a sua aceitação, que subtrai e minimiza o seu caráter amedrontador, traiçoeiro e dominador, ampliando o processo de compreensão de si e dos demais. Mahatma Gandhi costumava dizer que compreendia todos os cafajestes do mundo, porque conhecia muito bem o seu próprio cafajeste!

Um dos primeiros passos, portanto, em qualquer autêntico processo terapêutico, é a facilitação para que a pessoa trave contato com a sua sombra, reconhecendo-a e aceitando-a, para integrá-la. Este auto-encontro promove o que Jung denominava de fator transcendente: há um salto para uma maior inteireza, complexidade e criatividade. "Contradigo a mim mesmo porque sou vasto", diz o poeta Whitman. Infelizmente, é na aproximação deste confronto necessário e restaurador que a maioria não suporta e foge, num movimento de autofobia desintegrador e alienante.

A não-aceitação determina a paralisia do processo evolutivo. É a "casa dividida", fadada ao desmoronamento e à ruína. Consideremos, no diagrama abaixo, o *círculo da estagnação*:

A não-aceitação, seja lá do que for, determina uma cisão pessoal, com as fronteiras e conflitos decorrentes. Esta dinâmica de autoconfronto leva a uma dispersão e empobrecimento energético. Abundância de energia é indispensável para o processo de transformação pessoal. A dissipação e subtração energética, resultante da não-aceitação, conduz à inércia e paralisação do fluxo existencial e do impulso para o aperfeiçoamento e auto-superação. Como uma poça estagnada, apodrecemos, adoecemos e perdemos a paz.

No *I Ching*, o livro das mutações da sabedoria taoísta, o hexagrama nº 11 refere-se à paz, indicando a união da terra e do céu:

```
___   ___
___   ___
___   ___   A PAZ
_____
_____
_____
```

O trigrama inferior, constituído de três linhas contínuas *yang*, indica o criativo, o céu. O superior, três linhas quebradas *yin*, simboliza o receptivo, a terra. "O Receptivo, cujo movimento tende a descer, está acima; o Criativo, cujo movimento eleva-se, está abaixo. Assim, suas influências encontram-se, estão em harmonia e todos os seres florescem e prosperam. O hexagrama está relacionado ao primeiro mês, no qual as forças da natureza preparam uma nova primavera", afirma Richard Wilhelm (47), interpretando esta relíquia de sabedoria tradicional chinesa, sobre o tema da paz.

O que é o oposto da paz? A resposta lógica e automática é a guerra. Errado!, exclama a sabedoria ancestral do I CHING. O hexagrama número doze, oposto ao da paz, é o da *estagnação*:

A ESTAGNAÇÃO

onde "o céu está acima, retirando-se cada vez mais, enquanto a terra abaixo mergulha nas profundezas. Os poderes criadores estão dissociados. É a época da estagnação e do declínio. Este hexagrama é atribuído ao sétimo mês, quando o ano já ultrapassou o seu zênite e o declínio outonal advém", clarifica Wilhelm (47). Quando o céu e a terra estão dissociados, tal desunião acarreta a letargia e a decadência.

Paz, portanto, não é ausência de combate e atrito. Como vivemos no reino das polaridades, os conflitos fazem parte do processo de existir e não podemos prescindir de lutar. "Quantas guerras terei que vencer por um pouco de paz?", indaga um poeta acerca de Dom Quixote, valoroso arquétipo do guerreiro das utopias. A ira pode ser sagrada e a mão brandindo o chicote pode abrir templos e sustentar a suavidade do amor. Este é o sentido da espada que Jesus afirma ter trazido; o sentido da admoestação de Krishna a Arjuna para lutar: só se ilude com o matar e o morrer quem desconhece o Ser. O significado original do termo *samurai* é servidor da paz e o arquétipo sagrado do guerreiro apresenta-se em santos como Joana D'Arc e S. Jorge, em avatares como o magnífico Rama e em divindades como o deus-elefante Ganesha, Kartikeia, Durga e a temível Kali, com destaque para Iahveh, o Senhor dos Exércitos. Canta o rei-guerreiro David, em um dos seus Salmos:

"Quem, pois, é Deus, senão Iahveh?
quem é Rochedo senão o nosso Deus?
Esse Deus que me cinge de força
e torna o meu caminho irrepreensível,
que faz os meus pés como os das corças
e me sustenta de pé nas alturas,
que instrui as minhas mãos para o combate
e meus braços a retesarem o arco de bronze".
(SAMUEL, 22, 32-25)

Paz é dança, é fluxo, é movimento implícito no abraço afetuoso e no punho desafiador. Lutar pelo Ser e não pelo ego: eis a diferença entre David e Hitler, entre Rama e Ravana. Neste sentido, perdemos a paz quando paralisamos os ritmos, petrificamos os processos, congelamos as pulsações vitais e estancamos o devir. Onde a nossa existência estiver estagnada especialmente pela não-aceitação de aspectos de nós mesmos, aí encontraremos, na poça fétida, os miasmas de nossas patologias, os micróbios de nossa infelicidade; aí perdemos a paz.

O metaprincípio da aceitação indica-nos, com clareza, o *círculo da superação*:

Quando aceitamos o que *estamos sendo*, inclusive o nosso lado sombrio, nos fazemos inteiros. Este processo de inteireza pessoal gera um transbordamento de energia que nos impulsiona adiante, para a superação dos impasses e transposição dos obstáculos. Quando nos aceitamos nos transcendemos, naturalmente. Como límpida correnteza seguimos avante no curso do vir-a-ser existencial. A unificação advinda da auto-aceitação nos propicia a intensidade energética necessária ao processo de auto-superação. Por exemplo, apenas quem aceita a sua condição de estar sendo prisioneiro, capacita-se para empreender algum caminho, sempre árduo, de libertação. Abundância de energia é fundamental para o impulso e entusiasmo evolutivo. Na tradição xamânica Kahuna, do Havaí, a concepção de saúde é equiparada à de energia. Esclarece Serge Kahili King (48), iniciado e *expert* nesta escola de sabedoria e de cura:

"Gozar de boa saúde significa contar com uma energia abundante (*ehuehu*); pouca saúde, significa fraqueza (*pake*) ou falta de energia. A idéia de doença é equiparada à de tensão (*ma'i*), sendo a cura o restabelecimento do fluxo de energia (*lapa'au*). O termo que designa harmonia também pode ser traduzido como um 'estado de grande energia' (*maika'ki*), enquanto o termo para amor também pode significar 'partilhar energia' (*aloha*)".

Por outro lado, o estresse ou desgaste, determinado pelo medo-apego-separatividade, conduz ao fator patogênico da desagregação de energia, à desarmonia.

"O medo é a não-aceitação do que é", afirma Krishnamurti (49), considerando o perene conflito humano como resultado da tentativa de ser algo diferente do que se está sendo. "Vemos as contradições, em nós e ao redor de nós; porque estamos em contradição, há falta de paz em nós e, por conseguinte, fora de nós. Existe em nós um estado constante de negação e asserção — o que desejamos ser e o que somos. O estado de contradição gera conflito e esse conflito não produz paz — o que é um fato simples e óbvio." O processo de aceitar o que se é, não é fácil e nem cômodo. "É extremamente complexo sermos aquilo que somos; e isto porque estamos sempre mudando; nunca somos os mesmos e cada instante revela uma nova faceta (...). É preciso desvendar a nossa face oculta, expô-la sem medo, a fim de a compreendermos", afirma Krishnamurti (60), considerando que tudo em nós deve ser aceito para se desenvolver e findar, no ciclo da vida e da morte. "É preciso que tudo em nós floresça; a ambição, a avidez, o ódio, o regozijo, a paixão, para que de seu findar surja a redenção. Somente em liberdade pode alguma coisa vicejar, jamais na repressão, no controle, base de toda corrupção e pervesão", pontua, de forma impecável, este mestre da consciência. Na aceitação do que somos, a cada instante, florescemos e nos renovamos.

    Robert Happe (51), lúcido filósofo da consciência, amplifica o metaprincípio da aceitação. através do que considera uma lei universal: *"Toda vida contém em si mesma a força e vitalidade para atrair para si exatamente o que necessita para sua fruição e crescimento"*. Nada nos acontece que não tenha sido atraído a nós pelo impulso de autorealização inerente à nossa própria alma. Tudo o que nos sucede é *lição de alma* na Escola do Universo. A psique humana tem o poder de atrair as experiências necessárias ao próprio aperfeiçoamento. A partir desta óptica, não há azar, desgraça ou infortúnio destituído do potencial de um sentido e de um aprendizado evolutivo. Esta convicção, que não pode ser provada analiticamente, já que provém do hemisfério sintético, possui a virtude do que Jung denominava *fator eficaz*. Ela nos ajuda a viver e evoluir. Quando aceitamos a realidade nos tornamos responsáveis — aptos a responder — de forma inteligente, criativa e construtiva. Tornamo-nos responsáveis pelo todo da nossa existência. Adotamo-nos a nós mesmos. Assumimos, então, a condição de hermeneutas de nossas dores e crises, que passam a nos desvelar uma dimensão significativa e instrutiva. Fortalecemo-nos para existir, sem sucumbir, no reino dos choques das múltiplas polaridades.

    Toda experiência crítica, por mais dura que possa ser, é dotada de um néctar de sentido a nos oferecer. Quando nos habilitamos, como uma abelha, a extrair o néctar de tudo o que vivenciamos, não nos deixamos mais soterrar pelas crises, pois a dor insuportável é a estéril, desprovida de instrução e carente de um significado existencial.

    Aceitação não é conformismo, que fique bem claro! É alinhamento com a realidade. É rendição ao que é, propiciadora de um sólido trampolim, a partir do qual podemos saltar para a transformação. Exige fé, destemor e impecabilidade. Não está ao alcance dos despreparados. Só os que confiam aceitam o que são, o que é.

Considerando a aceitação uma pedra angular de suas reflexões filosóficas, afirmava Arthur Schopenhauer (52): "Aquele que conhecer bem os fundamentos da minha Filosofia e souber que a grande sabedoria não consiste em repelir ou tentar modificar a nossa existência mas em aceitá-la como ela é, não cultivará esperança excessiva com relação a coisas ou a situações. Não lutará por nada deste mundo com paixão, nem se queixará da falta de alguma coisa". Essa pessoa seguirá as idéias de Platão expressas na República, X, 604. Vejam o lema de Sadis "Gulistam" traduzido por Graf:

> As riquezas do mundo derreteram-se para você!
> E não se entristeça por isso, não é nada...
> Mas se você ganhou todas as riquezas do mundo
> Não se alegre, não é nada...
> As dores e as vitórias passaram,
> Passe também pelo mundo, não é nada...
> ANWARI, 'SOHEILI'

Aceitar a realidade é o primeiro passo na direção de transformá-la. Carl Rogers (53) postulava que é facilitadora de mudança a pessoa dotada das capacidades de aceitação incondicional do outro, empatia e congruência pessoal. A auto-aceitação, entretanto, é um pré-requisito para a aceitação do outro. Quem se aceita abre-se, naturalmente, para aceitar o semelhante e os fatos. Torna-se íntegro, inteiro. Abre um espaço inteligente de compreensão. Faz-se agente facilitador da cura e da individuação.

Na sua obra *El Miedo a la Vida*, esclarece Alexander Lowen que "o indivíduo neurótico luta para evitar um destino que teme, mas, através deste mesmo esforço, consolida o destino do qual está tratando de escapar". Lowen ilustra a sua tese com o conhecido mito de Édipo, em que o herói e o seu pai, Layo, cumprem os seus trágicos destinos anunciados pelo Oráculo, através da tentativa desesperada para evitá-los. O personagem bíblico Jonas, fugindo do seu destino de profeta convocado por Iahveh, termina num pungente retiro nas entranhas do grande peixe, por três dias e três noites, de lá saindo apenas após ter aceito a sua missão.

Transcender o destino pequeno, a programação socioparental não consciente, do *script* induzido pelo exterior e pesquisado por Eric Berne, em direção à aceitação plena do grande Destino, do propósito intrínseco ou missão pessoal: esta é a mítica façanha à espera do nosso herói interior. É bela e poderosa a oração que Castañeda (55) nos legou em uma de suas obras, um Pai Nosso xamanístico, que inicia pela incondicional aceitação:

> *"Eu já me dei ao poder que rege o meu destino*
> *E não me prendo a nada, para não ter nada a defender*
> *Eu não tenho pensamentos, para assim poder ver*
> Eu não receio nada, para assim me *lembrar* de mim mesmo
> Desprendido e natural
> Eu passarei pela Águia para me tornar livre".

Como os demais, o metaprincípio da aceitação consta dos textos sapienciais da psicologia perene. Chuang Tzu (56) sentenciava:

> "Os autênticos homens antigos
> Não conheciam o luxo da vida
> Nenhum medo da morte.
> Sua entrada era sem contentamento,
> Sua saída sem resistência.
> Fácil de começar, fácil de terminar.
> Não se esqueceram de onde,
> Nem perguntaram para onde,
> Nem foram tristemente à frente
> Lutando pela vida afora.
> Aceitaram a vida como é, felizes,
> Aceitaram a morte como se apresenta, despreocupados.
> E partiram para lá,
> Para lá!".

Falando sobre a ciência tradicional do yoga, afirma Mirra Alfassa, a Mãe do Ashram de Shri Aurobindo (57): "Se você quiser ter a verdadeira atitude Yóguica, deve estar pronto para aceitar qualquer coisa que vier do Divino e largá-la facilmente e sem tristeza. A atitude do asceta que diz: 'Não quero nada' e a atitude do homem do mundo que diz: 'Quero esta coisa' são iguais. Um pode estar tão apegado à sua renúncia quanto o outro à sua possessão".

Um episódio lancinante e assombroso do Antigo Testamento é, sem dúvida, a aceitação de Abraão em sacrificar o seu único filho, em holocausto à Iahveh. O que terá sentido o inocente Isaac, debaixo do cutelo do seu pai, prestes a degolá-lo? Que força inexorável moveu o braço do patriarca, sem hesitação, no ato da quase imolação de seu amado filho? Como terá vibrado o Anjo do Senhor ao decretar, para alívio supremo da nossa humanidade: "Abraão! Abraão! Não estendas a mão contra o menino! Não lhe faças nenhum mal! Agora sei que temes a Deus: tu não me recusastes teu filho, teu único" (Gênesis, 22-23).

"Eu sou a serva do Senhor, faça-se em mim segundo a tua palavra!", assim rende-se Maria, aceitando com fervor o seu destino (Lc, 1). "Existe, na verdade, uma única oração que podemos fazer: 'Seja feita a vossa vontade' ", ensinava Mahatma Gandhi (58).

Discorrendo sobre o sábio maior Ch'ang Chi, afirmava Confúcio (59): "A vida e a morte são grandes questões e, todavia, para ele, não significam mudança. Derreiem-se também o Céu e a Terra, isso não será uma perda para ele. Ele vê claramente dentro do que não contém falsidade e não muda de posição com as coisas. Ele aceita como destino o fato de as coisas mudarem e apega-se à fonte".

A *lei do perdão* insere-se neste metaprincípio. A aceitação plena é apenas possível quando perdoamos a todos, sobretudo a nós mesmos. Os ressentimentos, mágoas e arrependimentos formam a pesada pedra que lacra o túmulo de um passado ilusório que vampiriza a existência presente. "Que os mortos enterrem seus mortos" e "cada dia traz o seu cuidado" são preciosas antíteses crísticas indicativas do auto-esquecimento e abandono ao real que liberta. O perdão remove a pedra, conduzindo à ressurreição no *eterno agora*. Afinal, os que nos ferem de nós não diferem: também sofrem, também buscam a felicidade e também colhem os frutos das ações que semearam. Perdoar significa não circunscrever, a nós e aos outros, às ações cometidas. É descongelar uma imagem ou identificação, dando lugar ao novo. Eu já não sou o mesmo, o outro já é outro. Perdoar é abrir espaço para a renovação.

Quando perdoamos, podemos florescer e findar. Então renascemos na vitalidade da Mutação, no saudável universo do vir-a-ser. "A vida é um sonho; o mundo, uma miragem", dizia Omar Khayyam (41), ciente da impermanência de tudo:

> "Vi ontem sentado um oleiro
> Modelando os flancos de um vaso
> Fôra a argila que ele amassava
> Crânios de reis, mãos de mendigos...".

Em última instância, a aceitação maior é a do Mistério, a mansão que nos permeia, onde habitamos. Aceitar o insondável pode nos transmutar em crianças brincando de existir com integridade e paz que brotam do além-da-razão. Desta forma é possível realizar que, como sugeriu certa vez Schopenhauer, todos somos parcelas e imagens do vasto e infindável sonho de um único Sonhador. Um silencioso e radiante sorriso brotará, então, da face de nossa alma pacificada. Prossegue Omar Khayyam (41):

> "Contenta-te em saber que tudo
> É mistério: a criação do mundo
> E a tua, o destino do mundo
> E o teu. Sorri deste mistério".

ESPAÇO VIVENCIAL

Sugiro algumas tarefas facilitadoras para o processo de aceitação:

1. **Cultive-se.** Só aceitamos o que conhecemos; só amamos o que aceitamos; só conhecemos o que amamos. É preciso o cultivo para nos

habilitarmos na arte da aceitação. Experimente acordar qual flor orvalhando aos primeiros raios de sol. Atente-se delicadamente e sem esforço, ao jardim dos sonhos. Se possível, colha algum sonho e o anote, com cuidado, procurando saborear o seu sentido. Dedique a primeira parte do dia a si mesmo, ao cultivo do Ser.

2. **Deixe florescer**, como um jardineiro, todos os aspectos de si. Acolha, com plena atenção, as flores e os espinhos, a luz e a sombra, o bonito e o feio. Com equanimidade, entre em contato com o seu lado sombrio, para integrá-lo e transcendê-lo. Expresse suas diferenças com os demais; expresse a sua harmonia e o seu incômodo; confronte.

3. **Exercite o perdão.** Focalize os seus ressentimentos e arrependimentos e experimente vibrar, com todo o Ser, se possível diante do(s) outro(s) envolvido(s), esta oração purificadora: *Eu perdoo a mim mesmo, eu perdoo a você, eu perdoo a todos.*

4. **Permita o findar**, para o renovar. Aprenda a finalizar, a dizer adeus. Consinta na morte, para renascer. Abra mão do controle para se deixar guiar pela Vida, a grande mestra.

5. **Sorria.** Não leve nada demasiadamente a sério. Ria de si mesmo e de tudo. Da bolha de sabão de suas encrencas feitas de passado e de futuro, de ilusão. O riso é divino, é bálsamo curativo, é âncora no aqui-e-agora.

6. Pratique algumas vezes, pela manhã, o seguinte ciclo de respiração:
- Inspire plenamente, imaginando a vida e o cosmo penetrando em si, por todos os poros;
- Retenha o ar e preste atenção neste intervalo profundo, como se fora o tempo transcorrido em toda uma existência;
- Expire, como o suspiro final, o findar pleno quando nos extinguimos, fundimos na Totalidade, reciclamos no cosmo;
- Inspire, novamente, como quem renasce das cinzas, como o redespertar da inocente criança, fecundada pelo fluxo misterioso do vir-a-ser.

IV VOCAÇÃO: *a tarefa pessoal*

"Torne-se o que você é."

OS TERAPEUTAS de Alexandria

Agora, a boa notícia: quando nos convocamos a existir, numa coordenada tempo-espaço, nós nos fazemos um *propósito*. Há uma promessa inerente ao nosso ser. Não estamos aqui apenas para um *pic-nic* ou aposentadoria. Estamos aqui para realizar uma tarefa pessoal intransferível. Estamos aqui para concretizar uma *obra-prima*; para trazer uma diferença ao universo. É o que denomino de *vocação*: a voz interna de nosso desejo mais fundamental e o imperioso impulso para realizarmos o que somos.

A saúde plena não se reduz a um estado de ausência de doenças. É uma decorrência natural de um fluxo livre de individuação, de realização do nosso potencial inato, de alinhamento e transparência com aquilo que somos. Os sintomas das enfermidades são denúncias de alguma interdição no processo natural de florescimento e plenificação do ser. Nascemos para evoluir e adoecemos quando nos deixamos estrangular neste curso singular de aperfeiçoamento rumo ao que realmente somos. Como afirmava o mestre tibetano Thartang Tulku, saúde plena e despertar não se diferenciam.

Em outras palavras, as doenças não são negativas em si mesmas. Pelo contrário, são produtos da inteligência profunda do organismo, anunciando que nos desviamos de nosso propósito. São como um telefone que toca para nos informar onde estamos errando, onde nos perdemos, onde nos extraviamos de nós mesmos e que, quando atendido, deixa naturalmente de tocar. Neste sentido, a tendência mecanicista da medicina moderna, de eliminação dos sintomas para "curar" o indivíduo, demonstra uma atitude paradigmática reducionista e ignorante, freqüentemente iatrogênica. A doença é um *ruído* indicativo de nossas contradições. Necessitamos escutá-lo e compreendê-lo para, só então, eliminá-lo. Numa analogia: que tipo de motorista que, ao ouvir um ruído estranho vindo do motor do seu carro, aumenta o volume do rádio para não se sentir incomodado pelo barulho? É exatamente esta atitude implícita no *slogan* modelar da propaganda: "Tomou Doril, a dor sumiu!".

Assim como o sonho representa uma amostragem existencial dotada de uma mensagem sobre o aqui-e-agora do sonhador, da mesma forma podemos interpretar a sintomatologia e a enfermidade. O sintoma psicossomático é um *sonho orgânico* que precisa ser decifrado, como um texto simbólico, na sua dimensão significativa. A autêntica cura decorre de uma escuta atenta da mensagem existencial do sintoma.

Recordo-me de uma mulher que me procurou com uma dor nos seios que a estava desesperando. Disse-me que havia procurado vários médicos em vão e o fantasma de um câncer já a rondava, persistentemente. Sugeri que ela se identificasse com os seios e falasse como se fora eles. Quase de imediato, então, ela deu-se conta de um enorme peso que estava carregando, ligado aos seios da maternidade: recém-separada, numa decisão racional, ela abriu mão da guarda dos filhos, que foram residir com o ex-marido. Entrando em contato com o conteúdo emocional que estava reprimido, a mulher pôde dar voz à dor da mãe ferida, assumindo uma nova atitude perante a decisão tomada anteriormente.

Neste primeiro encontro, após este catártico *insight*, a dor nos seus seios desapareceu completamente.

Precisamos nos tornar hermeneutas da simbologia de nossas dores. Esta heurística atitude frente aos sintomas e às enfermidades já está sendo amplamente postulada por terapeutas holísticos. *A Doença como caminho — uma visão nova da cura como ponto de mutação em que um mal se deixa transformar em bem*, é o intrigante e descritivo título do recente livro escrito pelo psicólogo Thorwald Dethlefsen e o médico Rudiger Dahlke (60). "Propomo-nos a mostrar que o doente não é uma vítima inocente de alguma imperfeição da natureza, mas que é de fato o autor da sua doença. Assim sendo, não estamos pensando na poluição ambiental e na vida insalubre da nossa civilização, ou em quaisquer outros 'culpados' conhecidos de mesmo teor, porém desejamos chamar a atenção para os aspectos metafísicos do fato de se adoecer. Deste ponto de vista, os sintomas podem ser considerados a forma física de expressão de conflitos e, através do seu simbolismo, têm a capacidade de mostrar aos pacientes em que consistem os seus problemas", afirmam os autores, apontando a doença como um caminho para a perfeição.

"Aparentemente, cada um de nós vem ao mundo com um 'projeto' que não apenas nos molda segundo um determinado tipo físico, como também contém o mapa do caminho a ser trilhado em nosso desenvolvimento psicológico, intelectual e espiritual. Caso nos desviemos desse projeto interior, freqüentemente torna-se necessário o surgimento de uma enfermidade psíquica ou somática que nos recoloque no caminho correto, como que a nos dizer: 'Ei, você não está sendo tudo aquilo que é capaz de ser. Retome o seu caminho!' ", afirma o médico Bernie Siegel (61). Ampliando na mesma direção, destaca outro médico, *expert* em medicina osteopática: "Quando resulta numa legítima autocura, o processo de autodescoberta pode ou não 'sanar' (*cure*) determinado problema — isto é, eliminar os sintomas. Porque a *cura* (*healing*) verdadeira alcança um nível mais profundo que o dos sintomas; ela envolve um processo de esclarecimento acerca da verdadeira identidade e do propósito de vida do indivíduo. Por esse motivo, a cura por vezes pode significar passar o resto da vida numa cadeira de rodas — se só dessa maneira é que você poderá desempenhar melhor o seu objetivo de vida. Você pode ser 'sanado' (*healed*), mesmo permanecendo numa cadeira de rodas, contanto que reconheça que é assim que as coisas devem ser para você. Da mesma forma, a cura pode significar a percepção de que não há problema algum em morrer. Pode significar que os problemas e conflitos que se apresentaram a você para serem solucionados ao longo desta vida foram resolvidos e que você agora está livre para deixar este mundo", afirma Upledger (62). Kubler-Ross (63) assinala que a "A cura não significa necessariamente ficar fisicamente são ou poder se levantar e voltar a caminhar. Significa, antes, a conquista de um equilíbrio entre as dimensões física, emocional, intelectual e espiritual". Stanley

Krippner (64), reconhecida autoridade da psicologia contemporânea, afirma, convergentemente: "Em outras palavras, um paciente pode ser incapaz de ser curado por ser portador de uma doença terminal ou crônica. Ainda assim, ele pode ser curado mental, emocional e espiritualmente por ter aprendido com o praticante a rever sua vida, encontrar nela o significado e reconciliar-se com a morte, ou por ter aprendido a minimizar e a lidar com o desalento de um quadro crônico". Em suma, uma pessoa pode se curar para a passagem inevitável da morte.

Resume bem o eminente oncologista, Carl Simonton (65): "A saúde é a condição natural da humanidade. Significa estar em harmonia com nós mesmos e com o nosso universo. Quando em harmonia, sentimo-nos mais dispostos, alegres e sadios. Se não reconhecemos esse estado, é preciso que o façamos. É esse o sentido da cura. Quanto maior nossa capacidade de alinhamento com o que somos, mais saudáveis seremos. O trabalho com vistas a esse alinhamento prepara-nos para a cura. Considero a cura um sistema de realimentação positiva, e a doença, uma forma de realimentação negativa". Recorda-nos ainda Graf Dürckeim (40), a respeito da doutrina do sábio sacerdote Hara Tanzan, que postulava a fonte comum do erro e da doença, no sentido moral: "Isso significa que erro e doença têm a mesma origem, que estar doente significa, em última análise, estar enganado".

Há uma significativa dimensão educacional na abordagem holística em psicoterapia. No seu sentido original, educação provém do latim *educare*, significando *trazer para fora* a sabedoria inerente ao indivíduo: atualizar o seu potencial inato. Aprender a fazer delicada escuta e leitura da sintomatologia como denúncia de contradição e desvio, é uma importante etapa no caminho do autoconhecimento e individuação.

No Egito antigo, o abutre era considerado uma ave sagrada que participava do complexo panteão de Rá. Os habitantes do deserto sabem, quando viajam pelas areias abrasantes, que a aparição de um abutre circulando no céu indica que o viajante desviou-se do seu caminho — e o agourento pássaro aguarda, pacientemente, a sua refeição. Urge, então, retomar o mapa e a bússola para a correção de rota, se ainda possível. Da mesma forma, quando as asas negras do infortúnio e enfermidade circulam o céu de nossas existências, anunciando que nos perdemos de nossos propósitos, a atitude sábia é a urgente e reflexiva busca de retomada do nosso eixo original, do nosso *norte existencial*, ou seja, da nossa vocação.

Considero a vocação a verdadeira antítese do *script*, postulado por Eric Berne, e o caminho saudável de permanente atualização do *mito pessoal*, pesquisado por Stanley Krippner e Daniel Feinstein. Para Berne (66), *script* é um plano de vida decidido precocemente — na primeira infância — que pode direcionar toda a existência do indivíduo, o seu viver e o seu morrer. A maioria dos seres humanos, infelizmente, não supera as decisões tomadas ao redor dos sete anos de idade, modeladas no contexto sócio-cultural-familiar. Apontando numa direção similar, Krippner e Feinstein (67) desvelaram o fascinante conceito de mitologia pessoal: "uma constelação de crenças, sentimentos e imagens organizadas ao redor de um tema central (...) que explicam o mundo, guiam o desenvolvimento pessoal e social, fornecem direções sociais e dirigem os anseios espirituais" do ser humano. Através do processo de realização da vocação, torna-se possível a transcendência dos velhos, onerosos e contraproducentes padrões atitudinais inerentes a todo *script* e mitologia pessoal ultrapassada.

Karlfried Graf Dürckeim (68) relaciona o conceito de vocação com o de *hara*, "ventre", o nosso fundamento sereno além do pequeno eu, vinculado à realidade essencial: "Estando assim seguro de que ele domina no mundo, pode consagrar-se, sem trégua, ao que é sua vocação. Pode, sem medo, combater, morrer, criar, amar. Quando consegue estabelecer-se em seu hara, enraizando-se nele, descobre o crisol de onde as forças da vida, suas aliadas, recebem todas as formas fixas do eu para fundí-las e transformá-las em formas novas". Desta forma, vocação transcende o conceito de especialização, indicando o pleno aprofundamento numa área específica do saber-e-fazer humano, mantendo uma visão de totalidade e a consciência de inteireza.

Um exemplo transparente de realização vocacional nos ofereceu o sábio hindu, J. Krishnamurti. O seu ensinamento foi, sobretudo, a sua própria existência. Quando já no leito de morte, uma de suas inconformadas assistentes foi instruída pelo Pandit Upadhyaya: "Diga a ele para não convidar a Morte. Repita-lhe três vezes estas palavras: Ainda há muito sofrimento neste mundo. Há pessoas que precisam da sua ajuda. Seu trabalho não terminou". Ao ouvir tal apelo, dirigido à compaixão búdica, Krishnamurti (69) respondeu que o seu corpo físico estava esgotado e que já havia perdido seis quilos: "Sabe o que acontecerá se eu perder mais?", explicou. "Não poderei andar. Se isso ocorrer e eu não puder mais dar palestras, meu corpo morrerá — ele foi feito apenas com esse objetivo". Saber o objetivo pelo qual animou-se o próprio corpo e estar ciente da convocação vital para a escola da existência, eis o grande desafio do autoconhecimento.

Outro exemplo nos deu Carl Gustav Jung (70) que, com mais de oitenta anos, iniciou a sua impactante autobiografia, com esta portentosa afirmação: "Minha vida é a história de um inconsciente que se realizou". E, um pouco adiante, assume: "Em última análise, só me parecem dignos de serem narrados os acontecimentos da minha vida através dos quais o mundo eterno irrompeu no mundo efêmero. Por isso falo principalmente das experiências interiores. Entre elas figuram meus sonhos e fantasias, que constituíram a matéria original de meu trabalho científico. Foram como uma lava ardente e líquida a partir da qual se cristalizou a rocha que eu devia talhar".

Como não podia deixar de ser, a vocação é um tema recorrente nas tradições de sabedoria. Diz o *Bhagavad-Gita*, segundo Gandhi: "É melhor cumprir o próprio dever, ainda que pareça pouco atraente, que o dever de outro, que talvez possa ser mais facilmente executado (...). Não se deve abandonar, ó Kannteya, o dever que lhe corresponde por natureza..." (XVIII, 47-48). Conhecendo o seu próprio dever por natureza, afirmava Confúcio (71): "Observar as coisas em silêncio; não embotar a curiosidade malgrado o muito estudar; não se cansar jamais de ensinar a alguém: nestas três virtudes não há quem me passe (...). Ensinarei sempre, ainda que se me não ofereça, por paga, mais que mera pitança".

Para os Terapeutas de Alexandria, segundo Philon, uma das tarefas fundamentais da evolução é cuidar dos desejos ou lograr o equilíbrio com os mais íntimos desejos. A palavra pecado, proveniente do grego *hamartia*, significa "objetivar algo e não atingi-lo". Pecar, sobretudo, é uma enfermidade do desejo, uma desorientação quanto ao alvo visado. Neste sentido, não-ser-o-que-se-é é o maior pecado, já que o desejo humano mais profundo é o da realização do que somos. "Para os Terapeutas o 'obscuro objeto de nosso desejo' seria o próprio Ser, o Õ, Om, e fora desta realidade última ele se perde, se desgarra e sofre", afirma Jean-Yves Leloup (72). "Torne-se o que você é", admoestavam os sacerdotes do deserto.

Jesus (73) disse: "Se manifestarem aquilo que têm em si, isso que manifestarem os salvará. Se não manifestarem o que têm em si, isso que não manifestarem os destruirá". Para se compreender o significado essencial da vocação, vale meditar sobre a parábola dos talentos: "Pois será como um homem que, viajando para o estrangeiro, chamou os seus próprios servos e entregou-lhes os seus bens. A um deu cinco talentos, a outro dois, a outro um, a cada um de acordo com a sua capacidade. E partiu. Imediatamente, o que recebera cinco talentos saiu a trabalhar com eles e ganhou outros cinco. Da mesma maneira, o que recebera dois ganhou outros dois. Mas o que recebera um só, tomou-o e foi abrir uma cova no chão. E enterrou o dinheiro do seu senhor. Depois de muito tempo, o senhor daqueles servos voltou e pôs-se a ajustar contas com eles. Chegando aquele que recebera cinco talentos, entregou-lhe outros cinco, dizendo: 'Senhor, tu me confiastes cinco talentos. Aqui estão outros cinco que ganhei'. Disse-lhe o senhor: 'Muito bem, servo bom e fiel! Sobre o pouco foste fiel, sobre o muito te colocarei. Vem alegrar-te com o teu senhor!'. Chegando também o dos dois talentos disse: 'Senhor, tu me confiaste dois talentos. Aqui estão outros dois que ganhei'. Disse-lhe o senhor: 'Muito bem, servo bom e fiel! Sobre o pouco foste fiel, sobre o muito te colocarei. Vem alegrar-te com o teu senhor!'. Por fim, chegando o que recebera um talento, disse: 'Senhor, eu sabia que és um homem severo, que colhes onde não semeastes e ajuntas onde não espalhastes. Assim, amedrontado, fui enterrar o teu talento no chão. Aqui tens o que é teu'. A isso respondeu-lhe o senhor: 'Servo mau e preguiçoso, sabias que colho onde não semeei e que ajunto onde não espalhei? Pois então devias ter depositado o meu dinheiro com os banqueiros e, ao voltar, eu receberia com juros o que é meu. Tirai-lhe o talento que tem e dai-o àquele que tem dez, porque a todo aquele que tem será dado e terá em abundância, mas daquele que não tem, até o que tem será tirado. Quanto ao servo inútil, lançai-o fora, nas trevas. Ali haverá choro e ranger de dentes!' " (Mt, 25, 14-30).

Uma só pergunta nos será feita, pelo senhor da totalidade psíquica, o Ser, na ocasião do ajuste de contas final, no findar de nossas existências: *Você foi você mesmo? O que você fez com os talentos que lhe foram confiados?* Bem ou mal, a esta pergunta haveremos de responder.

Indagava Omar Khayyam (74):

"Admito que tenhas resolvido o enigma da criação..
E o teu destino?
Convenho que tenhas despido a Verdade de todas
as suas roupagens. E o teu destino?
Admito que tenhas vivido cem anos felizes e
ainda te restem outros cem a viver.
E o teu destino?...".

ESPAÇO VIVENCIAL: o livro do deslumbramento

Psicoterapia precisa ser um espaço de pesquisa e de encontro com a sombra e com a luz, com a dor e com a plenitude. Focalizar apenas o lado sombrio e as situações inacabadas é uma abordagem não apenas reducionista como também niilista e, freqüentemente, iatrogênica. A *aliança terapêutica* precisa ser com a luz, com o que nunca adoece, com o Sopro que nos inspira e habita.

Estigmatizar alguém com um rótulo patológico é uma atitude arrogante e insultuosa. Não *somos* doentes; podemos *estar* doentes; a doença é um processo, um fluxo, um vir-a-ser. Discorrendo sobre a saudável resistência à rubricação do ser, Abraham H. Maslow (7) afirma ser esta "uma forma inferior de cognição, isto é, na realidade uma forma de não-cognição, uma rápida e fácil catalogação cuja função é tornar desnecessário o esforço requerido pela atividade mais cuidadosa e idiográfica de perceber e pensar". Em reforço, Maslow cita a conhecida declaração de William James, em 1902: "(...) Provavelmente um caranguejo sentir-se-ia pessoalmente indignado e ultrajado se nos ouvisse classificá-lo, sem mais cerimônia ou desculpas, como um crustáceo, e assim despachado. 'Não sou tal coisa', diria ele. 'Sou *eu próprio*, somente *eu próprio* e nada mais' ".

Se o ser humano precisa ser nomeado, então que seja pelo que na essência é, ou seja, a trilogia, em sânscrito, *sat-chit-ananda*, que significa *ser-consciência-bem-aventurança*. Repetiremos, assim, o brado de Shankaracharia: "Eu sou eterna beatitude e consciência pura. Eu Sou. Eu Sou". Menos que isto é trair, subtrair; é mutilar.

A porta na qual batemos é a que se abrirá. Se batemos na porta da patologia, a patologia será a nossa anfitriã. Se batemos na porta de *sat-chit-ananda*, o potencial máximo comparecerá. É didática uma experiência realizada nos Estados Unidos: um grupo de estudantes foi escolhido ao acaso, aleatoriamente, por uma equipe de pesquisadores. Foi dito aos seus pais e professores que eles tinham o QI muito acima da média e, após, foram encaminhados, com este diagnóstico, para uma escola de *supradotados*. Como eles responderam a esta situação? Como supradotados, naturalmente. Demonstra-se, claramente, a tremenda influência de nossas expectativas e o modo peculiar de olhar e tratar os que se encontram sob os nossos cuidados. "Somente aquele que respeita a saúde pode fazer terapia", afirmava Maslow (7). Confiar e convocar o potencial de saúde e de excelência pessoal no outro é uma característica fundamental do genuíno facilitador holocentrado.

Duas décadas de prática psicoterápica ensinaram-me que, tão importante quanto focalizar a dor e as questões inacabadas é fazer atenta escuta do *deslumbramento*: os momentos vividos de plenitude, de êxtase, de bem-aventurança. Todos já vivemos momentos especiais, de lucidez e transbordamento, de conexão e harmonia com a alma do universo: a vivência do *numinoso*, indicado por Jung; *momentos privilegiados*, valorizados por Graf Dürckeim; *peak experiences*, pesquisados por Maslow; a *bem-aventurança*, perseguida por Campbell.

"O ponto de partida da psicoterapia iniciática é a consideração dos instantes privilegiados de nossa existência, estas 'horas estreladas' que, através da noite, atestam que o Dia existe", afirma Jean-Yves Leloup. (75). Graf Dürckeim chega a discriminar, segundo Leloup, "quatro lugares privilegiados de vibração, de abertura de todo o nosso ser para esta outra dimensão: a Natureza, a Arte, o Encontro, o Culto".

Joseph Campbell (76) notável navegante e poeta dos mitos, orientou a bússola da sua existência para o norte da bem-aventurança. Na sua famosa entrevista com Bill Moyers, discorrendo sobre *sat-chit-ananda*, afirmou: "Não sei se minha consciência é propriamente consciência ou não; não sei se o que entendo pelo meu ser é o meu próprio ser ou não; mas sei onde está o meu enlevo. Então vou apegar-me ao meu enlevo, e isso me trará tanto a minha consciência como o meu ser (...). Pondo-se no encalço da sua bem-aventurança, você se coloca numa espécie de trilha que esteve aí o tempo todo, à sua espera, e a vida que você tem que viver é essa mesmo que você está vivendo. Quando consegue ver isso, você começa a encontrar pessoas que estão no campo da sua bem-aventurança, e elas abrem as portas para você. Eu costumo dizer: Persiga a sua bem-aventurança e não tenha medo, que as portas se abrirão, lá onde você não sabia que havia portas".

Assim como as asas negras do abutre anunciam a perda ou desvio do caminho, as asas brancas do anjo do deslumbramento, quando sobrevoam nosso firmamento existencial, representam uma clara e eloqüente mensagem, advinda do mais profundo espaço de sabedoria de nossa psique: "Vá por aí; este é o *caminho com coração*; esta é a via para o *si mesmo*!". Em outras palavras, a vivência de deslumbramento é um sinal inequívoco de que estamos na trilha de nossas vocações.

Nesta estreita via de auto-realização, faz-se mister recusar os convites para a larga e confortável estrada da auto-alienação, a tentação da cômoda mediocridade. Por exemplo, a ilusão do que dá mais dinheiro, do que está na moda, da tradição familiar, da satisfação das expectativas dos outros. Seguir os ditames da própria alma às vezes implica nadar contra a correnteza, em dizer *Não*! para a sedução do mundo. Nesta tarefa, pode ser inspirador o tocante poema "Cântico Negro", de José Régis (77):

" 'Vem por aqui' — dizem-me alguns com olhos doces
Estendendo-me os braços, e seguros
De que seria bom que eu os ouvisse
Quando me dizem: 'Vem por aqui'!
Eu olho-os com olhos lassos,
(Há, nos meus olhos, ironias e cansaços)
E cruzo os braços,
E nunca vou por ali....

A minha glória é esta:
Criar desumanidade!
Não acompanhar ninguém.
— Que eu vivo com o mesmo sem-vontade
Com que rasguei o ventre a minha Mãe.

Não, não vou por aí! Só vou por onde
Me levam meus próprios passos...
Se ao que busco saber nenhum de vós responde,
Por que repetis: 'vem por aqui'?
Prefiro escorregar nos becos lamacentos,
Redemoinhar aos ventos,
Como farrapos, arrastar os pés sangrentos,
A ir por aí...

Se vim ao mundo, foi
Só para desflorar florestas virgens,
E desenhar meus próprios pés na areia inexplorada
O mais que faço não vale nada.

Como, pois, sereis vós
Que me dareis impulsos, ferramentas e coragem
Para eu derrubar os meus obstáculos?...
Corre, nas vossas veias, sangue velho dos avós,
E vós amais o que é fácil!
Eu amo o Longe e a Miragem,
Amo os abismos, as torrentes, os desertos...

Ide! tendes estradas,
Tendes jardins, tendes canteiros,
Tendes pátrias, tendes tetos,
E tendes regras, e tratados, e filósofos e sábios.
Eu tenho a minha Loucura!
Levanto-a, como um facho a arder na noite escura,
E sinto espuma, e sangue, e cântico nos lábios...

Deus e o Diabo é que me guiam, mais ninguém.
Todos tiveram pai, todos tiveram mãe;
Mas eu, que nunca principio nem acabo,
Nasci do amor que há entre Deus e o Diabo.

Ah, que ninguém me dê piedosas intenções!
Ninguém me peça definições!
Ninguém me diga: 'Vem por aqui'!
A minha vida é um vendaval que se soltou.
É uma onda que se alevantou.
É um átomo a mais que se animou...

Não sei por onde vou,
Não sei para onde vou,
— Sei que não vou por aí!''.

Aqui, a virtude requerida é ser a "maioria de um", postulada pelo filósofo dos bosques, Henry Thoreau (78), em seu notável tratado sobre a desobediência civil, confesso livro de cabeceira que tanto inspirou Mahatma Gandhi na sua luta não-violenta pela libertação da Índia.

Encaixar-se na própria vocação é se fazer um ser único, no compromisso de fidelidade a si mesmo, dando um testemunho de originalidade. É assumir, plenamente, a autoria dos próprios passos na jornada da existência.

O livro do deslumbramento é um instrumento heurístico que pode ser muito útil na pesquisa necessária da vocação. Indico a seguir, cinco passos para a sua realização:

1. Adquira um caderno especial, que toque a criança que existe em você. Não escolha qualquer um; busque o que se pareça mais com o colorido da sua alma;

2. Agora, feche os olhos, relaxe, e na sua tela psíquica, no mais remoto da sua memória, sintonize a primeira vez que você viveu um deslumbramento, um momento de plenitude e expansão, de encantamento. Reviva, com detalhes, esta vivência que pode ter sido suscitada por uma estimulação gratificante — um canto de pássaro, a visão de um arco-íris, um encontro de olhar, o nascimento de um ente querido, o recebimento de uma dádiva não esperada, o assalto repentino de Eros... — ou, mes-

mo, desagradável — um acidente, uma experiência de quase-morte, um terremoto inesperado... Foi quando todos os sinos repicaram na catedral de seu Ser. Quando tudo adquiriu sentido e a sua taça transbordou;

3. Após, registre a experiência revivida, com os detalhes que for possível, neste caderno especial que denomino Livro do Deslumbramento;

4. Continue a *pescar deslumbramentos* do passado e a registrá-los, até o momento presente;

5. Fique atento, a partir de agora, às experiências desta natureza, mantendo um espírito de pesquisa, buscando estabelecer um fio de ligação entre todos os registros. É possível que vão se tornando claras as conexões, que apontarão para o seu propósito, num processo delicado e gradativo de desvelamento vocacional. "Ele olhou sua alma através de um telescópio. O que parecia irregular eram as belas Constelações: então acrescentou à consciência mundos ocultos dentro de outros mundos", disse Coleridge, segundo Jung (70).

Não deixe por menos: amarre a carroça da sua existência na estrela do deslumbramento. E mãos à Obra-Prima!

V SERVIÇO: *o viço do ser*

> "Eu dormia e sonhava que a vida era alegria.
> Despertei e vi que a vida era serviço
> Servi e aprendi que o serviço era alegria".
>
> RABINDRANATH TAGORE

Para que demolir os muros da prisão do apego? Para que forjar o aço do Ser através da plena atenção? Para que cruzar o vale de lágrimas no veículo da aceitação, transmutando a dor em flor? Para que desvelar a vocação e esculpir a existência como uma obra-prima? Para que realizar-se plenamente, se não for para *servir*?

O quinto metaprincípio focaliza a *lei do amor*, a terapia essencial. Cuidar da dor, não da minha dor. Velar pelo outro autenticamente, não visando retribuição, implica auto-transcendência: quando me esqueço e, pelo outro, me esvazio de mim mesmo, abre-se um espaço intensamente vital por onde atuam as forças curativas da Natureza.

Segundo Joseph Campbell (76), no final do século XII, o filósofo e abade Joachim de Flores escreveu sobre o que considerava as três idades do espírito: "Depois da expulsão do Paraíso, ele disse, Deus tinha de oferecer alguma compensação pelo desastre, reintroduzindo na história o princípio espiritual. Ele escolheu então uma raça, que se tornaria o veículo dessa comunicação, e essa é a idade do Pai e de Israel. Essa raça, portanto, tendo sido preparada de sacerdotes, apta a se tornar o receptáculo da Encarnação, produz o Filho. Aí tem início a segunda idade, a do Filho e da Igreja, quando toda a humanidade, e não apenas uma raça, deve receber a mensagem da vontade espiritual de Deus. A terceira idade, que esse filósofo, por volta de 1260, disse que estava para começar, é a do Espírito Santo, que fala diretamente ao indivíduo. Qualquer um que encarne ou traga no âmago de sua própria vida a mensagem da Palavra, se equipara a Jesus; este é o sentido dessa terceira idade. Assim como Israel se tornou arcaico pelo advento da Igreja, esta se tornou igualmente arcaica pelo advento da experiência individual. Isso deu início a todo um movimento de eremitas que se dirigiam às florestas para viver a experiência. O santo considerado o primeiro representante desse movimento foi São Francisco de Assis, tomado como equivalente de Cristo e considerado, em si, como manifestação do Espírito Santo no mundo físico".

Espírito provém do hebraico *rouah*, que é feminino; também é feminino o símbolo da pomba, representativa do Espírito Santo. É precisamente nos séculos XII e XIII que, na França, erguem-se catedrais, todas denominadas Notre-Dame, homenageando o poderoso arquétipo da Deusa e da Grande Mãe. Assim, interpreto a inteligente e inspiradora formulação de Joachim de Flores, tão apropriada aos nossos críticos tempos de passagem e de pós-modernidade, da seguinte maneira: O tempo do Pai já passou; o tempo do Filho recém-passou; agora é o tempo da Mãe.

O arquétipo do Pai é severo, instaurador de limites, formulador da lei do talião e de mandamentos proibitivos. O do Filho é o da irmandade, que agrega pelo amor e perdoa pela compaixão, que desvela uma nova Palavra, canta, dança e cedo parte, como fazem os bons filhos. Holograficamente, estes arquétipos continuam vibrando e inspirando. Dominantemente, entretanto, é o arquétipo da Grande Mãe, do feminino-Luz, que agora irradia suas poderosas emanações, convocando à uma reordenação e atualização de todos os nossos códigos. E qual é a função primordial do símbolo da Mãe? Sem dúvida, é a de doar as suas próprias células, a de nutrir, a de *servir*. Nesta nova idade, servir é um caminho básico de cura e de evolução.

Tenho seguidamente constatado que o egoísmo, o sistema fechado de centramento no ego, representa um dos fatores mais patogênicos, desencadeador de um inexorável processo de estagnação, empobrecimento pessoal e decadência psicofísica. Quando sou procurado por uma pessoa muito doente, após ouvir o seu sofrimento, posso indagar: E o que você está fazendo pelos outros? Há tanta dor neste mundo; você está sendo agente de cura?

Essa indagação pode suscitar uma atitude de autotranscendência muito importante para que o próprio organismo-sistema se abra, favorecendo a atuação dos processos curativos naturais. Lembro-me de um amigo a quem acompanhava, como psicoterapeuta, que, sendo acometido por uma seqüência de enfermidades, soube que estava com AIDS. A sua formação era a de psicólogo e, então, dei-lhe a sugestão para que cuidasse, voluntariamente, de um outro aidético, em estado já desesperador e terminal. Ele aceitou e pôde constatar os efeitos benéficos desta ação desprendida e compassiva. Acompanhei o seu processo até o leito de morte. Uma certa manhã, no hospital onde agonizava, depois de estar algum tempo em silêncio ao seu lado enquanto a sua prestativa mãe andava de um lado para outro, toquei-lhe a mão e segredei ao seu ouvido: "Não se deixe iludir pelas agulhas e parafernália à sua volta. Coloque a atenção no que não é doente em você. Faça alguma coisa pela sua mãe, que está tão ansiosa; ensine-a a respeito do que você está aprendendo com a dor. O seu momento é tão especial; não o guarde só para si!". Já não podendo mais falar, ele olhou nos meus olhos com carinho e sorriu, balançando a cabeça afirmativamente. Ele havia compreendido o princípio da doação e logrado um estado de saúde além-do-corpo. A cura pode acontecer num nível mais essencial, que transcende o físico. Nós podemos nos curar para morrer.

Muitos anos de prática psicoterápica ensinaram-me que a meta mais fundamental para quem busca a saúde é fazer-se *agente de cura*. Mais importante que se curar é ser facilitador de cura. Como afirma o reconhecido oncologista O. Carl Simonton (65): "Você não precisa de credenciais para ser um agente de cura, ao passo que para ser médico é imprescindível um diploma. Entretanto, os médicos não são, necessariamente, agentes de cura". Infelizmente, nem todos os profissionais de saúde professam o credo de Paracelso, segundo Jung (79): "Em primeiro lugar, e antes de mais nada, é preciso mencionar a compaixão que deve ser inata no médico. Onde não existir amor, não haverá arte". Conclui Simonton (65): "Quanto maior a minha capacidade de amar tudo — as árvores, a terra, a água, os homens, as mulheres, as crianças e eu mesmo — tanto mais saúde terei e tanto mais fiel serei ao meu verdadeiro eu". Às vezes, quando esquecidas, fecham-se as feridas. Superamos as nossas dores na escuta da dor alheia. Trabalhar através do amor é a lição essencial do Karma Yoga, a Yoga da ação e da auto-realização através do serviço (80).

Benjamim Shield e Richard Carlson (48), coordenadores do excelente *Curar, Curar-se*, assim finalizam esta significativa obra: "É possível que a maior contribuição fornecida pelos autores tenha sido o reforço da sensação de que somos todos agentes de cura. A eficácia da cura não se baseia, necessariamente, numa extensa formação ou domínio técnico. Em vez disso, a cura pode ocorrer sempre que uma ou mais pessoas abrirem o coração e o espírito para os dons que já possuem". Há mais de uma década, a Organização Mundial de Saúde lançou um apelo para que todos sejam agentes de saúde, pois o planeta inteiro está enfermo. Pôr-se a serviço da cura é solidarizar-se com o humano e o divino, como expressa a bela oração atribuída a São Francisco de Assis (81):

> "Ó Mestre, fazei que eu procure mais
> consolar que ser consolado,
> compreender que ser compreendido,
> amar que ser amado.
> Pois é dando que se recebe,
> no esquecimento próprio é que se encontra a si mesmo.
> É perdoando que se é perdoado,
> E é morrendo que se ressuscita para a vida eterna".

"O único que não nos será arrancado é o que nós doamos", afirma Jean-Yves Leloup (82), apontando para o poder além da morte da doação". Foi através de um sonho, vivido em 27 de dezembro de 1991, que esta verdade revelou-se, claramente, a mim:

> Estou no ponto de passagem da morte, como uma testemunha de mim mesmo. Vejo, então, que todas as minhas ações egoístas destrutivas aparecem, na forma de imagens, em minha mente e retiram de mim a exata proporção de energia, correspondente ao mal realizado. Sou submetido a um esvaziamento energético, primeira etapa de meu auto-julgamento, por minhas próprias ações. Agora, todos os momentos em que servi aos outros, desprendidamente, comparecem, na forma de imagens, suprindo-me da exata carga energética correspondente ao bem realizado. Sou fortalecido e nutrido pelo que servi em minha existência. Ao final desta segunda operação, torna-se nítida a última etapa: com o saldo de energia disponível, tenho de correr, até o seu esgotamento, por uma via onde há portas dando para estados de existência gradativamente superiores. O impacto e a lucidez de minha conclusão me despertam: A ÚNICA COISA QUE IMPORTA É SERVIR!

Na tradição budista, a figura do *boddhisattva* encarna o supremo serviço: o ser que, tendo atingido a liberação perfeita, faz o voto de permanecer com a humanidade, como facilitador da iluminação, enquanto houver ignorância e dor. "Amor, compaixão — esta é a única coisa que é holística (...). Portanto, bondade e um modo de viver holístico andam juntos", afirma J. Krishnamurti (69), um exemplo contemporâneo de *boddhisattva*, em uma de suas últimas palestras na Índia.

"Não atingireis a piedade até que deis do que mais amais", prega o Alcorão (33). Santo Agostinho (83), por outro lado, resumia: "Nas coisas essenciais, a unidade; nas coisas não essenciais, a liberdade; e em todas as coisas, a caridade".

Dizia Omar Khayyam (74), sábio poeta que sorvia vida e vinho:

> "Como é vil o coração que,
> incapaz de amar, não pode
> conhecer o delírio da paixão!...
> Se não amas, és indigno do
> sol que te ilumina,
> da lua que te consola.
> Fecha o teu Corão.
> Pensa livremente e livremente encara

o céu e a terra.
Ao pobre que passa, dá a metade do que possues.
Perdoa a todos os culpados.
Não entristeças a ninguém.
E esconde-te para sorrir...".

Em última instância, servir é uma decorrência natural da vivência da não-dualidade. Quando nos revinculamos a nós mesmos, à humanidade e ao universo, então amamos irrestritamente. Além de qualquer ilusão da miséria da separatividade, que nos aprisiona aos apegos, nos conectamos com uma *consciência de abundância* inesgotável. Voltamos para a Casa, qual inocente criança, no colo da Grande Mãe. Esvaziados do pequeno eu, a nossa taça transborda e aprendemos que somos ricos apenas na proporção do que doamos. Aprendemos, também, que a excelência da nossa doação brota da realização da obra-prima pessoal. Na medida em que realizamos nossa vocação, servimos natural e plenamente. Ser quem somos é a perfeição no servir. Ser o viço do Ser. Enfim, confiantes, realizaremos o Salmo (19):

"Quem habita na proteção do Altíssimo
pernoita à sombra de Shaddai,
dizendo a Iahveh
Meu abrigo, minha fortaleza,
Meu Deus em quem confio!

É ele quem te livra do laço
do caçador que se ocupa em destruir;
ele te esconde com suas penas,
sob suas asas encontras um abrigo.
Sua fidelidade é escudo e couraça.

Não temerás o terror da noite
nem a flecha que voa de dia,
nem a peste que caminha na treva,
nem a epidemia que devasta ao meio-dia.

Caiam mil ao teu lado
e dez mil à tua direita,
a ti nada atingirá.

Basta que olhes com teus olhos,
para ver o salário dos ímpios,
Tu, que dizes: Iahveh é o meu abrigo,
e fazes do Altíssimo teu refúgio.

A desgraça jamais te atingirá
e praga nenhuma chegará à tua tenda:
pois em teu favor ele ordenou aos anjos
que te guardem em teus caminhos todos.

Eles te levarão em suas mãos,
para que teus pés não tropecem numa pedra;
poderás caminhar sobre o leão e a víbora,
pisarás o leãozinho e o o dragão.

Porque a mim se apegou, eu o livrarei,
eu o protegerei, pois conhece o meu nome.

Ele me invocará e eu responderei
Na angústia estarei com ele,
eu o livrarei e o glorificarei,
vou saciá-lo com longos dias
e lhe mostrarei a minha salvação" (Sl. 91-90).

ESPAÇO VIVENCIAL: a lição do beija-flor

Uma estória plena de simplicidade e significado constitui a inspiração deflagatória do *Programa Beija-Flor — Mutirão Nacional da Educação pela Paz e Não-Violência*, da UNIPAZ (84):

Era uma vez um imenso incêndio que ardia, avassaladoramente, numa grande floresta. Todos os animais fugiam daquela fornalha infernal; todos fugiam, exceto um beija-flor, que voava até um riacho, apanhava uma gotinha de água no seu bico e a lançava no meio das chamas. Com as asinhas já chamuscadas, voava incansável o pequeno e delicado pássaro, do riacho às labaredas, incessantemente repetindo esta operação temerária. Um tatu fujão e curioso deteve, por um instante, a sua corrida e indagou, irônico, ao beija-flor: "Você pensa que poderá apagar este fogaréu com estas ridículas gotinhas d'água?...". "Com certeza não, amigo tatu", respondeu o beija-flor. "Agora, eu estou fazendo a minha parte!".

1. Faça a sua parte!
Dedique uma fração do seu tempo-energia a uma obra em prol da coletividade, da Natureza e do bem comum. Faça-se solidário com algo que transcenda os seus limites pessoais, praticando a ação gratuita em alguma esfera da sua competência. Acenda uma vela, ao invés de reclamar da escuridão! E fique atento para as mudanças que esta atitude poderá facilitar em seu cotidiano.

2. Meditação da esponja:
Sugerida por Jean-Yves Leloup, para que possamos servir, doando a luz e sem reter a negatividade, através da respiração:
• *Inspire*, imaginando aceitar, acolher e absorver toda a água suja da negatividade e sofrimento ao seu redor;
• *Expire*, imaginando soltar, abandonar, torcendo a 'esponja' do Ser para eliminar toda a água suja e contaminada que você absorveu;

- *Inspire*, novamente, imaginando colher a água viva e límpida de luz, saúde e paz, da totalidade envolvente;
- *Expire*, imaginando doar e irradiar esta água nutritiva e restauradora, de harmonia e abundância.

Repetir, durante algum tempo, esta unidade meditativa, se possível ao lado de alguém doente ou carente de vitalidade e de amor.

3. Prece Gayatri:
Deve ser feita dirigindo-se ao sol. Na primeira parte, imaginar os raios solares iluminando e vitalizando o seu coração. Na parte final, imagine o seu próprio coração, como um disco solar, iluminando os seres e todo o universo (85):

"Vós, que sois a fonte de todo poder,
Cujos raios iluminam o mundo inteiro,
Iluminai, igualmente, o meu coração,
Para que ele também possa fazer a Vossa obra".

Referências bibliográficas

(1) WEIL, Pierre. *Cosmodrama: a dança da vida*. Seminários 1, 2, 3 e 4, Brasília-Belo Horizonte, 1981 - 1988.
(2) WEIL, Pierre. *A arte de viver em paz — por uma nova consciência e educação*. UNESCO, Gente, São Paulo, 1993.
(3) HUXLEY, Aldous. *A filosofia perene*. Cultrix, São Paulo, 1991.
(4) WILBER, Ken (org.). *O paradigma holográfico e outros paradoxos*. Cultrix, São Paulo, 1991.
(5) WERTHEIMER, Michael. *Pequena história da psicologia*. Nacional, São Paulo, 1978.
(6) GROF, Stanislav (org.). *Ancient Wisdom and Modern Science*. State University of New York, Nova York, 1984.
(7) MASLOW, Abraham H. *Introdução à psicologia do ser*. Eldorado, Rio de Janeiro, s/d.
(8) GUITTON, Jean; BOGDANOV, Grichka e Igor. *Deus e a ciência*. Nova Fronteira, Rio de Janeiro, 1992.
(9) SWIMME, Brian. *O universo é um dragão verde*. Cultrix, São Paulo, 1991.
(10) WEIL, Pierre. *A neurose do paraíso perdido*. Espaço e Tempo/CEPA, Rio de Janeiro, 1987.
(11) WEIL, Pierre. *As fronteiras da regressão*. Vozes, Petrópolis, 1977.
(12) SELYE, Hans. *Stress, a tensão da vida*. IBRASA, São Paulo, 1965.
(13) SILVA, Georges; HAMENKO, Rita. *Budismo: psicologia do auto-conhecimento*. Pensamento, São Paulo, s/d.
(14) KHARISHNANDA, Yogi. *O Evangelho de Buda*. Pensamento, São Paulo, 1982.
(15) *BHAGAVAD-GITA*, segundo GANDHI. Ícone, São Paulo, 1992.
(16) BHAGAVAD-GITA. *O Cântico do Senhor*. Cultrix, São Paulo, s/d.
(17) LAO-TSÉ. *O Livro do Caminho Perfeito*. Pensamento, São Paulo, s/d.
(18) LAO-TZU. *Tao-Te-King, texto e comentários de Richard Wilhelm*. Pensamento, São Paulo, 1987.

(19) BÍBLIA DE JERUSALÉM. Paulinas, São Paulo, 1985.
(20) KHAYYAM, Omar. *Robáyát*. Xens, Barcelona, 1963.
(21) CREMA, Roberto. *Análise transacional centrada na pessoa... e mais além*. Ágora, São Paulo, 1984.
(22) DASS, Ram. *in Más allá del ego*. Kairós, Barcelona, 1982.
(23) GYATSO, Tenzin, décimo-quarto Dalai Lama. *Bondade, amor, compaixão*. Pensamento, São Paulo, 1989.
(24) GROF, Stanislav e GROF, Christina (orgs.). *Emergência espiritual*. Cultrix, São Paulo, 1992.
(25) TRUNGPA, Chogyam. *Além do materialismo espiritual*. Cultrix, São Paulo, 1986.
(26) *in* WALSH, Roger; FRANCES, Vanghan (orgs.). *Além do ego*. Cultrix/Pensamento, São Paulo, 1991.
(27) WILBER, Ken. *O espectro da consciência*. Cultrix, São Paulo, 1990.
(28) BERNE, Eric. *Análise transacional em psicoterapia*. Summus, São Paulo, 1985.
(29) CARTOCI, Duílio (trad.), *Sahaja Yoga*. Nirmala House, Salvador, 1990.
(30) COELHO, Paulo. *O alquimista*. Rocco, Rio de Janeiro, 1993.
(31) DHAMMAPADA. *O Caminho da Lei* e *Atthaka* — O Livro das Oitavas, tradução de Georges da Silva, Pensamento, s/d.
(32) DHAMMAPADA, *A senda da virtude*, tradução de Nissim Cohem, Palas Athena, São Paulo, 1985.
(33) *O Alcorão*, tradução de Mansour Challita. Associação Cultural, Rio de Janeiro, s/d.
(34) *El Corán*, tradução de Júlio Cortés. Herder, Barcelona, 1986.
(35) *Bardo-Todol, O Livro Tibetano dos Mortos*, tradução de Lonisa Ibañez. Record, Rio de Janeiro, 1980.
(36) *Bardo-Thodol, Livro Tibetano dos Mortos*, tradução de Júlia C. Noll. Alhambra, Rio de Janeiro, s/d.
(37) BLAKE, William. *Poesia e Prosa Selecionadas*. J.C. Ismael, São Paulo, 1985.
(38) ATTAR, Farid ud-Din. *A conferência dos pássaros*. Cultrix, São Paulo, s/d.
(39) HERRIGEL, Eugen. *A arte cavalheiresca do arqueiro zen*. Pensamento, São Paulo, 1986.
(40) GRAF DÜRCKEIM, Karlfried. *Hara, o centro vital do homem*. Pensamento, São Paulo, 1991.
(41) KHAYYAM, Omar. *O Rúbaiyat*, tradução de Manoel Bandeira. Tecnoprint, Rio de Janeiro, s/d.
(42) KALBERMATTEN, G. De. *The Advent*. The Life Eternal Trust Publisher, Bombaim, 1979.
(43) PERLS, Frederick S. e outros. *Isto é Gestalt*. Summus, São Paulo, 1977.
(44) JUNG, Carl. G. *Estudos sobre a psicologia analítica*. Vozes, Obras Completas VI. VII, Petrópolis, 1981.
(45) JUNG, Carl G. *Aion*. Vozes, Obras Completas, VI. IX, Petrópolis, 1986.
(46) JUNG, Carl. G. *A dinâmica do inconsciente*. Vozes, Obras Completas, VI. VIII, Petrópolis, 1984.
(47) WILHELM, Richard (trad.). *I Ching, o livro das mutações*. Pensamento, São Paulo, 1989.
(48) CARLSON, Richard; SHIELD, Benjamin, (orgs.). *Curar, Curar-se*. Cultrix, São Paulo, 1992.

(49) KRISHNAMURTI, Jiddhu. *A primeira e a última liberdade*. Cultrix, São Paulo, 1981.
(50) KRISHNAMURTI, Jiddhu. *Diário de Krishnamurti*. Cultrix, São Paulo, 1982.
(51) HAPPE, Robert. *Caminhos para o autoconhecimento*. Seminário da Formação Holística de Base, UNIPAZ, Brasília, 1989.
(52) SCHOPENHAUER, Arthur. *Aforismos sobre filosofia de vida*. Ediouro, Rio de Janeiro, 1991.
(53) ROGERS, Carl; ROSEMBERG, Rachel. *A pessoa como centro*. E.P.V. — EDUSP, São Paulo, 1977.
(54) LOWEN, Alexander. *El Miedo a la Vida*. Lasser Press, México, 1982.
(55) CASTAÑEDA, Carlos. *O presente da águia*. Record, São Paulo, 1981.
(56) MERTON, Thomas. *A via de Chuang-Tzu*. Vozes, Rio de Janeiro, 1984.
(57) A MÃE, Conversas..., Shakti, São Paulo, 1992.
(58) GANDHI, Mahatma. *A roca e o calmo pensar*. Palas Athena, São Paulo, 1991.
(59) TZU, Chuang. *Escritos básicos*. Cultrix, São Paulo, 1987.
(60) DETHLEFSEN, Thorwald; DAHLKE, Rüdiger. *A doença como caminho*. Cultrix, São Paulo, 1992.
(61) SIEGEL, Bernie. "Amor, agente da cura", *in* CARLSON, Richard e SHIELD, Benjamin. *Curar, Curar-se*. Cultrix, São Paulo, 1992.
(62) UPLEDGER, John E., "A descoberta de si mesmo e a Cura", *in* CARLSON, Richard e SHIELD, Benjamin. *Curar, Curar-se*, Cultrix, São Paulo, 1991.
(63) KUBLER-ROSS, Elisabeth. "Os quatro pilares da cura", *in* CARLSON, Richard e SHIELD, Benjamin. *Curar, Curar-se*. Cultrix, São Paulo, 1992.
(64) KRIPNER, Stanley. "Pontos chaves do processo da cura.", *in* CARLSON, Richard e SHIELD, Benjamin. *Curar, Curar-se*. São Paulo, 1992.
(65) SIMONTON, Carl. "A harmonia da saúde",*in* CARLSON, Richard e SHIELD, Benjamin. *Curar, Curar-se*. Cultrix, São Paulo, 1992.
(66) BERNE, Eric. *Que Dice Usted Después de Decir Hola?*, Grijalbo, Barcelona, 1974.
(67) KRIPPNER, Stanley; FEINSTEIN, David. *Personal Mithology, The Psychology of Your Evolving Self*. Jeremy P. Tarcher, Inc., Los Angeles, 1988.
(68) GRAF DÜRCKEIM, K. *El Maestro Interior — el maestro, el discipulo, el camiño*. Mensagero, Bilbao, Espanha, 1989.
(69) KRISHNAMURTI, Jiddhu. *O futuro é agora — últimas palestras na Índia*. Cultrix, São Paulo, 1992.
(70) JUNG, Carl G. *Memórias, sonhos, reflexões*. Nova Fronteira, Rio de Janeiro, 1975.
(71) CONFÚCIO. *Analecto, o livro da sabedoria*. Thesaurus, Brasília, 1975.
(72) LELOUP, Jean-Yves. *Prendre Soin de L'Être — Philon et les Thérapeutes d'Alexandrie, l'être et le corps*. Albin Michel, Paris, 1993.
(73) *in* PAGELS, Elaine. *Os evangelhos gnósticos*. Cultrix, São Paulo, 1990.
(74) KHAYYAM, Omar. *Rubáyát*. Versão portuguesa de Octávio Tarquino de Sousa, José Olympio, Rio de Janeiro, 1935.
(75) LELOUP, Jean-Yves. "Três orientações maiores de uma psicoterapia iniciática", *in* BRANDÃO, Denis, CREMA, Roberto (coord.). *Visão holística em psicologia e educação*. Summus, São Paulo, 1991.

(76) CAMPBELL, Joseph (com MOYERS, Bill). *O poder do mito*. Palas Athena, São Paulo, 1990.

(77) RÉGIO, José. *Poemas de Deus e do Diabo*. Lisboa, Portugália, 1969.

(78) THOREAU, Henry D. *Walden ou a vida nos bosques*. Global Editora, São Paulo, 1985.

(79) JUNG, Carl G. *O espírito na arte e na ciência*. Vozes, Petrópolis, 1985.

(80) SWAMI, Vivekananda. *Quatro yogas de auto-realização*. Pensamento, São Paulo, s/d.

(81) BERTHIER, René. *Orar com São Francisco de Assis*. Loyola, São Paulo, 1990.

(82) LELOUP, Jean-Yves. *A experiência do numinoso: discernimento entre o psíquico e o espiritual,* Formação em Psicologia Transpessoal, XV Seminário, UNIPAZ, Brasília, 1994.

(83) *in* CAPRA, Fritjof e STEINDL-RAST, D. com MATUS, T. *Pertencendo ao universo*. Cultrix/Amana, São Paulo, 1993.

(84) UNIPAZ, Fundação Cidade da Paz, Universidade Holística Internacional de Brasília. *Programação 94*. Brasília, 1994.

(85) BLUM, Ralph (com.). *O livro de runas*. Bertrand Brasil S/A, 1991.

UMA ANTROPOLOGIA DA VASTIDÃO

> "O homem é o seu livro de estudo,
> Ele precisa apenas ir virando
> as páginas deste livro e
> descobrir o Autor."
>
> JEAN-YVES LELOUP

SER HUMANO, EIS A QUESTÃO!

O que é ser humano? Onde aprendemos a ser humanos?

Uma contradição trágica de nossos tempos tem sido o desenvolvimento sofisticado da ciência e tecnologia sem uma correspondente evolução psíquica, ética, espiritual. A aculturação e educação clássica têm se resumido a um processo de adestramento racional e aquisição de um repertório comportamental adaptativo a um contexto mórbido em grande escala. Nas escolas, o aluno é obrigado a se empanturrar de informações — que se tornam obsoletas em quatro anos — e a vomitá-las nos exames. Aplica-se o perverso método da comparação, em que uma *performance* padrão é exigida, com a repressão sistemática da diversidade e originalidade. O tratamento é maciço e a transmissão é autoritária, num clima tristemente paranóico, em que um suposto-saber julga um suspeito-saber. Neste alienante sistema, é solenemente desprezado o mais propriamente humano: o plano do coração, das emoções e sentimentos, da intuição, valores e a dimensão noética e transpessoal.

Assim é que o ocidental tornou-se perito na exploração do espaço exterior, vasculhando os confins do sistema solar, enquanto permanece virgem e inexplorada a dimensão do espaço interior, a sua própria alma. Eis o absurdo óbvio, depois de décadas de bancos escolares e universitários: o erudito doutor segue sendo um analfabeto emocional, um bárbaro da vida anímica, desconhecedor de si, enfim, um ignorante existencial.

Há uma história sufi que ilustra bem essa contradição fatídica, que ameaça o futuro da humanidade. Mullá Nasrudin, um mestre que notabilizou-se por utilizar o humor como instrumento pedagógico, era um barqueiro que levava as pessoas de uma margem para a outra de um rio. Aliás, esta é a tarefa básica de toda maestria autêntica: facilitar que a pessoa faça a travessia da margem da ignorância para a do esclarecimento e iluminação. Certa ocasião, um erudito professor recorreu aos préstimos de Nasrudin. Quando iniciaram a travessia, talvez por falta de assunto, o importante professor perguntou ao humilde barqueiro: "Você estudou ciência e filosofia?". "Não", respondeu Nasrudin. "Sinto muito", concluiu enfático o professor — "você perdeu a metade da sua existência!". Um pouco depois, o barco colidiu com uma rocha e começou a naufragar. Então o barqueiro perguntou ao assustado professor: "Você aprendeu a nadar?". "Não", respondeu o outro, alarmado. "Sinto muito, você perdeu toda a sua existência!", sentenciou o mestre.

Partindo da constatação de que a educação reducionista-tecnicista clássica não tomou para si a nobre função de facilitar que o aprendiz aprenda a nadar os rios da existência, não é para se estranhar o flagelo crítico contemporâneo: a inversão valorativa, o "mar de lama" da corrupção, cinismo e omissão, a onda crescente de violência e injustiça social, a depredação ambiental e o quase fenecimento da cultura ocidental.

É preciso ousar desenvolver, com urgência, uma *ecologia do Ser*, em que o humano possa ser desvelado e cultivado em toda a sua extensão, altitude e profundidade.

Neste sentido, é fundamental partirmos de uma antropologia não redutiva, que seja inclusiva e acolhedora de todas as dimensões do fenômeno humano. Uma cartografia da psique e dos estados de consciência que possa nos abrir um espaço de inteligência hermenêutica que possibilite a fundamental tarefa de interpretar as nossas experiências, dando-lhes sentido e orientação.

O discernimento do que é saúde e patologia decorre de nossas premissas antropológicas, ou seja, da imagem do homem que adotamos. É responsabilidade do educador e do terapeuta, de modo especial, lapidar lúcida e conscientemente um mapa qualificado e digno da inteireza humana. Nunca é demais insistir que o mapa não é o território. É um dedo apontando para a lua, na bela metáfora oriental, ou um símbolo indicando o desconhecido que possa abrir o nosso olhar e alimentar a nossa inteligência. De outro modo, poderá se deteriorar em ídolo, obstruidor da visão, estagnando o processo dinâmico da compreensão.

Até onde me foi dado conhecer, Jean-Yves Leloup (1, 2), inspirado nos Terapeutas de Alexandria, segundo Philon, elaborou o mais amplo mapa antropológico, que contém e vai além das dimensões do inconsciente descritas por Carl G. Jung (3), Stanislav Grof (4, 5, 6), Ken Wilber (7), Stanley Krippner (8) e outros (9, 10).

Philon e os Terapeutas viveram em Alexandria, um privilegiado espaço de fecundação intercultural e de encontro do Oriente com o Ocidente. Embora tendo sido judeu, a grande contribuição de Philon foi a de ter aliado mundos, integrando a antropologia semita à grega. Na leitura de Leloup, nesta ampla visão integrativa dos pais do deserto, o ser humano é constituído das seguintes dimensões:

- *basar* ou soma, o aspecto corporal;
- *nephest* ou psique, a alma;
- *nous, nephest* ou a psique em estado sereno de silêncio e lucidez, e
- *Rouah*, o Incriado, o Sopro, *Pneuma* em grego; Espírito em latim.

À luz desta antropologia, o estado de saúde é a transparência do criado ao incriado; do corpo, da psique e de *nous* ao Sopro que os anima. É quando o Espírito habita todas as dimensões do homem: eis o tema da transfiguração.

Nada desprezar e nada idolatrar era um dos lemas básicos dos Terapeutas. Ao equilíbrio do corpo, da psique e de *nous*, vivificados pelo *Pneuma*, Philon denomina saúde plena.

Inspirado nesta visão holística, Leloup destacou dez níveis de uma cartografia da amplidão humana que podem ser cavados ou desvelados, do mais periférico ao mais abismal e essencial. O diagrama abaixo representa o corte de uma célula da totalidade humana:

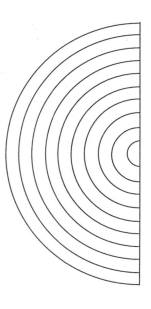

1. Persona
2. Inconsciente pessoal
3. Inconsciente familiar
4. Inconsciente parasita
5. Inconsciente coletivo
6. Inconsciente cósmico
7. Inconsciente angelical
8. Self
9. Criador, o Princípio
10. O ABERTO

1. A *PERSONA*

É o pacote das memórias conscientes com as quais a pessoa se identifica. *Persona, por onde vem o som*, os papéis que representamos e a imagem que mostramos ao mundo. Tem uma função importante na convivência social, em que os papéis são compartilhados segundo regras convencionais, no palco cultural, atuando como um sistema de defesa e de sobrevivência. Trata-se da periferia de nós mesmos, nossa consciência de vigília habitual, o aspecto da personalidade que construímos para a adaptação na família e sociedade. É um instrumento útil de contato com o mundo exterior. O problema se apresenta quando nos apegamos à máscara, que pode acabar aderindo-se à pele da identidade, limitando-nos a uma consciência superficial de "espuma", a uma alienação da profundeza psíquica.

2. O INCONSCIENTE PESSOAL

Ou *sombra*, desvelado por Freud. Constela os aspectos que foram reprimidos e os que não foram cultivados. É a nossa memória esquecida, a escória e a marginalização psíquica, o outro eu, a face oculta sob a máscara da *persona* que Jung denominava sombra. É também o potencial abandonado e desprezado de nós mesmos. Quando não reconhecida, tende a ser projetada nos outros e no mundo. O fenômeno mais trágico é a *possessão* pela sombra, quando o sujeito torna-se mero joguete dessa potência da escuridão psíquica.

3. O INCONSCIENTE FAMILIAR

É a memória da história de nossas famílias através das gerações, a linhagem de nossos ancestrais. Cada indivíduo conforma o elo de uma cadeia humana que o habita. Esta árvore genealógica implícita atua independente da consciência que dela temos. É uma freqüência psíquica transgeracional que pode manifestar-se através de um mecanismo compulsivo de repetição: algumas doenças ou tragédias que se repetem a cada geração, sucessivamente.

Leloup faz referência aos *fantasmas*, personagens tabus que são banidos e suprimidos da "bíblia familiar", a exemplo de um suicida, um assassino, alguém que prostituiu-se etc. Tais fantasmas prosseguem vivos, habitando a *sombra familiar*, podendo possuir um membro mais sensível e vulnerável. Especialmente crianças podem ser vítimas deste tipo de possessão pela memória reprimida na família. O conhecimento da árvore genealógica e o culto inconsciente dos antepassados podem ser eficazes antíteses terapêuticas a estes distúrbios e disfuncionais padrões repetitivos, pela integração saudável do renegado no plano familiar.

4. O INCONSCIENTE PARASITA

É a freqüência psíquica que capta e pode ser canal de expressão de algo proveniente do campo energético informacional envolvente. O termo parasita aqui aplicado não tem conotação negativa, necessariamente. No mundo vegetal e animal há parasitas que depredam e vampirizam e outros que protegem e nutrem num processo simbiótico criativo. Da mesma forma, o inconsciente parasita pode ser veículo de expressão de energias destrutivas e obtusas ou curativas e sábias, que podem interditar ou incrementar a nossa inteligência.

Este conceito preenche uma grave lacuna na antropologia médica e psicológica, abrangendo a ampla fenomenologia da parapsicologia clínica, do espiritismo e tradições afro-brasileiras, da escrita automática, canalização e *healing*. Numa escuta respeitosa e inclusiva, é intolerável o desprezo cienticista preconceituoso de uma dimensão transcomunicacional da realidade humana, tão amplamente observada e pesquisada de forma significativa e consistente. Pela ignorância desta camada psíquica por parte de psiquiatras e psicólogos tradicionais, milhares de seres sensíveis tem sido simplesmente rotulados de psicóticos e encerrados em deprimentes manicômios.

Aqui, o grande desafio é não naufragar. Como evitar a vampirização e possessão pela negatividade? Como ser habitado pela consciência de um outro "holograma humano", por uma entidade incorpórea, um guia, um espírito de cura, mantendo o discernimento, a liberdade e a própria identidade? Como Leloup adverte, é fundamental desenvolver um bom ego, um profundo enraizamento na matéria e na sociedade, para que não haja dissolução da identidade e as doenças decorrentes. Um bom princípio é não rechaçar e não se identificar com a transcomunicação. Testemunhar, com centramento no Ser e extrair destas experiências o bom e o belo.

5. O INCONSCIENTE COLETIVO

É a mente impessoal, a memória da humanidade em nós, pesquisada pelo gênio ousado de Jung. É a dimensão dos arquétipos, das grandes imagens que estruturam a nossa psique. É um substrato psíquico comum, herança genética da espécie povoada das matrizes arcaicas dos arquétipos, virtualidades que se atualizam nos sonhos, nos mitos e ritos, nas artes e tradições espirituais. É muito poderosa a dinâmica energética deste *imaginal*, a coletividade vasta e paradoxal que nos habita, implicando disposições latentes e um caráter autônomo. Quando desintegrada, aspectos desta natureza interior podem ser projetados no exterior e o indivíduo sucumbe no profundo oceano das imagens primordiais.

6. O INCONSCIENTE CÓSMICO

É uma dimensão transumana, a memória da matéria universal em nós. Nascemos no Big Bang e carregamos vestígios de antigas estrelas. O tecido desta freqüência é cósmico, abrangendo rios e mares, nuvens e vulcões, brisas e tempestades, cantos, uivos, silêncio de montanhas e árvores seculares, melodia das esferas. Uma inteligência natural tão sensivelmente transpirada no taoísmo de Lao-Tse e Chuang Tzu, mestres impecáveis do Livro da Natureza. Aqui se reflete a dor dos ecossistemas devastados, da atmosfera poluída, das águas envenenadas, da desertificação e de incontáveis espécies vivas condenadas. Leloup refere-se à possibilidade de algumas doenças humanas estarem conectadas com o desequilíbrio ecológico e cita o exemplo de uma criança americana que sentia a dor das árvores. Somos habitantes de um Universo Vivente que pulsa igualmente dentro e fora de nossos limites corporais. Neste espaço de *ecologia inclusiva*, para que um viver saudável e harmonioso seja viável, há muito o que cuidar e cultivar na amplidão de nossa cidadania cósmica. Quando nos curamos, em algum grau, é o universo também que se cura e vive-versa.

7. O INCONSCIENTE ANGELICAL

É o reino da qualidade sutil, a esfera dos *devas* de nosso Ser. Antes do cosmos, os devas. É quando somos tocados por uma inocência, inteligência, amor e compaixão maiores do que ao humano é possível. Como afirma Leloup (11), o anjo é o melhor do melhor que há em nós. O *querubim*, representado com asas repletas de olhos, é um estado de abertura de visão que nos permite o vislumbre do essencial. O *serafim*, o arcanjo flamejante, é o que arde no fogo da compaixão, uma consciência incandescente que pode habitar-nos quando estamos abertos a essa dimensão. O *Gabriel*, arquétipo do mensageiro divino, transmissor do Logos, soberano mestre das informações e magnífico intérprete dos sonhos, que os egípcios reverenciavam como Thot, os gregos como Hermes ou Mercúrio, os hindus como Hanuman. O *Miguel*, plano consciencial de transbordante energia, arquétipo do guerreiro celestial que enfrenta os dragões de nossos infernos interiores, transmutando o sombrio em luminoso. O *Rafael*, arquétipo do curador, patrono angelical dos terapeutas. O *Uriel*, que Leloup descreve como o anjo do conhecimento secreto, que nos inicia a elevados estados de consciência, sobretudo o de não-pensar. O estudo da *angelologia*, com sua profunda simbologia, pode ampliar a compreensão da freqüência angelical do fenômeno humano.

O sombrio aqui também comparece: o anjo caído ou demônio, que Leloup define como o pior do nosso pior, um arquétipo de egoísmo, devastação, violência e arrogância que pode nos possuir, ocupando em nós o espaço da ausência de amor e de compaixão. A possessão pelo demônio interior deixa seus rastros nas tragédias do cotidiano, relatadas nas sangrentas páginas policiais de nossos periódicos. Quem é capaz de matar crianças dormindo nas ruas? Quem assassina brutalmente pacíficos ianomamis, retalhando os ventres das grávidas? Quem rouba o patrimônio público, num país de terceiro mundo, colocando em bancos suíços o que deveria aplacar a fome e a sede de milhões de miseráveis? Um ser humano não é capaz destas atrocidades, salvo quando possuído pela perversidade além-da-razão, deste arquétipo de desolação e desvio.

Os Terapeutas de Alexandria afirmavam que ninguém pode ter saúde plena se não tiver asas. Cuidar de nossas asas brancas é uma relevante tarefa na jornada rumo à plenitude, que pode ser levada a cabo pela via sintética da holopráxis, especialmente através de oração, contemplação e meditação.

8. O *SELF*

Ou Si Mesmo, que Jung denominava de arquétipo Crístico, de síntese e unificação. É o centro ordenador da totalidade psíquica, o núcleo interior dinâmico que concilia todos os opostos e integra o plano pessoal com o transpessoal. Recentrar-se neste espaço além das dualidades é a façanha heróica do processo de individuação. Jesus Cristo representa este ponto de encontro e comunhão entre o humano e o divino, ao mesmo tempo Filho do Homem e Filho de Deus. A cruz simboliza a conciliação e a cumplicidade entre estes mundos complementares: o material e o espiritual, o imanente e o transcendente, o relativo e o absoluto, pela conexão e interação do plano horizontal com o vertical. É a árvore da Vida, com as raízes profundamente cravadas na matéria e a copa florindo na eternidade.

É apenas a partir deste centro que a nossa morada psíquica adquire um Senhor, uma Senhora, capazes de ordenar e interpretar os complexos fenômenos e sinais contraditórios da existência. A partir deste centro nos conectamos com uma Presença capaz de testemunhar, desapegadamente, a dança das polaridades. A partir do *Self*, o caos se faz cosmos e haverá luz nos labirintos tortuosos do existir humano.

9. O CRIADOR

É o Princípio, a Origem, a Fonte de tudo o que respira, de tudo o que somos. Reedita, a nível de microcosmo, o Demiurgo Universal, Sadashiva para os hindus. Refere-se à *imago Dei* dos antigos; o Pai que é maior que o Filho, fonte de tudo o que existe, de onde brota o Eu Sou. Como sustenta o sábio ditado hindu, "Deus dorme nos minerais, sente nos vegetais, sonha nos animais e desperta no ser humano".

Resta, ainda, indagar: qual é o princípio do princípio?

10. O ABERTO

É o além do Ser, a vacuidade original que interpenetra e contém todos os demais níveis. Puro espaço, inacessível a qualquer linguagem, salvo a do silêncio. Apontando para este incognoscível, afirmava Lao-Tse (12):

> "Tao é a fonte do profundo silêncio
> Que o uso jamais desgasta.
> É como uma vacuidade
> Origem de todas as plenitudes do mundo".

Onde fracassam todas as palavras, reina a qualidade fecunda do Grande Silêncio. Numa de suas últimas palestras, Krishnamurti (128) deixou-nos uma linda e divertida parábola:

"Havia três homens santos, no Himalaia. Passam-se dez anos, um deles diz: 'Oh, que noite encantadora!' Passam-se mais dez anos e o outro homem diz: 'Espero que chova!' Mais dez anos se passam e o terceiro homem diz: 'Gostaria que vocês dois ficassem calados!'"

Cavando o humano, da espuma ao âmago essencial, nos deparamos com o que Jean-Yves Leloup traduziu como o Aberto, a matriz uterina do princípio misterioso da Mãe. Traduzido na benção do silêncio, matéria-prima do êxtase, exaltado pelos iluminados de todos os tempos, a exemplo de São João da Cruz (14): "Meu Amado são as montanhas, os solitários vales umbrosos, longínquas ilhas... música silenciosa".

A partir deste holístico mapeamento do humano, ampliamos a leitura interpretativa das enfermidades e sintomas, evitando os riscos do reducionismo e do absolutismo. Tomemos, por exemplo, o caso de uma depressão que, além do condicionante orgânico, pode advir:

1. da persona, relativa a uma imagem pessoal ferida ou perda de um papel, *status* etc.: alguém é demitido de um cargo e faz uma depressão;

2. da sombra, irrupção de algum conteúdo arcaico ou gravação do *script*: alguém que se deprime, inexplicavelmente, quando escuta uma música e na psicoterapia, descobre que a ouviu, pela primeira vez, no funeral de seu pai, em sua remota infância;

3. do inconsciente familiar, proveniente de alguma dor ancestral: alguém que se deprime sempre no Natal e dá-se conta, após uma pesquisa de sua árvore genealógica, que um importante membro familiar enforcou-se, precisamente no Natal, há três gerações anteriores;

4. do inconsciente parasita, pelo contágio de uma depressão alheia: lembro-me de uma jornalista, com um forte dominante racional, que, em uma de suas primeiras sessões em grupoterapia, explodiu num pranto convulsivo, no momento em que alguém, desconhecido por ela e que fazia uma severa depressão, entrou na sala. Perplexa e incrédula, ela ouviu a hipótese do terapeuta de que chorava uma dor que não era sua... Tão intensa era a sensitividade desta freqüência psíquica que, alguns anos depois, ela ingressou ativamente em um grupo espiritualista dedicado à cura;

5. do inconsciente coletivo, pela ativação de uma memória traumática arquetípica: morre um campeão de Fórmula 1 e alguém que nunca tinha nutrido nenhum interesse por este esporte e tampouco conhecia o piloto, faz uma depressão — neste caso, possuído pelo arquétipo do herói morto;

6. do inconsciente cósmico, refletindo sensivelmente algum evento desastroso natural, como no caso, já citado, da criança que sentia a dor das árvores;

7. do inconsciente angelical, pela possessão de uma força do transpessoal negativo que compele à autodestruição, a exemplo de certas compulsões suicidas;

8 - 10. do inconsciente divino, pela repressão do fator transcendente e do sublime, promovido pelo fanatismo materialista-positivista, a exemplo da *depressão iniciática*, que denuncia a intolerável ausência dos valores do Ser e do sagrado, de modo especial nas pessoas que atingiram a maturidade existencial.

Segundo Leloup, esta cartografia relaciona-se com os estados de consciência clássicos, assinalados pela tradição hindu: a *vigília* focaliza a persona; o *sonho* abrange o inconsciente pessoal, familiar e coletivo, sendo que o *transe*, que é uma manifestação da dimensão onírica tomada no sentido mais amplo, focaliza o inconsciente parasita; o *sono* sintoniza o inconsciente cósmico, o angelical, o *Self*, o Criador — e daí a sua imensa importância como fator de regeneração no cotidiano. Finalmente Turya, o estado desperto, emana do Aberto, o coração da essência humana (veja a figura abaixo).

Plenitude, à luz desta visão, implica a tomada de consciência de todas estas dimensões e a sua transparência ao Aberto, ao mesmo tempo fonte de saúde e santidade.

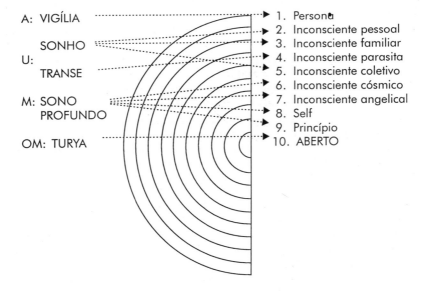

ALÉM DA NORMOSE

Abraham Maslow (15), um dos mentores da psicologia humanística e transpessoal, afirmava que, "num certo sentido, apenas os santos *são* a humanidade". Os demais fracassaram em algum grau, não floresceram suficientemente, não se plenificaram.

O problema é que a imagem do homem, provida de consenso social, que construímos nos últimos séculos sob o domínio do paradigma cartesiano-newtoniano, é bastante precária e incompleta. Freud inspirou-se na doença, de modo especial a histeria; Pavlov e os behavioristas inspiraram-se em experimentos com cães, ratos e pombos; Norbert Winner, seguindo a tradição de Descartes, inspirou-se na máquina. É certo que freqüentemente estamos doentes, que o animal também nos habita — às vezes nem bons ratos somos... — e que uma parafernália de engrenagens e mecanismos, em nossa psique, nos compele às repetições infindáveis e previsíveis. O que precisa ser ressaltado, entretanto, é que o humano vai além disto, muito além, como espero ter ficado bem explicitado no modelo antropológico proposto por Leloup.

Uma certa psicologia e psiquiatria rasteiras consideram a saúde como um mero estado de adaptação ao meio ambiente social. Cabe perguntar: que tipo de meio ambiente? Se constatamos que em nosso contexto prevalecem as mais diversas contradições, como injustiça, violência, pobreza, guerras, milhões de crianças abandonadas nas ruas, minorias oprimidas, desonestidade crônica; será realmente saudável uma pessoa adaptada a tanta insanidade? A lucidez nos indica que, freqüentemente, o doente é a pessoa que *não* apresenta sintomas, quando o natural é expressá-los; a pessoa que *não* sofre, quando há que sofrer. Pode ser definida como *normótica* tal pessoa adaptada às incongruências do seu meio, que não utiliza cinco por cento da sua capacidade de compreender, criar, amar e servir, enfim, que não floresce como *ser humano*.

É tempo de ir além da *normose* e sugerir, como modelos de sanidade plena, seres iluminados a exemplo de Jesus, Buda, Lao-Tse e Mahavira; homens e mulheres que chegaram ao topo de suas próprias montanhas. "Portanto, deveis ser perfeitos como o vosso Pai celeste é perfeito", conclamava Jesus a seus discípulos (Mt, 5, 48), apontando para a semente de perfeição inerente à condição humana.

É bela e ilustrativa uma estória dos rabinos que aprendi com Jean-Yves Leloup (11):

> Num antigo reino havia um rei e o seu único filho herdeiro. O grave problema era que o príncipe achava que era um peru e como tal vivia, ciscando e bicando grãos. O preocupado rei já havia tentado todos os tipos de terapia, das ortodoxas às alternativas e todas foram em vão. A verdade é que o príncipe sentia-se muito feliz vivendo como um peru. O desesperado pai já estava a ponto de desistir, quando chegou a esse reino um sábio, desconhecido e simples. Ao saber de sua presença, o rei pediu-lhe ajuda, pelo amor de Deus, ao que o sábio, compadecido, aquiesceu. Então, para espanto e escândalo de todos, o sábio despiu-se totalmente e começou a ciscar e bicar grãos, como se fosse um peru. Chocado com a cena, o rei rasgou as suas vestes e clamou aos céus em altos brados. E depois conformou-se, como é típico dos humanos. O sábio, sendo um peru, aproximou-se do príncipe-peru. Ao vê-lo, o último protestou: "O que você está fazendo aqui? Não vê que sou um peru? Deixe-me em paz!". Ao que

o sábio-peru replicou: "Meu amigo, eu posso parecer um ser humano mas eu sou um peru como você." "Ah, é?", exclamou o príncipe-peru, rendendo-se ao encontro. Ficaram amigos e o tempo passou. Um dia, o sábio-peru vestiu um short; o príncipe-peru reagiu indignado: "Você está louco?! Nós, os perus, somos naturais e não vestimos nada! O que é esta coisa esquisita que você está usando...?" O sábio-peru ponderou calmamente: "Meu amigo, isto é secundário. Não é porque eu visto esta roupa que deixarei de ser peru, como você. Isto é insignificante, não se preocupe!" "Ah, é?", surpreendeu-se o príncipe-peru e se acomodou. O tempo passou e um dia o sábio-peru serviu-se de um prato da comida real. "Você perdeu a razão?! Nós, os perus, comemos grãos, minhocas e insetos. Que coisa esquisita é esta no seu prato?", denunciou revoltado o príncipe-peru. "Querido amigo, isto é secundário. O que entra em nossos bicos não tem assim tanta importância; eu sigo sendo um peru, como você. Por que se perturbar com questões insignificantes?" "Ah, é?", acalmou-se o príncipe-peru. O tempo passou e outros episódios similares sucederam-se. Até que, numa manhã radiosa, o príncipe sentou-se no trono real, para a alegria de todos. Ele havia recordado, finalmente, que era filho de um rei e de uma rainha. Ele havia retornado ao que era de fato, porque teve alguém que foi até onde ele se encontrava, ciscou e bicou grãos com ele e, passo a passo, facilitou que ele despertasse para a sua real natureza.

Todos nós, quando nascemos, somos príncipes e princesas, como metaforizava Eric Berne. Apesar de todos os disfarces, somos todos filhos e filhas de reis e rainhas e estamos evoluindo na direção de nos coroarmos uns aos outros. A tragédia é que, ao redor dos sete anos, em função de uma hipnótica modelagem socioparental, decidimos que somos perus e tantos bichos mais... Felizmente, a humanidade sempre foi pródiga em nos brindar com seres plenamente humanos que, compadecidos por nossa ignorância e miséria, se desvestiram de suas vestes de glória e esplendor e vieram até onde estávamos ou estamos. Beberam vinho conosco, contaram-nos belas estórias ouvindo as nossas lamúrias, cantaram e dançaram conosco. Quando ficávamos atordoados com os seus prodígios, eles nos consolavam com palavras sábias: "Isto não tem importância, é secundário; nós seguimos sendo seres humanos, como vocês!" E assim facilitaram, aos que tinham corações abertos, olhos para ver e ouvidos para escutar, a compreensão de que somos filhos do Grande Pai e da Grande Mãe e que podemos herdar o Reino que trazemos, potencialmente, dentro de nós. O tempo passará e um dia virá, confio, em que todos nós aprenderemos esta singela lição.

Ubiratan D'Ambrosio, eminente operário no canteiro de obras da construção de uma nova cosmovisão, contou-me, certa vez, que viu escrito na carroceria de um caminhão: *Alguém pediu a uma amendoeira: "Fale-me de Deus". E a amendoeira floriu.* Talvez haja apenas um modo congruente de falarmos de Deus: florescendo, plenamente, como os seres humanos que realmente somos.

ESPAÇO VIVENCIAL: cuidando do totem humano

"O homem é o sacerdote da Criação; o lugar onde o universo toma consciência de si mesmo", afirma Jean-Yves Leloup, em sintonia com o mestre Teilhard de Chardin. Conciliar, em si mesmo, todos os planos do Universo é, certamente, o mais elevado desafio da plenitude humana. A demonstração holográfica da parte no todo e do todo na parte é uma interessante convergência científica com este antigo *insight* da sabedoria perene.

A antropologia dos Terapeutas, segundo Leloup, era também uma cosmogonia. Aplica-se, aqui, a simbólica da *árvore*: quanto mais as raízes se aprofundam na terra, mais a seiva a empurra para o alto, para a Luz. Outra imagem equivalente é a da *escada* que conecta o plano terrestre ao celestial, a matéria ao espírito, a exemplo da escada de Jacó, por onde os anjos descem e sobem. Afinal, o Absoluto a tudo envolve: o alto e o baixo, a montanha e o abismo, o externo e o interno, a crosta e o cerne. Estar em boa saúde significa vivenciar a inteireza do Ser.

De acordo com Leloup, constituía uma tarefa imprescindível na formação dos Terapeutas de Alexandria, a gradual tomada de consciência, por parte do noviço, da sua própria Árvore da Vida, onde cada plano do universo conforma um degrau da condição humana. A enfermidade é sempre uma indicação da precariedade ou ausência de um ou mais destes degraus ou planos, subtraindo, em algum grau, a virtude salutar da inteireza. A observação, reflexão e meditação sobre uma série de questões eram prescritas, para a viabilização deste holístico dar-se conta da vasta singularidade humana. É bom lembrar que pode ser necessária a consagração de toda uma existência para se responder, adequada e completamente, as fundamentais perguntas que se seguirão, como apelos veementes e delicados ao Aprendiz da Vida que habita em nossos corações:

1. Feche os olhos e imagine que você é água. Pergunte-se:
Qual é a minha água? Que tipo de água é a do meu Ser? Água da fonte, do lago, da cascata, do mar?... Qual é a água que me atrai e qual me provoca aversão?

A vida orgânica surgiu da água e é bem sabido que mais de setenta por cento do nosso corpo é água. As vezes é a nossa água que está doente, necessitando cuidados. O alcoolismo e drogadição podem representar um desejo inconsciente de perder-se na água. "Afogar as mágoas", diz a sabedoria popular. Leloup refere-se a um terapeuta francês que trata viciados em drogas em um barco, no mar, com bons resultados. Portanto, a água pode ser um importante agente terapêutico, conforme atestam antigos e novos tratamentos, a exemplo da hidroterapia, hidromassagem etc.

2. Feche os olhos e se imagine terra e pedra:
Qual é a minha terra? Qual é a matéria básica do meu Ser? Que tipo

de pedra me habita? Pedregulho, granito, pedra vulcânica, cascalho à beira de um riacho?... Qual é a minha pedra sagrada? E qual é a minha jóia? Sobre que terreno eu gosto de caminhar e qual me desagrada?

A terra e a pedra em nós podem estar doentes. Pode faltar consistência aos nossos ossos ou a rigidez da esclerose pode estar nos endurecendo e amortalhando. Carecemos, às vezes, de meter as mãos na terra, no barro. A pedra pode ser também terapeuta, facilitando a cura de nossa própria pedra interior, como nos atesta a terapia dos cristais. Cuidar da nossa corporeidade terrena é tarefa importante na busca da saúde integral.

3. Agora, imagine-se uma planta, uma árvore, uma flor:
Qual é o vegetal do meu Ser? Que tipo de planta, árvore e flor me atraem e me repelem? Como estão cravadas no solo as minhas raízes? Como me ergo em oração ao sol?

Possuímos um sistema vegetativo e até mesmo falamos na "planta dos pés". Às vezes, é nosso vegetal que está doente, necessitando socorro. Abraçar uma árvore pode nos realimentar da seiva da Natureza. Os antigos chineses costumavam plantar uma árvore, no exato momento do nascimento de uma criança. Quando cuidamos das plantas, sensíveis à consciência ecológica, ao mesmo tempo revigora-se o jardim verdejante de nosso interior. Os Florais de Bach constituem uma demonstração clara de que as flores podem ser preciosos agentes terapêuticos e de manutenção da saúde.

4. Agora, imagine-se um animal:
Qual é o animal do meu Ser? Quais seres do mundo animal me atraem e quais me assustam? Como vive o animal em mim? Ele tem espaço para cavalgar ou céus para voar livremente? Como ele se alimenta? Como se relaciona com os demais? Está feliz o animal que eu sou? Caso esteja infeliz e aprisionado, como sobrevive em sua jaula? Como se movimenta e qual parte do seu corpo mais sofre em seu cativeiro? Como poderá libertar-se?

O animal representa nossos movimentos instintivos, a sexualidade e a vitalidade. Muito freqüentemente, refletindo uma cultura antinatural, o animal em nós encontra-se seriamente ferido. Como poderemos ser bons seres humanos se nem mesmo somos bons animais? Não há saúde possível se não levarmos em conta o animal em nós, dando-lhe os devidos cuidados.

Como afirma Leloup, muitos problemas de casais devem-se às diferenças entre os cônjuges, no plano animal. Imaginemos um touro com uma gata ou uma pantera com um coelho... Nestes casos, o exercício de abertura e respeito às diferenças é totalmente imprescindível para uma convivência criativa, com as transformações decorrentes.

Um animal pode ser também um terapeuta. O cavalo, o cão, o gato, o pássaro etc., podem estabelecer vínculos curativos em certos enfermos que, dos seus castelos de amarguras e dores, levantaram a ponte movediça, desconectando os seus laços com a humanidade. Já é sabido que, entre as pessoas solitárias, as que convivem com animais de estimação têm um tempo de sobrevida significativamente maior. Lembro-me de um encontro com a conhecida parapsicóloga Bárbara Ivanova, quando ela afirmou não confiar nos moradores de uma casa onde não houvesse plantas e animais.

5. Agora, independente do seu sexo, imagine o feminino dentro de você: Qual a imagem da mulher do meu interior? Qual tipo feminino me atrai e qual exerce repulsa sobre mim? Como se expressa, na existência, a mulher do meu Ser?

A mulher significa a matriz telúrica, o princípio criativo da sensibilidade, receptividade, intuição e contemplação. Jung denominava de *anima* ao arquétipo da mulher eterna que existe na psique de todos os homens. Às vezes, é o feminino que está sangrando em nós, oprimido pela tirania racional e pragmática. Poderá se fechar, então, o fecundo colo gerador, estagnando a inteligência intuitiva, o gesto sensível e maleável e os cálidos sentimentos. Não é possível a melodia da inteireza sem o poderoso silêncio de Maria.

6. Imagine, agora, o homem do seu interior:
Qual a imagem do princípio masculino do meu Ser? Que tipo de homem me agrada e me desagrada? Como o masculino se expressa na minha existência?

O masculino simboliza o princípio ativo da força, da razão e da transformação. Para Jung, *animus* é o arquétipo do homem eterno que habita a psique de todas as mulheres. Quando o princípio masculino se encontra enfermo ou deficitário, determina uma debilidade racional e anemia do poder pessoal. A pessoa pode encharcar-se dos sentimentos e apresentar-se impotente no seu aspecto da vontade e da ação. Não é possível a integração sem a presença do agente ativo da transmutação.

7. Focalize, agora, na tela psíquica, o casal do seu interior:
Como se relacionam a mulher e o homem do meu Ser? Como se enlaçam os meus princípios masculino e feminino? Encontram-se em comunhão ou dilaceração?

Na tradição hindu, os deuses são representados enlaçados com as suas *shaktis*, o poder feminino: Brahmam e Saraswati, Shiva e Parvati, Vishnu e Lakshimi. Quando é potencializado o casal de deuses do nosso interior, poderemos transpirar esta sinergia em nossas relações com o sexo oposto. Especialmente no ocidente, em função de um certo caos valorativo decorrente das recentes e aceleradas revoluções sócio-cultural-comunicacional no contexto de nossa "aldeia global", é comum a confusão e a desintegração no âmago da vivência deste arquétipo do casamento interior, com reflexos impactantes no casamento exterior. Prevalece um ideal juvenil do "casar para ser feliz", onde se espera que o outro preencha a *falta*, a carência imatura, aquilo que não se recebeu dos pais. É uma superior maturidade relacional, a consideração responsável do casamento como oportunidade de evoluir a dois, um compartilhar de passos onde se requer a capacidade de renúncia e sacrifício — não em função do outro, e sim, do *encontro*. Como afirma Campbell (16), o casamento é um compromisso com o que se é, onde duas pessoas são uma só no reconhecimento de uma identidade espiritual, para reconstruir "a imagem do Deus encarnado". No Evangelho de Tomé (17), afirma Jesus, o Vivo: "Quando tornarem o dois um, e o interior como o exterior, e o que está em cima como o que está em baixo e quando tornarem o masculino e o feminino uma coisa só... então haverão de entrar no Reino".

Cuidar do casal de nossa alma é cultivar a convergência harmoniosa da sensação com a intuição, do pensamento com o sentimento; enfim, da razão com o coração.

8. Agora, evoque a qualidade do reino angelical:
Qual é o Anjo do meu Ser? Quais são as asas que me envolvem e conduzem para o amor compassivo e para o Louvor Àquele que É? Sob que forma se manifesta o melhor do melhor que há em mim, a luz da minha luz?
E qual é o demônio do meu interior? Qual o canto sedutor que me arrasta para o pântano da idolatria ao ego, do entorpecimento pelos sentidos, do desvario da vaidade, ambição e desamor? Sob que forma se expressa o pior do pior em mim? Por qual fragilidade, por qual brecha me deixo possuir pelas sombras do desvio além da razão?

Às vezes, é o anjo que em nós está ferido, quando a nossa carência é do sublime, quando estamos cegos para as alturas e surdos à música do infinito. Assim, nos expomos às hordas de nossos demônios interiores, dos pensamentos repulsivos e compulsivos, das emoções destruidoras. Não se trata de combater egoicamente as forças do transpessoal sombrio que se alimentam das secreções do próprio ego e do medo, que é ausência de amor. Trata-se de testemunhá-las, com centramento no Ser. Prescreve-se, aqui, o exercício fluídico da plena atenção.

9. Além do Jardim dos Devas, agora, indague:
Qual a minha representação do Absoluto? Qual é o nome e a forma que utilizo para focalizar o Sem Nome, o Sem Forma?

10. Finalmente, além de qualquer palavra:
Posso conhecer em mim um estado de completo silêncio? Posso tocar o espaço da vacuidade fértil, de onde vem a inspiração e retorna a expiração? Posso abrir-me a uma escuta essencial, com o próprio Ser?

No exercício desta pesquisa existencial do *totem* da condição humana, do mistério da nossa inteireza, Jean-Yves Leloup recorda-nos que, na tradição chinesa, os mosteiros eram chamados de *observatórios*. Trata-se de fazer do laboratório da existência um campo delicado de observação, de acompanhamento permanente, de *awareness*. Nesta jornada de auto-realização, Leloup, inspirado nos Terapeutas, considera muito útil a consideração atenta e dinâmica dos seguintes aspectos:
— o modelo antropológico que nos orienta;
— o jogo dos encontros, do Eu-Tu, para o autoconhecimento e aprimoramento;
— os livros sagrados, representações escritas do mestre interior, que nutrem os arquétipos, estimulando a nossa capacidade hermenêutica;
— indagar a respeito da própria competência: a forma particular que toma, em cada um de nós, o Serviço do Ser, por onde podemos expressar a inteligência, vida e amor essenciais;
— indagar a respeito da prática de meditação para aquietar o corpo, as emoções e a mente, facilitando o enraizamento e centramento no Ser, pois uma vida sem centro não pode ter sentido;
— indagar a respeito da prece, como sintonia amorosa e compassiva com o Absoluto, evocação do Ser, já que nos tornamos o que invocamos;
— e, finalmente, indagar pelo voto, o desejo mais essencial, o engajamento na comunidade e na totalidade.

Compreendemos, por este caminho vivencial, que o ser humano resume e recapitula todos os elementos e reinos do Universo. Com a consciência de que tudo é mutável, torna-se possível completar as faltas e reparar as distorções, ascendendo e descendendo, ao mesmo tempo, para o alto e o profundo, no passo a passo desta viagem evolutiva de atualização do potencial humano. Cuidar do totem da nossa inteireza, tendo como norte a plenitude do Ser, eis o supremo desafio da existência humana.

> "A consciência é Una. Ela dorme na
> rigidez da pedra; é líquida e
> corre no regato; floresce na árvore;
> canta no pássaro; toma consciência
> de si no homem e regozija, desfrutando
> de si mesma, no sábio, no iluminado."
>
> Antigo ditado SUFI

Referências bibliográficas

(1) LELOUP, Jean-Yves. *Os terapeutas do deserto* 18º Seminário da Formação Holística de Base, turma IV, UNIPAZ, abril de 1994.
(2) LELOUP, Jean-Yves. *Prendre soin de l'être — Philon et les Therapeutes d'Alexandrie, L'Être et le Corps*. Albin Michel, Paris, 1993.
(3) JUNG, Carl G. *Obras completas*. Vol. VII, VIII, XI, Vozes, Petrópolis, 1984.

(4) GROF, Stanislav. *Além do cérebro*. McGraw-Hill, São Paulo, 1987.
(5) GROF, Stanislav. *A mente holotrópica*. Rocco, Rio de Janeiro, 1994.
(6) GROF, Christina & GROF, Stanislav. *A tempestuosa busca do ser*. Cultrix, São Paulo, 1994.
(7) WILBER, Ken. *O espectro da consciência*. Cultrix, São Paulo, 1990.
(8) KRIPPNER, Stanley & FEINSTEIN, David. *Personal Mythology*. Jeremy P. Tarcher, Inc., Los Angeles, 1988.
(9) WILBER, Ken (org.). *O paradigma holográfico e outros paradoxos*. Cultrix, São Paulo, 1991.
(10) WALSH, Roger & VAUGHAN, Frances (org.). *Além do ego*. Cultrix/Pensamento, São Paulo, 1991.
(11) LELOUP, Jean-Yves. *A experiência do numinoso: discernimento entre o psíquico e o espiritual*. 15º Seminário da Formação em Psicologia Transpessoal, turma I, UNIPAZ, abril-maio de 1994.
(12) LAO-TSÉ, *Tao Te King*. Alvorada, São Paulo, 1979.
(13) KRISHNAMURTI, Jiddu. *O futuro é agora — últimas palestras na índia*. Cultrix, São Paulo, 1992.
(14) JONSTON, Willian. *Música silenciosa: a ciência da meditação*. Loyola, São Paulo, 1979.
(15) MASLOW, Abraham. *Introdução à psicologia do ser*. Eldorado, Rio de Janeiro, s/d.
(16) CAMPBELL, Joseph & MOYERS, Bill. *O poder do mito*. Palas Athena, São Paulo, 1990.
(17) PAGELS, Elaine. *Os evangelhos gnósticos*. Cultrix, São Paulo, 1990.

VESTÍGIOS DE ENCONTROS

"Respondeu o rabino: 'O que é Deus?. A totalidade das almas. Seja lá o que existir no todo, também existe na parte. Portanto, em cada alma, todas as almas estão contidas. Se eu me transformo e cresço como indivíduo, eu mesmo contenho em mim a pessoa a quem quero ajudar, e esta contém a mim nela. Minha transformação pessoal ajuda a tornar o *ele-em-mim* melhor e o *eu-nele* melhor, também. Desta forma fica muito mais fácil para o *ele-nele* tornar-se melhor' ".

REB PINCHAS

"Sê vazio, eis tudo."

CHUANG TZU

A inspiração para este título deve-se ao livro *Vestígios de espanto*, de John K. Wood (1), terapeuta amigo, ex-diretor do Center for Studies of the Person, La Jolla, que foi um dos mais íntimos colaboradores de Carl Rogers, na sua obra centrada na pessoa.

SER BASTANTE

Ao longo da minha prática como terapeuta e educador, tenho postulado que o *encontro* é o grande Mestre, veículo básico da transformação pessoal e transpessoal. Além das engrenagens e automatismos, é através do encontro que nos tornamos plenamente humanos. A arte-ciência do encontro, entretanto, é uma conquista que exige confiança, dedicação e entrega. Exige uma escuta inclusiva, uma visão aberta e um estar na mesma freqüência do outro, o que só é possível com a graça do silêncio interior. Nesta qualidade de encontro, poderá se apresentar uma sabedoria além do Eu-Tu, o Terceiro, o Mestre do *nós*.

É reveladora e tocante uma iluminada passagem de Carl Rogers, ocorrida num de seus seminários, relatada pela médica Rachel Remen (2): "Ele se propôs a dar uma demonstração de atenção positiva incondicional numa sessão terapêutica. Um dos terapeutas ofereceu-se como voluntário. Quando se voltou para o voluntário, pronto para dar início à sessão, Rogers subitamente se pôs de pé, voltou-se outra vez para nós e disse: 'Percebo que existe algo que devo fazer antes de começar a sessão. Permito-me saber que sou bastante. Não sou perfeito. Perfeito não será o bastante. Mas que sou humano e que isso é o bastante. Não há coisa alguma que este homem possa dizer, fazer ou sentir que eu não possa sentir em mim. Posso estar com ele. Sou bastante' ''.

Ser bastante é o requisito básico para uma escuta inclusiva, holocentrada. Para ser bastante é preciso ser inteiro e acolher o outro na sua inteireza. Abrir-se à escuta do corpo, da psique e do *Pneuma*, com o suporte de uma antropologia que dá guarida à integralidade do homem. Ser bastante é não atraiçoar, é não apequenar; é uma abertura inteligente para a imensidão do fenômeno humano.

Esta escuta requer a virtude do esvaziamento, a arte do Aberto. Disse Confúcio (3): "Torna una a tua vontade. Não ouças com os ouvidos, mas com a mente. Não, não ouças com a mente, mas com o espírito. O ouvir detem-se nos ouvidos; a mente detem-se no reconhecimento; o espírito, porém, é vazio e segue de perto todas as coisas. O Caminho só se avoluma no vazio. O vazio é o jejum da mente".

Uma *unidade de encontro*, em psicoterapia, além da *imago* constituída das fantasias mútuas acerca do outro que preexistem ao encontro pessoal, inicia com o primeiro olhar, o "olá!", estende-se no tempo-espaço do estar juntos num contexto interativo, de forma ativa e/ou receptiva, encerrando com o último olhar, o "até breve!" ou "adeus!". É sempre inusitada, quando estamos em boa saúde psíquica, no aqui-e-agora renovador e transtemporal. Aqui o outro jamais é mal-tratado como "paciente" ou "cliente". O encontro não é unilateral e, muito menos, um negócio; é uma possibilidade palpitante e hesitante, uma delicada probabilidade. Não há seguro; não se pode forçar, economizar ou apressar o encontro. Podemos apenas estar disponíveis, abertos, à escuta. O outro, aqui, é considerado um sujeito na mutualidade, um elo na reciprocidade de uma *amizade evolutiva*, centrada no processo de cura e de individuação. O pacto é de acompanhamento, numa caminhada em direção ao Si Mesmo. É enlaçar a mão do outro, simbolicamente, numa atitude de confiança e respeito que anuncia: Você não está sozinho; vá em direção a você mesmo e eu estarei ao seu lado. Oriente o seu coração para aprender, para conhecer-se e tornar-se o que é, e eu estarei ao seu lado.

Amigo evolutivo, amiga evolutiva, é como denomino as pessoas a quem acompanho, como psicoterapeuta, inspirado no *Cosmodrama IV* de Pierre Weil, que focaliza o tema das relações evolutivas. Cada unidade de encontro é um artesanato psíquico, uma viagem singular, uma totalidade dialógica única e intransferível. Somos *hóspedes* na Festa do Encontro, que nos ultrapassa e transmuta.

Necessitei muitos anos nesta jornada para dar-me conta de que cada amigo evolutivo que bate à minha porta é um pedacinho da minha própria alma que necessito escutar, compreender e integrar. Cada pessoa significativa na existência, incluindo-se os inimigos, são pedaços perdidos de nossas almas, à espera de uma escuta e de um reencontro integrador. Assim sendo, os encontros nos devolvem parcelas perdidas de nossa alma comum. Gradativamente, nesta aventura alquímica humana, a alma se amplia. Então, como diz o poeta Pessoa, tudo vale a pena, pois a alma não é pequena.

Nesta abordagem de respeito ao todo humano, o outro jamais é rotulado, amaldiçoado, reduzido a um rótulo patológico. A pessoa é mais vasta que os seus problemas e sintomas. Ninguém *é* doente; podemos *estar* doentes. A doença é passagem; é devir. Etmologicamente, a palavra inferno significa *estar fechado*. Como afirma o rabino Nilton Bonder (4), o oposto da inveja, esta vivência infernal, é *farguinen*, um verbo da língue ídiche, que pode ser traduzido como *abrir espaço*. Quando abrimos espaço, o outro pode ser quem é, com o seu brilho e a sua sombra. Um catecismo rígido, seja religioso ou psiquiátrico, com interpretações estreitas e reducionistas, pode ser um desastroso fator patogênico.

Enclausurar a pessoa nos limites de sua patologia, na estreiteza interpretativa de um rótulo, pode ser iatrogênico, pois a informação tem uma função estruturante. As informações recebidas na primeira infância, por exemplo, são decisivas na estruturação da personalidade, bem o sabemos. O que falamos para o outro tem força de modelagem, que pode aprisionar ou libertar, amaldiçoar ou abençoar.

No enfoque humanístico e holístico, aplicamos aquilo que os Terapeutas de Alexandria denominavam de *ética da bênção* segundo Jean-Yves Leloup. Abençoar o outro é dizer-lhe uma boa palavra. É privilegiar e cuidar do que, nele, não é doente. É aliar-se à inclinação para a saúde e plenitude, inerente ao organismo humano. Esclareço que não se trata de desqualificar a existência da perturbação e da sintomatologia, que precisam ser levadas em consideração, com discernimento e rigor prático. Trata-se, isto sim, de não circunscrever a pessoa nos seus males, nas suas interdições, feridas e dores.

Lembro-me de um moço que procurou-me depois de ter feito quatro anos de psicoterapia com um psicoterapeuta "poderoso", que o rotulava e tentava transformá-lo, com uma técnica potente e autoritária. Com uma típica rebeldia passiva, durante quatro anos o bravo moço segurou-se em sua almofada, fazendo da estagnação pessoal a sua vingança. No nosso primeiro encontro, perguntei-lhe sobre os seus deslumbramentos, os seus momentos de plenitude, com uma atitude confiante nos aspectos além de suas mazelas. Ele olhou-me um pouco atônito, pois a sua dificuldade maior era responsabilizar-se por seu potencial de saúde. Alguns encontros depois, trouxe-me um sonho com uma amendoeira, repleta de frutos, e pôde compreender esta simbólica mensagem existencial apontando para a sua dimensão enraizada e nutritiva. A aliança do terapeuta foi com a sua amendoeira, aquilo que não era doente, a sua luz renegada. Não precisando mais resistir a um psicoterapeuta suposto poder e saber, os seus próprios poder e saber manifestaram-se.

Em apenas seis meses ele rompeu alguns impasses básicos, ligados ao feminino, e o grupo pôde testemunhar o seu bonito processo de florescimento.

Quando o outro representa o papel de doente, às vezes profundamente introjetado e mantido zelosamente através de relações disfuncionais ou jogos psicológicos, é Terapeuta aquele que introduz, mais ou menos sutilmente, uma antítese comunicacional que informa: "Você não me engana; eu sei que você é um *ser humano*. Por mais que você possa ostentar os seus ferimentos e maltratos, eu confio no propósito intrínseco do ser humano em você. Como todo ser humano, você sofre e busca ser feliz. É também habitado por um Sopro eterno e fecundado pelo Mistério da Vida. Além de toda espuma e engrenagens, além de todos os gritos e amarguras, eu o abençôo com esta boa palavra: Você é um Ser Humano!".

Quando o terapeuta é bastante, acolhendo o outro por inteiro, um solo fecundo é propiciado para o autoconhecimento e a transformação evolutiva. Não há dádiva maior do que facilitar que o ser humano se desvele a si mesmo, assumindo a sua real natureza. Carl Rogers dizia que o grupo foi a maior invenção do século XX. Gosto de pensar que o ser humano será a maior descoberta do século XXI.

A psique será ainda considerada o maior investimento. A alma há de ser reconhecida como o melhor negócio. "De que aproveita ao homem ganhar todo o mundo, se vier a perder a sua alma?", indaga Jesus de Nazaré, o arquétipo de um Terapeuta em sua plenitude (Mt, 16, 24). Não está longe o tempo-espaço em que a investigação da psique, da ecologia do Ser, tão menosprezada pelo homem moderno, merecerá a importância e a seriedade com que os cientistas e técnicos têm se aplicado ao mundo da matéria. O que se descortinará, então, fará empalidecer as maravilhas da ciência e da tecnologia contemporâneas. Finalmente, será compreendido, para o bem das novas gerações, que nada é tão admirável e merecedor de nossos melhores empenhos do que a edificação do monumento do Ser.

ESCUTANDO BAMBUS

Quando criança, ouvi dos mais velhos que o bambu se desenvolve tão depressa, que podemos ouvi-lo crescer. Esta estória me fascinava tanto que, garoto de aproximadamente seis anos, passava horas no bambuzal do quintal da empresa de meu pai, abraçado ao caule do bambu, com a orelha colada a ele, imaginando ouvir o som do seu crescimento. Talvez esse tenha sido o indício mais precoce de minha vocação terapêutica.

Décadas depois, quando passei a morar em uma casa com um grande quintal, comprei uma bonita muda de bambu — uma planta que tem espaço no centro e que sempre, instintivamente, admirei — e plantei-a em frente à janela de meu escritório. Todas as manhãs inspecionava atentamente o meu bambu, esperando vê-lo crescer com a rapidez de minha recordação infantil. Passaram-se os dias... e nada. Para minha crescente frustração, a muda de bambu continuava a mesma, sem nem um centímetro sequer de acréscimo. Persisti algumas semanas em disciplinada espera até que, finalmente, desisti, supondo que a muda estivesse morta. Alguns dias depois, numa ensolarada manhã, sem nenhuma expectativa, da varanda do meu escritório dirigi o olhar para o jardim e vi, deslumbrado, um enorme bambu esticando-se para o céu, cercado com uma verde coroa de dezenas de brotos. Que esplêndida lição me ofereceu a Natureza, empalidecendo sóbrios discursos da psicologia do desenvolvimento!...

As plantas, como os seres humanos, têm os seus ritmos próprios de florescimento, que devem ser respeitados. Às vezes, é necessário um tempo de retiro na escuridão do solo profundo, para que seja revitalizada a seiva que remeterá o organismo para a expansão, para o alto. Nossas expectativas podem ser até inibidoras desse processo natural. É o que verificamos quando queremos que alguém cresça e se transforme... e nada. Um dia desistimos e eis que, então, constatamos, assombrados, que o milagre da transformação naturalmente se fez, sem nem ao menos percebermos. Paradoxalmente, é como estar na frente de alguém, apregoando: "Siga adiante!". Quando nos afastamos, damos espaço ao outro para seguir o seu curso natural. Podemos obrigar alguém a ser prisioneiro; jamais poderemos forçá-lo, entretanto, a ser livre.

O jardineiro é a melhor metáfora para designar a excelência do educador e terapeuta. O bom jardineiro prepara um solo fértil, com os ingredientes necessários — nem de menos, nem de mais —, extermina as pragas e poda, com discernimento, observando as estações e centrado na singularidade do organismo vegetal. Sobretudo, o bom jardineiro é o amante da planta. Jamais será tão tolo a ponto de querer doutriná-la com suas teorias e ideais, aceitando e admirando a beleza da biodiversidade. O bom jardineiro sabe que a planta só necessita de condições favoráveis, crescendo por si mesma, pois tem um tropismo para ser o que é, buscando o que necessita no solo e direcionando-se para a luz solar. O que seria de um jasmim se forçado a ser como uma rosa?

Retornemos à tragédia, já mencionada, de um modelo educacional distorcido e esclerosado, infelizmente ainda dominante: a criança é forçada a ser o que não é, por meio do fórceps de um currículo estreito e rígido e do instrumento torturante da comparação. Comparar uma criança com outra ainda será considerado crime, num futuro não distante e mais saudável. Esta é a gênese da perversão e da corrupção. Para conseguir aprovação, o estudante é obrigado a jogar a sua diferença e originalidade na lata de lixo, vendendo-se por notas. É desolador ter que reconhecer que um pé de alface, na horta, é tratado muito melhor do que nossas crianças, neste simulacro de escola. A constatação animadora é que este sistema encontra-se nos estertores de uma agonia, definitivamente terminal. Será muito difícil para uma criança saudável de um futuro viável, imaginar os bárbaros horrores sofridos por nossa geração, sob o cutelo dilacerante de uma pseudoeducação desprovida de alma, espírito e coração.

Na sua obra autobiográfica, um clássico da tradição yogue, Paramahansa Yogananda (5), descreve o inspirador encontro com Lutero Burbank, a quem dedica o seu livro, um notável jardineiro e horticultor americano, que dedicou toda a sua existência ao estudo e aperfeiçoamento dos organismos vegetais. Mediante delicados e criteriosos cruzamentos, Burbank ofertou à humanidade novas variedades de legumes e frutas, como batata, milho, tomate, abóbora, ameixa, pêssego, cereja, morango, lírios e rosas. Revoltado com os sistemas educacionais de sua época, final do século passado e início do atual, segregadores da natureza e sufocadores da individualidade, Burbank afirmava, segundo Yogananda: "No decurso de minha própria existência, observei progressos tão maravilhosos em evolução vegetal que prevejo, com otimismo, um mundo sadio e feliz, tão logo sejam ensinados às crianças, os princípios da vida simples e natural. Devemos retornar à natureza e a Deus na natureza".

No seu livro, *A educação da planta humana*, publicado em 1922, são instigadoras e sábias as palavras de Burbank, relatadas por Yogananda (5): "A coisa viva mais teimosa neste mundo, a mais difícil de torcer, é uma planta uma vez fixada em certos hábitos... Recorde que essa planta preservou sua individualidade através das eras. Talvez seja uma cuja existência possa ser retraçada através de milênios, aferrada às próprias rochas, nunca tendo variado em qualquer medida durante todos esses longos períodos. Você supõe que, depois de todos estes séculos de repetição, a planta não se tornou possuidora de uma vontade, se assim se pode chamar, de uma tenacidade sem paralelo? Em verdade, há plantas, como certas palmeiras, tão persistentes que nenhum poder humano conseguiu modificar. A vontade humana é débil se comparada à vontade de uma planta. Mas, veja como esta teimosia vegetal de milênios se quebranta simplesmente pela mistura, à sua, de uma nova vida através do cruzamento; opera-se uma modificação completa e poderosa nela. Então, ocorrida a mudança, é preciso fixá-la por supervisão e seleção pacientes durante sucessivas reproduções; e a nova planta se desenvolve em seu novo rumo para jamais voltar ao antigo; aquela vontade tenaz foi vencida e alterada definitivamente. Quando chegamos a algo tão sensível e maleável como a natureza de uma criança, o problema torna-se imensamente mais fácil".

Falecido em 1926, o nome Lutero Burbank passou para a história. Afirma Yogananda (5): "Classificando '*burbank*' como verbo transitivo, o *Novo Dicionário Internacional de Webster* assim o define: 'cruzar ou enxertar uma planta, daí, figuradamente, melhorar, pela seleção de boas características e rejeição das más, ou pelo acréscimo de boas características'".

A função fundamental da escola que queira se transmutar em jardim de seres humanos, é facilitar que o aprendiz *oriente seu coração para aprender*, como proclamava Confúcio, há milênios. Uma educação com coração é essencialmente integrativa e psicoprofilática. Atualmente, cabe à psicoterapia preencher a lastimável lacuna da sua quase inexistência.

Considero e indico como um belo manual de *jardinagem humana*, o livro de J. Krishnamurti (6), *A educação e o significado da vida*, onde resume o mestre: "Compreender a vida é compreender a nós mesmos; este é o princípio e o fim da educação".

ABRINDO AS JANELAS

Compreendo que a abordagem transdisciplinar aplicada à psicoterapia sustenta-se na complementaridade e sinergia de uma dupla metodologia: a da análise e a da síntese. Ampliando o que já foi abordado em dois capítulos anteriores, pretendo focalizar este tema com mais detalhes, enfatizando a sua aplicação terapêutica.

Em função do condicionamento paradigmático, em larga medida subliminar e inconsciente, nestes últimos séculos o ocidental hipertrofiou a sua mente racional analítica. Esta ênfase unilateral nos conduziu a uma crise de fragmentação e desvinculação, com terríveis conseqüências na nossa vida intrapsíquica, interpessoal, intergrupal e internacional. Recordo que a análise é um método de decomposição, gerador compulsivo de fronteiras, um espaço ilusório e determinante de conflitos e guerras. O analisicismo tem nos conduzido a um inferno de miséria psíquica e social, que pode provocar um fatal colapso na aventura da existência de nossa espécie.

Quando constatei experiencialmente esta tragédia, há mais de dez anos, já era um profissional didata em *análise transacional*. Num momento especial de visão, de relance compreendi a minha atuação cúmplice e inconsciente nessa trama funesta contra a consciência do ser total. Encarei um fato óbvio: um sofrido ser humano me procurava, dilacerado na alma, no coração e na existência, esparramando a confusão ruidosa de seus fragmentos por todos os lados no meu consultório. Então, com a ajuda de um elegante bisturi analítico, algum tempo depois de uma análise bem sucedida, a pessoa organizava e sofisticava a sua fragmentação pessoal, tornando-se uma *expert* de suas dissociações: compreendia os seus distintos estados do ego, com os típicos padrões relacionais e jogos, suas gravações precoces e compulsões decorrentes. Claramente percebia que este era um processo útil e necessário. Atordooume, entretanto, a constatação de que a consciência do ser humano na sua inteireza era não só desprezada, como também reprimida, pelo reducionismo atomicista analítico. Onde estava a escuta da Unicidade? Um ser humano inteiro encontrava-se diante de mim, desde o início, e apenas os seus fragmentos eram ouvidos e considerados. Nada além de miudezas, de memórias biográficas, de secreções do ego, de registros do inconsciente pessoal. A dimensão transpessoal e noética, o numinoso, o essencial, a luz do Ser além das dualidades, o porta-voz restaurador e autêntico da totalidade psíquica estavam literal e metodologicamente banidos do encontro terapêutico. "Entrar no túnel do inconsciente, sem ter a sensação de que a luz está no final, é perigoso. Basta pensar naqueles para quem o suicídio parece ter sido a conclusão lógica da sua análise", admoesta Jean-Yves Leloup.

Este avassalador *insight* lançou-me em profunda crise que abalou-me de forma definitiva. Nunca pude voltar a atuar como o convicto e entusiasta analista da minha ingenuidade anterior. A leitura da bibliografia exclusivamente analítica, que antes me supria, passou quase a sufocar-me; sentia falta de ar! Como ir além da análise sem negá-la, sem suprimi-la? O sonho, já relatado, em que o diretor do presídio convocou-me para a *síntese*, foi a gota final nesse processo de conversão holística. Então, escancarei todas as janelas e avistei as montanhas serenas do Espírito, da psicologia perene. Orientei-me para o Norte do Ser.

ANALISTA E SINTETISTA: **mundos em sinergia**

Precisei cunhar a expressão *sintetista*, para referir-me a uma função complementar à analítica, a uma inteligência da totalidade individual que venho pesquisando, sistematicamente, nesta última década.

Depois de muitos anos de observação e pesquisa fenomenológica, no contexto clínico e educacional, torna-se bastante clara a distinção e acompanhamento das atuações características dessas duas vias de contato com a realidade una.

O analista é um focalizador das partes constituintes do todo. É sensorial; investiga a partir dos clássicos cinco sentidos. É racional e lógico; para analisar, pensamos. É um dissecador de causas, partindo de um postulado mecânico determinista. Atua no estado de vigília, com uma consciência egóica, de identidade pessoal, nos limites da coordenada condicionante tempo-espaço, da realidade consensual ordinária. Associa-se aos elementos *ar*, símbolo do pensamento intelectual e do poder da espada que perfura e retalha; e *terra*, corporeidade, consistência e ponto de apoio material. Abrange as experiências do plano de consciência do cotidiano, ligadas ao corpo físico, referindo-se à primeira atenção, ao *tonal*, segundo a obra de Castañeda (8). Abrange o plano visível e observável empiricamente. É aperfeiçoado pela via do racionalismo científico e do que, na Universidade Holística, denominamos de hologia, envolvendo estudo, pesquisa e experimentação da abordagem holística. É o instrumento básico da psicologia moderna.

O sintetista centra-se no todo, apreendendo *gestalts* e atuando como um *pontifex*, construtor de pontes, a serviço das interconexidades. É intuitivo, uma inteligência do todo que apreende o real de forma maciça e imediata. É transracional, movendo-se no plano do coração, dos sentimentos e valores. É um intérprete de sinais, dos oráculos e das sincronicidades transcausais, habitando um universo orgânico, vivo, vibrante. Atua no estado de consciência onírico, do sonho e do transe, penetrando na esfera arquetípica do imaginal, transcendendo a coordenada tempo-espaço, aberto e suscetível aos fenômenos *psi*, da parapsicologia, e vivências xamanísticas, do domínio transpessoal. Associado aos elementos *água*, fator de atração e repulsão das emoções; e *fogo*, intuição e imaginação criativa. Abrange os estados não-comuns de consciência, a exemplo das experiências das matrizes perinatais e da dimensão transpessoal, oriundas do método da respiração holotrópica, de Stanislav Grof (9, 10); o conceito de segunda atenção, o nagual, ligada ao corpo energético "luminoso", descrita por Castañeda (8), e aos *chakras* do yoga. Abrange o plano sutil, a que temos acesso com a abertura do que Aldous Huxley (11) denominou de "portas da percepção". É desenvolvido através da holopráxis, vivência de caminhos meditativos do despertar, da sabedoria tradicional. É o agente da comunhão mística, e do numinoso, da psicologia perene.

Pontuo, a seguir, as características mencionadas das virtudes complementares do analista e do sintetista:

O analista	O sintetista
• Focaliza a parte	• Centrado no todo
• Sensação	• Intuição
• Razão	• Coração — sentimentos, valores
• Causalidade	• Sincronicidade
• Vigília	• Sonho e transe
• Corpo físico	• Corpo energético
• Pessoal	• Transpessoal
• Estados ordinários de consciência	• Estados não-comuns de consciência
• Coordenada tempo-espaço	• Transtemporal, transespacial
• Imanente	• Transcendente
• Terra e ar	• Água e fogo
• Linguagem lógica, probabilista	• Linguagem simbólica, mítica, poética
• Racionalismo científico, hologia	• Holopráxis, caminhos do despertar
• Psicologia moderna	• Psicologia perene
• Ciência-tecnologia	• Espiritualidade, o numinoso

Estas *duas escutas* não se antagonizam, como fomos condicionados a crer nestes últimos séculos. Pelo contrário, elas se complementam e se harmonizam, em sinergia, habilitando-nos a uma visão e atuação de integralidade, transdisciplinar (12).

O despertar do sintetista freqüentemente é acompanhado do que os yogues denominam de *sidhis*, e os parapsicógos, de fenômenos *psi* ou percepções extrasensoriais e *psicokinesia*, que são capacidades naturais, encontrando-se em estado latente na maioria das pessoas. Na minha observação e prática, tenho constatado que cada pessoa expressa sua dimensão sintética a modo próprio, com os seus dons singulares. Clarividência, clariaudiência, telepatia, projeções da consciência e outras expressões da sensitividade ou paranormalidade apresentam-se, naturalmente, na fenomenologia do sintetista desperto.

O sintetista entra em contato com as sutis *emanações da psique*. É uma antena sensível às irradiações da alma, no terreno da *transcomunicação*, que transcende o ego e o corpo físico. Assim, é possível apreender e atuar no campo energético, que envolve toda a interação humana, saibam ou não os seus participantes. É também da competência do sintetista a especial escuta e leitura sincronística dos oráculos, da psicologia perene.

O analista é uma função que brota da memória, atuando por meio do pensamento e da lógica dual; refere-se à pequena atenção discriminativa. O sintetista *não pensa*. É um fator de comunhão, uma virtude que brota do espaço consciencial meditativo, da lúcida dimensão noética. Os diálogos internos interferem e interditam a consciência sintética, decorrente da plena atenção ao aqui-e-agora. Ressalta-se, aqui, a importância da holopráxis, para serenar e aquietar as águas da mente.

"A grande sabedoria vê tudo num só. A pequena sabedoria multiplica-se entre as muitas partes", afirmava Chuang-Tzu (13), referindo-se, na minha leitura, às funções analítica e sintética, respectivamente.

A psique irradia e contagia. Assim como nos contagiamos com os vírus de uma doença infecciosa, igualmente estamos expostos ao contágio invisível dos 'vírus psíquicos', mentais e emocionais, no âmbito de nossa ecologia interior. Um terapeuta que atua conscientemente como analista e sintetista, precisa submeter-se a uma rigorosa e disciplinada higiene global, do corpo-psique-*pneuma*. Precisa aprender a nutrir-se por inteiro, para ser fonte de nutrição da inteireza dos que o procuram. Considero a meditação um nutriente imprescindível, juntamente com os demais cuidados já mencionados, prescritos pelos Terapeutas de Alexandria.

Há duas abordagens já clássicas em psicoterapia. Uma é a da dinâmica de grupo, que orienta-se para o processo grupal, que tem supremacia perante o individual. A outra focaliza a figura do indivíduo no grupo, que passa a ser apenas um fundo passivo, que não é focalizado diretamente, como postulava Perls, da gestalt-terapia. Com a dinâmica analista-sintetista, proponho uma superação desses modelos unilaterais. A função analítica é a de acompanhar a parte, o indivíduo, no todo, o grupo. O acompanhamento sintético abre-se para o organismo total, o processo gestáltico das interações, que transcende a simples soma das atuações individuais. O grupo é um organismo vivo, com uma identidade dinâmica que, como o indivíduo, também se desenvolve seguindo um curso de individuação. A parte evolui dentro de um todo evolutivo. Enquanto o analista acompanha a dinâmica da parte, o sintetista testemunha as interconexidades e o movimento do todo.

Apenas com a atuação integrada do analista e do sintetista nos habilitamos para a ampla escuta da inteireza, indicada pela cartografia percorrida no capítulo anterior. Enquanto o analista é especialmente capacitado para atuar, aprofundando-se nas camadas iniciais da psique — da *persona* e sombra —, a excelência do sintetista reside no mergulhar nas demais camadas, rumo ao abismal da esfera do Ser. Não se excluem nem se substituem; são as duas faces de Jano, o deus romano mencionado por Koestler (14), que perscruta, ao mesmo tempo, o fora e o dentro, o relativo e o absoluto, a parte e o todo. O seu exercício conjugado supera a própria polaridade análise-síntese, abrindo-nos uma "terceira visão", representada como o chifre do unicórnio, uma referência simbólica ao corpo caloso, a conexão da dinâmica inter-hemisférica cerebral, substrato neurofisiológico da ação transdisciplinar.

Visando ilustrar a dinâmica analista e sintetista, segue o registro de um "vestígio" de uma unidade de encontro:

Em grande aflição, uma mulher, médica de profissão, que tinha sempre se dedicado extremamente ao seu marido e filhos, fala de sua crise familiar. O marido, de forma repentina, resolveu separar-se dela e está já morando em outro apartamento, para seu total desespero. Como se não bastasse, o seu filho, com hostilidade, acusa-a por esta situação. O terapeuta sugere que ela fale com o seu filho, como se ele estivesse sentado na almofada à sua frente e pudesse ouvi-la. Quando ela inicia o diálogo, o sintetista do terapeuta *vê* uma rede, na sua tela psíquica. Então, com suavidade, indaga: "O que evoca, para você, uma rede?". "Nada", responde a amiga evolutiva. Um instante depois, ela se corrige: "Ah, sim! Quando eu tinha um ano de idade, a rede onde estava dormindo pegou fogo e eu escapei por pouco! Distraidamente, foi minha mãe que, com um lampião, colocou fogo na rede..." O sintetista, então, *ouviu*: há quarenta anos! "Há quarenta anos?", indagou. Depois de uma breve hesitação, ela responde: "Sim". O analista do terapeuta, então, faz a leitura interpretativa: agora, no sentido simbólico, a sua casa está "pegando fogo" e a mãe, por distração, já que não percebeu a mudança do seu marido e se deixou pegar de surpresa, cuidando de tudo e de todos, menos de si mesma, está sendo culpada pela situação. O terapeuta, então, afirma: "Quando você tinha um ano de idade, não podia fazer nada e estava completamente impotente na rede incendiada. Você precisou ser salva pelos outros. Agora, você tem 41 anos e pode assumir uma atitude com o seu poder pessoal. Você pode sair desta, com dignidade, aprendendo a se levar em conta e a cuidar de si mesma, adotando-se. Você não está só; aprenda a se amar!''.

Neste exemplo, a visão e a audição intuitivas do sintetista facilitaram a emergência de um núcleo, vivo e ativo, na psique inconsciente da mulher. A sua criança impotente, de um ano, pôde aflorar, integrando-se ao seu momento crítico. O analista, focalizando os detalhes, forneceu um fio lógico, explicativo. Consciente do seu processo interno, a amiga evolutiva pôde comprometer-se consigo mesma, assumindo o seu poder pessoal para romper a simbiose, indo em busca de sua própria luz.

A fala analítica é acadêmica, ponderada, fria, lógica e probabilística. Advém da reflexão crítica racional, dentro de um código quantitativo e hipotético causal, do estado do ego Adulto, da análise transacional (AT). É uma fala que toca a razão; é detalhista, relativista e explicativa.

A fala sintética caracteriza-se por um certo imperativo categórico, uma assertividade alógica e visionária. Advém da visão intuitiva, do Pequeno Professor da AT e de uma escuta sincronística, da plena atenção. Expressa-se por meio de uma codificação simbólica, metafórica, mítica, poética. É uma fala que toca o coração; é compreensiva e intensamente total, dirigida aos meandros que conduzem ao Ser.

Quando o analista atua, é convocada a pequena atenção, discriminativa e pragmática. O sintetista convoca uma outra ordem de atenção, inclusiva e altaneira, uma qualidade de Presença, suportada pela plena atenção. Por sua natureza, o analista focaliza o plano secundário, explícito, enquanto o sintetista estimula o plano implícito, essencial.

A inteligência analítica é de profundidade; a sintética é de altitude. ''O alto descansa no profundo'', afirma a tradição taoísta, indicando esta heurística convergência, implícita no símbolo do *Tao*, que aponta para a interpenetração e integração dos opostos. Assim, podemos caminhar juntando horizonte e estrelas às pedras e aos barrancos do caminho. Se caminhamos apenas olhando para o chão, perdemos a inspiração do céu e das nuvens brancas. Se fixamos apenas o alto, sujaremos os nossos sapatos com lama e ''caca'' de cachorros. Juntar o céu e a terra nos próprios passos confere integração e elegância ao caminhar, cauteloso e altivo.

O analista, com seu bisturi, sentado nos ombros do sintetista, com a sua visão; eis uma boa metáfora desta sábia e criativa parceria, do oráculo com o laboratório.

Sem o analista, o sintetista perde o fio-terra, alienando-se na estratosfera do misticismo. Sem o sintetista, o analista perde a inspiração e a orientação, rastejando desnorteado no cienticismo e tecnicismo.

No nosso período histórico, nunca nos faltaram exímios analistas, como cientistas, filósofos e técnicos. Tampouco nos faltaram excepcionais sintetistas, a exemplo de santos, artistas e poetas. Necessitamos desenvolver agora, e com urgência, uma abordagem holística-transdisciplinar que facilite a emergência de seres humanos integrais, despertos e florescidos nessas duas virtudes, que conformam dois pólos da inteireza humana. Mahatma Gandhi, Albert Einstein e Teilhard de Chardin podem ser considerados paradigmas pessoais dessa possibilidade. Este é um fator inédito, a exigir uma educação e psicologia renovadas e renovadoras, que possam facilitar a emergência de uma civilização não-normótica, mais conectada, inteira e amorosa; mais saudável e plena.

CURA E INDIVIDUAÇÃO: *adotando-se a si mesmo*

Cura e individuação podem ser consideradas como dois lados de um mesmo processo. Toda patologia denuncia uma estagnação do movimento natural da evolução rumo ao que somos. Na medida em que nos curamos, evolvemos. A cura absoluta é a iluminação.

Compreendo a psicoterapia como um acompanhamento do processo de cura e evolução. Não é um caminho; é um abre-caminho, para que a pessoa possa seguir a sua singular jornada existencial, que, do ponto de vista ainda relativo, somente finda com o suspiro final.

É também uma escola de reintegração e aperfeiçoamento, através do encontro. Não se reduz à mera busca de resultados. É um *caminhar com*, sempre desvelador de novos horizontes. "O infinito é o processo", disse-me uma especial amiga evolutiva.

Entretanto, para ser libertador, o acompanhamento precisa ter um final em algum momento propício. Caso contrário, resultará em simbiótica dependência. Na feliz metáfora de Graf Dürckheim, segundo Leloup, o bom mestre é como um posto de gasolina, onde a pessoa vai se abastecer para seguir viagem — e não para ficar dando voltas em torno da bomba de combustível!

Denomino de *auto-adoção* ao gradativo processo da pessoa *assumir autoria* de si mesma. É um dar-se conta de que a existência é uma obra-prima inédita, a ser construída e ofertada à humanidade.

Há especiais e alquímicos momentos no processo psicoterápico, em que pode ser muito útil a auto-adoção ser explicitada de forma ritualística. É quando a pessoa toma a si mesma nos próprios braços e reza com suas palavras, para o terapeuta e o grupo, uma oração de autorespeito e autonomia: "Desisto de esperar que os outros me preencham e tomem conta de mim; que os outros adivinhem a minha carência e me concedam espaço. Tomo agora a minha própria mão; comprometo-me a ser um acompanhante amigo de mim mesmo. Assumo ser a minha própria luz".

Esta atitude simbólica possui uma qualidade *iniciática* e pode representar um marco consciente, compartilhado e inspirador, na trilha estreita e desafiadora do processo de individuação.

Quanto ao tempo de duração de uma unidade de encontro em psicoterapia, nenhuma regra é válida, como nos indica a estória do bambu, relatada. Dependerá, sempre, da singularidade individual: o nível de envolvimento indispensável ao desenvolvimento, a garra, a abertura, a disposição de abraçar o desconhecido e a sede evolutiva. A ética terapêutica impõe que cada um caminhe com os seus próprios pés, segundo o compasso de seu desejo, num exercício de liberdade e responsabilidade. Pode resumir-se a um único encontro ou estender-se ao longo de mais de uma década. Desde que haja, em algum momento oportuno, a estação da partida.

A arte de findar é o delicado procedimento do *dar-se alta*. Para o terapeuta, é muito gratificante testemunhar a outra pessoa responsabilizar-se pelos seus passos, na atitude confiante de pertencer-se. "Não pertença a outrem quem pode pertencer-se a si próprio", bradava Paracelso. O amigo evolutivo, a amiga evolutiva, partem, e ao mesmo tempo permanecem, indeléveis, na mansão da alma.

SONHO E VIGÍLIA: o vôo da borboleta

"Uma vez Chuang Chou sonhou que era uma borboleta, a esvoaçar e volutear aqui e ali, feliz consigo mesmo e fazendo o que lhe agradava. Ele não sabia que era Chuang Chou.

Subitamente, acordou, e lá estava ele, o sólido e inconfundível Chuang Chou. Ele não sabia, porém, se ele era o Chuang Chou que sonhava ser uma borboleta ou se era a borboleta sonhando que era Chuang Chou."

Esta preciosa parábola, relatada por Chuang Tzu (3), afirma a equivalência entre o estado de vigília e o onírico. Esta é uma concepção que choca a mente analítica do ocidental tão-somente porque esta se extremou no fanatismo racionalista-tecnicista que desconsidera, acintosamente, o que lhe escapa e transcende, vale dizer, os produtos da função sintética. É sintomático, neste contexto, considerar um insulto quando alguém é chamado de sonhador!

Todas as grandes tradições culturais levaram em grande consideração o processo do sonhar, desde os primeiros xamãs aos assírios e babilônios, aos egípcios com a sua divindade do sonho — Serápis — aos chineses, hindus, gregos, romanos, judeus, cristãos etc. Basta lembrar o José e o Daniel, do Antigo Testamento, talvez os mais bem-sucedidos intérpretes de sonhos da história conhecida. Por suas habilidades hermenêuticas, José ganhou o Egito e Daniel, a Babilônia, o que não é nada desprezível, como justos honorários...

É espantoso constatar que, na estreita idade moderna, mesmo após um século de sistemático estudo e pesquisa e de muitos milhares de livros escritos a respeito, desde o revolucionário brado de pretensa conquista de Sigmund Freud (15), o consenso ocidental continua fechado e surdo à amplitude do universo onírico. Conscientes que serão da importância ímpar dos sonhos, as gerações do futuro custarão a acreditar que fomos, durante séculos, tão míopes diante de nós mesmos.

Ilustro com uma estória: um pescador chega muito cedo à beira do rio. Enquanto espera o raiar da alvorada, tendo encontrado, ao seu lado, um saco de pedras, para passar o tempo começa a jogá-las nas águas escuras do rio. Quando está prestes a atirar a última pedra, o primeiro raio de sol da vigília ilumina sua visão. E o pescador, terrificado, constata que tem um grande diamante na mão!... Assim é que jogamos fora, no rio do abandono e alienação, as nossas preciosas jóias do Livro da Noite.

Os sonhos inspiram, corrigem, compensam, advertem, focalizam situações inacabadas, apontam soluções criativas, alimentam a nossa consciência com grandes imagens e símbolos míticos transformadores, e são plenos de pertinentes mensagens existenciais. Não levá-los em conta é, no mínimo, uma atitude racionalista arrogante e inconseqüente, uma irresponsabilidade consciencial.

No início do atual século, Freud (15) viu a ponta do *iceberg* onírico e teve o grande mérito de introduzir esta pesquisa no domínio científico e clínico, considerando os sonhos como significativos produtos da dinâmica repressora do inconsciente. Na abordagem freudiana, o sonho é a realização de um desejo, com uma linguagem manifesta e outra latente, que precisa ser desmascarada e interpretada.

Jung (16, 17), com uma visão mais ampla, considerava os sonhos como expressões criativas do *self*, contendo mensagens diretas, pessoais e significativas, com importante função compensatória em relação à unilateralidade da consciência vígil. Jung desvelou a dimensão arquetípica da vida onírica e compreendia o sonho como expressão de um instinto interior para a saúde e a maturidade, inerente à psique humana. Sonho e mito se entrelaçam, na criativa abordagem junguiana: o sonho é um mito privado, enquanto o mito é um sonho público.

Considerando o sonho uma reportagem gestáltica de um momento da existência, Frederick Perls (18, 19), como já focalizei em capítulo anterior, acrescentou uma dimensão psicodramática à abordagem no nível do sujeito, de Jung. Sua proposta era libertar o sonho, trazendo-o para o aqui-e-agora, de forma a ser desvelada a sua mensagem existencial.

Adler divergia de Freud, como Jung e, mais recentemente, Montagne Ullman e outros, compreendendo o sonho como tentativas de soluções de problemas, sem nenhum mascaramento, numa linguagem simbólica e metafórica. Segundo Krippner (20), Adler considerava o sonho uma "via régia para a consciência", postulando um enfoque flexível, em que o propósito onírico é o de nutrir emocionalmente o sonhador, mobilizando-o para o atingimento de suas metas. Encontra-se aqui implícita a hipótese de uma *continuidade* básica entre a vigília e o sonhar. Vigília e sonho fazem parte de um mesmo *continuum* existencial.

Nas últimas décadas, a pesquisa dos sonhos ampliou-se de forma extraordinária, ocorrendo além do consultório, em sofisticados laboratórios, desde a descoberta de Aserinsky e Kleitman, sobre a associação entre o sono REM (*rapid eye movements*) e o sonhar. *Decifrando a linguagem dos sonhos* é uma elucidativa obra, organizada por Stanley Krippner (20), que reúne algumas das mais significativas contribuições nesta área de tão vital importância. Em *Dreamworking*, Krippner e Dillard (21) abordam o potencial de ajuda dos sonhos e formas de sua utilização prática na resolução criativa dos problemas humanos.

Sonho e vigília, imagem e pensamento conformam um mesmo tecido da holística realidade humana. São universos complementares, não redutíveis um ao outro. Devem ser respeitados nos seus diferentes dinamismos, códigos e limites, que brotam do mesmo solo do *real*, o que no humano *atua*. Na consciência vígil somos limitados pela coordenada tempo e espaço e pelos sentidos do corpo físico. Na onírica, estes limites são transpostos e podemos nos relacionar, por exemplo, com pessoas já falecidas e outras, que desconhecemos; o corpo onírico sutil, como já mencionei, pode adentrar-se nas freqüências psíquicas, da sombra ao inconsciente parasita e o impessoal coletivo, como neste pesadelo, relatado por Jorge Luis Borges (22):

> "Sonho com um antigo rei. De ferro
> é a coroa, e morto o seu olhar.
> Já não há faces assim. A firme espada
> o acatará fiel como seu cão.
> Já não sei se é de Nortúmbria ou da Noruega.
> Sei que é do norte. E sua barba ruiva,
> cerrada, cobre o peito. Não me lança
> sua mirada, sua mirada cega.
> De que apagado espelho, de que nave
> dos mares que foram a sua aventura,
> surgiu este homem cinza e grave
> que me impõe o seu passado e sua amargura?
> Sei que me sonha e que me julga; erguido
> o dia, entra a noite. E não se foi."

Um problema que se nos apresenta é quanto à versão ou relato do sonho, que é sempre influenciado e impregnado de nossa linguagem de vigília. O sonho, em si, é inapreensível, fora dele próprio, assim como a vigília se nos escapa quando sonhamos — exceto no caso do sonho lúcido. Se apenas analisamos o sonho, estaremos reduzindo-o ao discurso e limites da vigília. O sintetista, que participa da mesma natureza do sonho, pode penetrá-lo e compreendê-lo em sua própria esfera e linguagem simbólica, metafórica e mítica. Aqui é fundamental a aliança entre o analista e o sintetista para a escuta total e delicada desses dois hemisférios conscienciais.

Para que haja equanimidade com relação a esses dois aspectos da vida psíquica, desde a primeira unidade de encontro com um amigo evolutivo, no consultório, é necessário que sejam escutadas essas duas dimensões: a fala do dia, da vigília, e a fala da noite, do sonhar. Freqüentemente, o primeiro sonho relatado, de forma especial se proveniente da noite que antecede o encontro, fornece um diagnóstico e prognóstico do labiríntico processo rumo à individuação que está sendo iniciado. É também um sonho que, freqüentemente, anuncia o término ou a etapa de dar-se alta desta jornada. Exemplificando, segue-se o registro de três sonhos, vividos por uma amiga evolutiva na sua segunda unidade de encontro com duração de quatro anos, no contexto individual, com o terapeuta. A primeira unidade de encontro tinha transcorrido há oito anos, em grupo, de caráter dominantemente analítico. Esta segunda unidade centrou-se no resgate de sua consciência sintética. Nesta trilogia onírica, o tema da piscina fornece a linha de continuidade: o primeiro sonho anunciou a necessidade premente de se reiniciar a psicoterapia; o segundo, demonstra o avanço significativo logrado, um ano e nove meses depois; o último foi a límpida mensagem anunciadora da fase do dar-se alta, aproximadamente três anos após o primeiro.

1º Sonho, 27/02/88: "Piscina com cadáveres".

Eu, papai e uma amiga antiga, estamos em Salvador, visitando os arcos da Lapa (do Rio de Janeiro). Nós três estamos subindo uma escadaria para ver uma paisagem de frente para o mar. A escada está muito escura, o bairro é muito pobre e perigoso, é madrugada e a escadaria é enorme. No meio da escada, seguro a mão de papai, com medo. Papai fala que a essa hora não há ninguém; que não preciso ter medo.

Finalmente, chegamos no alto e a vista para o mar se oferece, por uma varanda de casa velha. A dona da casa, a babá-mãe de minha infância, está na varanda, com uma espingarda, e diz que tem tantos ladrões ali que o governo permitiu ao povo atirar, para acabar com eles. No outro lado da casa tem uma montanha com penhasco para o mar; é lá que a mulher diz que vê, pela sombra, os ladrões. Ela atirou e um homem caiu, com macacão azul, no mar. Eu fiquei horrorizada e pergunto como ela, daquela distância, podia afirmar que é um ladrão; poderia ser um alpinista ou um pesquisador de terreno. Ela me responde que só há ladrões do lado de lá.

Um homem está ao lado dela e o associo com o meu pai, portando também um rifle. Apavorada com o ato, eu vou embora.

Vejo uma grande piscina clara, transparente, cheia de mortos que estavam nas montanhas, atingidos com tiros. Eles boiavam e alguns estavam já deformados. Havia uma amiga, que caiu na piscina sem querer e conversava comigo, esperando, com calma, que a tirassem de lá. Ela só empurrava alguns cadáveres, quando a água vinha empurrando-os para perto dela.

157

2º Sonho, 20/11/89: "Piscina com conexão para o mar".

Nado debaixo d'água, nua, numa piscina azulada; estão comigo três pessoas, de maiô. Olho para a esquerda da piscina e vejo duas sereias, vindas do mar e entrando pelo canal. Elas nadam na minha frente, saem do outro lado da piscina e se dirigem para o terreiro onde estão pessoas esperando por elas, para iniciarem uma cerimônia. Elas vestem roupas de verão curtas, cor de laranja e azul. Há flores pelo terreiro, do lado direito da piscina.
    Caminho para um galpão meio escuro e encontro o casal de meus dois sobrinhos, Lucas e Nara, que pulam em cima de mim. Conto a eles sobre as sereias e os levo até a cerimônia. Minha sobrinha pega no rabo de uma das sereias e pergunta, no meu ouvido, se é verdadeiro ou um truque. Sorrio, em dúvida.
    Estou vindo de algum lugar, talvez da cerimônia, e os meus sapatos são de uma mendiga, sujos e ensopados de água, em cima de meias sujas e escuras. Eu sei que caminho há muito tempo.

3º Sonho, 21/06/90: "Piscina com mandala".

Nado, tranqüilamente, pelo fundo de uma piscina clara e transparente. Do fundo, olho para a superfície, vejo um clarão e umas pessoas boiando, de mãos dadas, formando uma enorme mandala de pessoas brincando. É lindo!

    Minha pretensão é apenas indicar algumas linhas gerais, referentes aos momentos, revelados pelos sonhos, do processo de individuação da sonhadora. Uma interpretação mais detalhada extrapolaria os objetivos desta reflexão específica.
    O primeiro sonho resume a encrenca psíquica ligada ao pai, ao masculino, e à amiga, que aparece no início e no final, o seu lado que precisa ser resgatado desta fúnebre piscina da sua psique de então. A integração de Salvador, que representa a cidade de sua infância, com o Rio dos Arcos da Lapa, associado aos malandros, o aspecto negativo do masculino, tão característicos desta cidade maravilhosa onde, para sobreviver, ela definiu a sua decisão básica do *script* pessoal: "Tenho que me virar só!" será o palco do antigo registro que precisa ser reparado. A árdua e escura escada no "bairro pobre e perigoso", na madrugada, fornece o contexto da jornada evolutiva, na qual terá que substituir a mão do pai, que desqualifica a sua visão e sentimento, pela do terapeuta acompanhante, para enfrentar o medo e a paisagem ameaçadora que se seguirá. É o tema mítico do herói, que se embrenha na arriscada aventura rumo à realização do Si, descrito no que Joseph Campbell (23) denomina de *monomito*, em sua clássica obra, *O herói das mil faces*. Do alto, o mar da psique profunda é divisado da velha varanda — que representa o inconsciente arcaico de memórias primevas —, em que o casal de bárbaros justiceiros, o aspecto parental repressor e terrível, asso-

ciado ao pai e à babá-mãe, exterminam, indiscriminadamente, os ladrões do outro lado, o lado sombrio que também tem alpinistas, os que galgam a montanha do Ser, e pesquisadores do solo, da matéria, da terra-mãe. Ela se afasta para encontrar uma via opcional, que supere a polaridade justiceiros e ladrões, para desvelar o seu lado *yin*, da entrega, e sua visão intuitiva, a dimensão do coração. Encontra, então, a piscina "clara e transparente" — o bom e alviçareiro sinal —, com os seus mortos — o premente indicador dos elementos decompostos da superfície da sua consciência, unilateralmente racionalista, do seu momento existencial. A tarefa psicoterápica é óbvia: retirar a sua amiga viva, o seu descuidado outro lado, da piscina dos mortos. O prognóstico é positivo, embora sinalizando urgência; o empreendimento de subir a escada, a heroína que ascende, o seu afastamento do modelo antigo parental, a amiga a seu lado, a água clara e a amiga a ser salva e adotada, aguardando de forma ativa, comunicativa e tranquila.

O segundo sonho evidencia o seu considerável avanço: o mergulho debaixo d'água, para a profundeza anímica, a sua nudez sinalizando transparência, acompanhada de três pessoas, o princípio criativo trinitário, o encontro com o arquétipo das maviosas sereias vindas do mar aberto da psique, já conectado por um canal de passagem, de iniciação, para o despertar de sua privilegiada virtude sintética, antes reprimida pelo racionalismo defensivo e despótico. As sereias conectam água e terra, elementos básicos da síntese e análise, e são sacerdotisas do ritual iniciático de uma nova fase, rumo à inteireza psíquica. O casal de sobrinhos indica a conciliação do masculino com o feminino, na esfera da inocência infantil que pula para o abraço integrador; o galpão ainda é escuro e ela ainda duvida da autenticidade do rabo da sua própria sereia... Entretanto, lá vai ela, com seu traje de mendiga, representando o desapego, símbolo da asceta que nascia para a sua consciência, das velhas estradas da dimensão sintética da sua alma, antiga e sábia.

O último sonho é límpido e libertador: a velha piscina dos mortos é agora, vista sempre do fundo, na visão penetrante da sua mergulhadora dos mares interiores, uma mandala, símbolo do *Self* unificador, arquétipo da síntese, de seres humanos da superfície, entrelaçados e brincando de viver; uma bela imagem de integração dos opostos, do princípio analítico e sintético. Resumindo, como diz a própria amiga evolutiva, uma competente psicoterapeuta com um iluminado dom de sintetista: "É lindo!".

O seguinte relato, transpirado vivamente, com riqueza simbólica e a linguagem integrada da razão e coração, de uma outra amiga evolutiva, numa unidade de encontro que transcorreu em dois anos, ilustra o contexto de um encontro onírico indicativo da tarefa final para o dar-se alta. É também um testemunho da beleza do encontro centrado na inteireza, quando a pessoa emerge da sua dor e se reintegra, pois foi escutada sem restrições, a escuta que é *bastante*, inclusiva, analítica e sintética, transmutadora da aparente loucura em sabedoria amorosa, não mais renegada:

25.3.95
    Sei que sou uma curandeira ferida que jamais posso curar a mim mesma.
    Por minha dor, empatizo com o sofrimento do outro e sei que estou sempre aberta para as dores do mundo. Procuro, na relação com o outro, encontrar uma parte de mim. Vivo, desde a infância, em constante crise existencial; procurando respostas para os enigmas da vida e uma razão para o meu existir. Desejosa de encontrar um caminho, sozinha, com sentido missionário, comprometido com as pessoas... busco minha integração corpo/mente/espírito para formular uma filosofia própria; administrando o plano afetivo pela auto-percepção e pela percepção do essencial no outro; nas situações; no ambiente; para mergulhar nos desafios da vida cotidiana de um adulto. É mister seguir meus próprios valores, não importando o quanto isso pareça difícil. Encontrar a verdade interior, trilhar o solitário caminho do despertar da consciência e ser livre das exigências do ego; mantendo-me em sintonia com o que é essencial ao relacionar-me comigo mesma, com o outro e com o universo.
    O caminho para o Belo não é feito pela estrada do conforto. Devo me libertar das emoções, pela estrada das pedras duras e penosas, enfrentando todos os riscos, isolada e em perigo. Para não desistir, procuro um grupo em terapia e inicio esta jornada com reserva. O terapeuta, holístico, encomenda sonhos para este trabalho. Nessa comunidade de sonhos, me deslumbro ao reconhecer o imaginário na realidade e a realidade do imaginário. O mundo onírico se confunde com os sonhos do cotidiano. A relação amorosa do terapeuta com as pessoas do grupo, cria, nas sextas-feiras, um espaço de abertura para o aberto. Entrego-me com medo, porém acreditando nos valores vivos da compaixão; na delicadeza da identificação com a vítima, a afinidade amorosa e cortesia para ouvir a verdade que está escondida por trás dos jogos, dos dramas, das vozes interiores, das cinzas do arrependimento. Os rituais, os sonhos, as trocas, a conduta correta alimentam a confiança e há a entrega. Trabalhamos juntos há 23 meses. No dia 08.03.95 tenho o seguinte sonho:
    No centro movimentado de uma capital, em um dia ensolarado, há vários camelôs, entre eles o Roberto Crema, com sua mesa, tipo cavalete, cujo tampo é um tabuleiro de xadrez, com pedras em dois tons de azul: azul anil (índigo) e azul cinza. Ao redor do terapeuta, estou eu e a co-terapeuta Cristina. Os demais membros do grupo estão sentados na calçada, em semi-círculo. Várias pessoas estão passando por nós, naturalmente. Cristina está em pé e muito agitada, virando sua cabeça ora para direita, ora para esquerda, atenta, procurando compreender o jogo das cores que Roberto, com muita habilidade, movendo as pedras, transforma o desenho do tabuleiro. É algo muito criativo. Eu, entre os dois, em pé, tudo observo, em silêncio e em plena atenção. Vejo o grupo, Cristina, Roberto, o jogo na mesa; percebo bem as pedras nos dois tons de azul, achando lindas aquelas cores. Sei do movimento das ruas, do trânsito na esquina, intuindo o sentido daquele encontro. Roberto monta outro jogo (desenho)

no tabuleiro, cujas pedras já não são mais quadradas, mas retangulares, mantendo as mesmas cores. Roberto diz: Vocês deverão escrever uma tese sobre a Dor e o Sofrimento no Processo Terapêutico. Uma síntese, que deverá ser lida em 5 minutos. Compreendo que este tempo, 5 minutos, é muito importante, porque somos tantos e o terapeuta não teria tempo para ler trabalhos muito extensos. Acordo impressionada com a clareza do sonho. Cumprindo a tarefa do sonho, faço a Síntese da Dor e do Sofrimento do Processo Terapêutico em 5 minutos:

Buscar-me no fundo de uma mina de carvão, na esquizofrenia, qual Van Gogh; olhar a luz e saber da minha alegria da forte combinação do Amarelo com Azul; conhecer a beleza dos matizes; dos campos; das atividades humanas; das figuras das casas, dos próprios sapatos, do auto-retrato. Ler livros procurando o artista, temer a própria luz, sabotar para não obter sucesso; ser bruxa mulher, por ter sido menina bruxinha. Ver além das aparências, ler pensamentos; encher de simpatia pelos excluídos, pelos perseguidos, pelos místicos... Expor o lado sombrio de tudo isso, para um grupo em terapia: Dói, Machuca, Fere e CURA.

Conciliar Stella com Maria, harmonizar *Yang* com *Yin*; o caminho profissional com a vocação; proteger-me de mim mesma, aplacando a auto-agressão para evitar a auto-destruição. Suavizar a cigana, estar desperta, consciente do propósito. Reivindicar o auto-conhecimento como poder de cura; confiar em mim, nos outros e no poder cósmico: requer de mim exercícios de modéstia, paciência e generosidade para comigo mesma. Cultivar a adaptabilidade, abrir mão da prepotência, da arrogância; evitar a ação do ego, sem cair na impotência, esperando que o universo atue: é missão de quem está comprometido com seu processo de cura com o grupo, pelo grupo. Desnudar-me continuamente diante do outro, expor feridas, meus desvios, jogos, desconfiança, pobreza, miséria humana, no abismo dessa angústia ontológica, é rasgar o ventre, soltar as tripas, suar em bicas, perder o senso, pedir perdão, beijar os pés, canalizar suicidas, gritar de dor, pedir amor, solução imediata, receita pronta... e compreender que sofrer é crescer, sem medo de SER AQUILO QUE SE É. É deixar os ideais para SÓ SER O QUE SOU. É falar escutando a consciência. E que o maior poder é poder ser simples e simplesmente SER. É compreender a outridade. É encontrar a Alma na banca de um Camelô Sintetista, em plena avenida da Vida. Esta é a minha estrada de pedra, na qual me esfolarei para encontrar a caverna/gruta aonde está a Virgem Maria, a luz infinita, oceânica, transparente. Para sentir o deslumbramento de um experiência holotrópica transpessoal.

Para receber alta desta fase de terapia, no laboratório de um tabuleiro; sabendo que sempre buscarei amigos para expor minha dor e meu esplendor.

Continuarei escrevendo o "Diário de uma louca em terapia" que dedico ao casal de terapeutas, aos amigos evolutivos da sexta, aos amigos invisíveis, que agiram em mim, ajudando-me a harmonizar meu íntimo.

A vocês, todos anjos e guias, a minha gratidão, o meu coração, por terem acreditado no meu potencial de cura.

No enfoque xamanístico, segundo aprendi em encontros com Craig Gibsone e May East, compreende-se por *ferida sagrada* uma dor essencial que nos acompanha na existência, "a ferida que não cura e que não deverá ser curada" pois é a fonte de "uma conexão apaixonada com tudo na vida". Quando aceita conscientemente, a ferida sagrada torna-se origem de inspiração e incentivo para a missão e o serviço, a contribuição singular que cada ser humano pode dar à humanidade, "a sinergia entre a ferida sagrada e a *mais alta visão*". O lótus florescendo da lama, a flor brotando da dor. Paradoxalmente, saber-se uma "curandeira ferida que jamais posso curar a mim mesma" é, ao mesmo tempo, redenção e ressurreição. Aceitar a Maria sem renunciar a Stella restaura a inteireza, base da plenitude e qualidade total do Ser.

Uma outra especial amiga evolutiva, quando abriu os olhos para este *insight* em uma unidade de encontro em torno de uma profunda dor que a unia no embate conflitivo com a sua filha de oito anos, adotada ainda quando recém-nascida, escreveu-me, compartilhando a urgência do seu deslumbramento:

> "Há uma coisa importante que eu queria lhe dizer, antes que passe. A *ferida sagrada* é demais! Acho que, pela primeira vez, entendi a dimensão dela e *me compreendi*. A minha ferida e a da minha filha. As nossas juntas, misturadas e separadas, eu entendendo muito a dela. A eterna ferida sagrada, com a qual teremos que conviver por toda a vida. De repente muda tudo. Há que amá-la como fonte que é de tudo o que nós somos e de tudo que seremos. De repente muda, o modo de ver as pessoas — cada uma com sua ferida — interferindo na maneira de ser e nos relacionamentos. Fonte e resultado. Começo e fim. Talvez os *talentos* de que fala a parábola do Cristo, não sejam mais do que isso — as feridas que temos de fazer render pela vida afora. Há um respeito novo em mim — por mim mesma, por minha filha, pela vida. Há um amor novinho e uma nova alegria em mim. E uma doce força, benza Deus!".

Nilton Bonder (4), encerra o seu livro *A cabala da inveja*, afirmando que "entregar o nosso 'Eu' é poder reconhecê-lo no outro, é criar uma disponibilidade que nos permita viver o 'eu-nele'. É descobrir quantos 'ele-em-nós' existem e tornar este mundo um pouco mais parecido com o vindouro. É tornar esta vida uma grande festa de casamento, onde quem quer que entre pela porta em meio à nossa dança se faça convidado. Uma festa onde não haja *bruxas* ou mau-olhado, porque todos, ou melhor, o *outro* é convidado. Sem deixar ninguém de fora, perdemos o medo... Neste dia, neste instante...

> as espadas far-se-ão arados
> e as lanças, enxadas;
> pessoas não levantarão espada contra pessoas
> e não mais aprenderão conflitos
> mas sentarão, cada pessoa sob a sua videira e sua figueira
> e ninguém mais terá medo..."

Merece destaque a consideração do *sonho lúcido*, quando *acordamos* no sonho, tornando-nos conscientes do próprio processo de sonhar que, então, podemos dirigir. Referidos há séculos, pelo xamanismo e pela psicologia profunda do budismo tibetano, mencionado por alguns pesquisadores ocidentais, como Hervey de Saint-Denys, De Becker, Browne e Patricia Garfield (24), e na obra de Castañeda (25), especialmente no seu recente nono volume, *A arte do sonhar*, o sonho lúcido tem sido evidenciado em laboratórios, como o conduzido por LaBerge, na Universidade de Stanford. É tema também do último livro de Pierre Weil, *A morte da morte* (Ed. Gente, 1995)

O meu interesse pelo sonho lúcido intensificou-se após tê-lo experienciado, pela primeira vez, em dezembro de 1988. Nessa ocasião, encontrava-me residindo, por alguns meses, em São Francisco, Califórnia. Na noite do dia 4 dormi pensando, saudosamente, nos meus filhos que estavam no Brasil. Transcrevo o que tenho registrado no meu Diário, sonho 1.309:

> Estou dirigindo um carro e, repentinamente, ele começou a andar para trás. Tento controlá-lo inutilmente. Então, abandono-me e o carro me conduz a uma praia, onde vejo crianças. Caminho, na praia, de costas. Penso, então, que só as crianças caminham de frente; os adultos caminham de costas, olhando para o passado. Agora, estou caminhando de frente, dando-me conta deste meu aprendizado. Olho para o céu e vejo pesadas nuvens se aproximando. Penso que virá um temporal. Então, *olho para a minha mão esquerda*, e, instantaneamente, sentindo um intenso tremor em todo o corpo, como um foguete que decola, tomo consciência de que estou sonhando, e posso controlar o meu sonho. Desejo ir para o espaço sideral e já estou lá. Sigo sentindo o intenso tremor no corpo, consciente de que ele está deitado na cama. Então, penso que quero estar no coração dos meus filhos, para pacificá-los. E, de pronto, uma voz me responde: "Você está lá!" Quero, então, ir para o plano do saber e vejo uma multidão de símbolos. Penso, de novo, no espaço sideral e lá estou, vendo um cenário espantosamente magnífico, cores nunca antes vistas, o movimento perfeito dos astros e o cenário da imensidão. Escuto a minha esposa falar dormindo, na cama, com medo: "Quem entrou aqui? Quem entrou aqui?..." Percebo que a minha experiência a está perturbando e resolvo voltar. Fixo uma imagem e sinto-me, de novo, na cama. Passo a mão pelo corpo, verificando se está tudo O.K., envolvido por uma sensação arrepiante de ter experienciado algo espantoso e possível, pela primeira vez...

A partir desta noite, vivenciei uma seqüência de sonhos lúcidos, com uma qualidade experiencial de uma ordem superior, significativos e tocantes. Passei a esperar pelas noites como nunca antes, assim como uma criança que dorme mais cedo na véspera do Natal, ansiando pelos presentes. Todos tiveram início quando fixava o olhar na minha mão esquerda, de forma parecida com o método descrito na obra de Castañeda, seguido pelo intenso tremor do corpo. O último desta série — muito ocasionalmente tenho vivenciado alguns outros sonhos lúcidos — ocorreu na noite de 27 de dezembro de 1988. Relato, apenas, o seu interessante final:

> Estou num congresso e encontro-me com uma mulher, que tem uma colorida gravura do símbolo TAO nas mãos. Conto para ela, sem muito ânimo, pois duvidando da sua capacidade de compreender este tema, sobre a minha experiência de estar sonhando lucidamente. Então, para minha surpresa, ela aponta para o TAO e afirma que o sonho comum é *Yin* e o sonho lúcido é *Yang*. Abro os olhos, tocado com esta mensagem.

Refletindo na primeira experiência, dou-me conta de que tive acesso a ela quando deixei de querer controlar o carro, que conduziu-me à praia das crianças. Depois de ter aprendido a caminhar de frente, guiado pelo aqui-e-agora, olhei para o alto, para as nuvens escuras, depois para baixo, para a mão esquerda e, então, lancei-me desperto no sonhar. Talvez esteja aqui indicada a arte meditativa do não-controle.

Por outro lado, Stephen LaBerge (26), conceituado pesquisador do sonho lúcido, afirma que "da mesma forma que pensar conscientemente, sonhar lucidamente é uma capacidade que pode ser adquirida ou melhorada, com treino (...). As aplicações dos sonhos lúcidos, tal como me parecem hoje, caem de modo geral em quatro áreas amplas: exploração científica; saúde e crescimento interior; solução de problemas criativos, ensaios e tomadas de decisão; satisfação de desejos e recreação". Argumentando que parte das técnicas de cura paranormal consiste em imaginar que a pessoa está num estado de saúde perfeita, LaBerge indaga: "Tendo em vista que, quando sonhamos, geramos imagens corporais na forma do nosso corpo de sonho, por que não seríamos capazes de iniciar um processo de autocura nos sonhos lúcidos pelo processo de visualizar conscientemente o nosso corpo de sonho perfeitamente são? Além do mais, se o nosso corpo de sonho não aparece num estado de sanidade perfeita, podemos ir mais adiante e curá-lo simbolicamente, da mesma maneira. Das pesquisas que fizemos em Stanford, sabemos que é possível fazer coisas como essas. Aqui fica uma pergunta para o futuro pesquisador de sonhos lúcidos responder: se curarmos o corpo de sonho, até que ponto podemos também curar o corpo físico?". Focalizando a necessidade de ter a intenção de sonhar lucidamente, LaBerge recomenda os seguintes passos: "1. Ao acordar espontaneamente de um sonho, relembre-o repetidamente, até decorá-lo; 2. Depois, voltando a dormir, diga a si mesmo: 'Na próxima vez que sonhar quero me lembrar de reconhecer que estou sonhando'; 3. Visualize-se voltando ao sonho que acabou de relembrar, com a consciência de que está, de fato, sonhando; 4. Repita o segundo e o terceiro passos até sentir clarificada a sua intenção ou até dormir". LaBerge conclui que sonhar

lucidamente contribui para o *despertar* também no distraído estado ordinário de vigília, sendo "o maior potencial que o sonho lúcido tem para nos ajudar a ficar mais vivos na vida".
Existir lucidamente implica a tarefa básica do despertar. Despertar na vigília e no sonho. Despertar também no sono sem sonho, para a Clara Luz, como afirmam os lamas tibetanos. "Você entra dentro do silêncio absoluto, da imobilidade e da paz, em todas as partes de seu ser, e sua consciência se dissolve no *sat-chit-ananda*", como afirma Mirra Alfassa, a Mãe do *ashram* de Shri Aurobindo (27). Enfim, despertar no êxtase, no abençoado silêncio do Aberto.

Em pesquisas recentes, na abordagem fisiológica, destaca-se J.Allan Hobson, com a sua obra *The Dreaming Brain*. No resumo de Krippner (20), Hobson afirma que "os sonhos são histórias contadas pelo cérebro a fim de encontrar um sentido para as descargas neurais aleatórias que acompanham os ciclos do sono". Na abordagem existencial, o psicólogo Gordon Globus, considera "o sonho e a vigília como maneiras igualmente viáveis de ser. No fundo, a existência humana é um movimento criativo que, praticamente, se repete nas fases de sonho e de vigília". Globus compreende, segundo Krippner (20), que "a grande realização de Freud foi a sua compreensão de que os sonhos são expressões significativas da mente inconsciente do indivíduo. Jung identificou as dimensões curativas dos sonhos, e Boss, sua posição existencial. Uma conexão biológica foi acrescentada por Aserinsky e Kleitman... Uma dimensão cognitiva foi acrescentada por Foulkes; LaBerge somou a isto o sonho lúcido e suas implicações para a criatividade".

Já no *front* da pesquisa onírica, o próprio Krippner, juntamente com Montague Ullman (28), no Centro Médico Maimônides, realizaram um estudo pioneiro sobre *sonhos telepáticos*, envolvendo um receptor adormecido e um emissor desperto. Linda Magalhães e Barbara Shor referem-se ao *sonho compartilhado*, uma habilidade que se aprende, envolvendo um grupo de sonhadores que "aparentemente se encontram na mesma paisagem do sonho e experimentam acontecimentos semelhantes". Estas audaciosas pesquisadoras definem ainda o *sonho mútuo*, "termo abrangente que designa os sonhos que parecem conter correspondência com os de um ou mais sonhadores"; o *sonho em grupo*, quando "os participantes estão simplesmente tentando sonhar juntos em realidades de sonho simultaneamente separadas e juntas"; o *sonho sincrônico*, que "não exige a interação ativa de sonhar junto"; os *hits* entre os relatos de sonhos ou entre os sonhos e acontecimentos externos são puros achados felizes e inesperados; e o *sonho paralelo*, que "refere-se à correspondências entre sonhos de pessoas ativamente empenhadas num projeto de sonho cooperativo", em que não se distingue o emissor e o receptor; "em outras palavras, A pode sonhar com B, e B pode sonhar com A, mas A e B não se encontrarão no mesmo sonho".

Há uma década tenho focalizado, em grupoterapia, a proposta de *comunidades de sonhos*, em que os participantes são convidados a partilhar os sonhos, de modo especial aqueles que envolvam os terapeutas, o grupo ou participantes do mesmo. Esta atitude incrementa a consciência onírica com o seu potencial criativo e transformador, dentro de uma matriz humana interativa e cooperativa, fortalecendo e propiciando, nos participantes, o desenvolvimento do hemisfério sintético.

Sustento que o sintetista qualificado é capaz de realizar unidades de encontros oníricos. Denomino de *encontro onírico* o que se passa no estado de consciência do sonho, visando o processo de cura e evolução. Aproxima-se do que Jung denominava *comunhão psíquica*, envolvendo pessoas com profundos laços anímicos, podendo ser ou não compartilhado conscientemente. O corpo onírico é mais aberto e suscetível aos processos terapêuticos do que o físico, com suas conhecidas resistências. Entre muitas dezenas de uma casuística fenomenológica desta possibilidade, exemplifico um encontro onírico:

> Sonho que um jovem amigo evolutivo, que encontrava-se em terapia há aproximadamente sete meses e que nunca tinha proferido uma palavra sequer no seu grupo, chega à minha casa acompanhado por um casal de jovens. Então, ele me diz: "Há uma profecia contra mim que diz que vou cair do alto de uma escada". O terapeuta, então, leva-o até uma escada, subindo com ele alguns degraus, e diz: "Agora deixe-se cair". Ele o faz, e o terapeuta, com movimentos ágeis e precisos, amortece com as mãos a sua queda até o solo. Em seguida, leva-o para o meio da escada, prescrevendo-lhe que caia e, da mesma forma, aparando-o, para não machucar-se na queda. Finalmente, o terapeuta leva-o até o alto da escada e a operação se repete, de forma bem-sucedida. Tocando-lhe o ombro, o terapeuta anuncia: "Você está livre!". O jovem sorri, aliviado, e o terapeuta sugere que ele dê uma volta caminhando, para absorver a experiência.

Neste momento acordo, e, tocado pela intensidade e clareza do sonho, vou até o escritório e registro-o. Retorno à cama, adormeço e, novamente, sonho:

> O jovem retorna da sua caminhada e senta-se numa almofada, ao lado do terapeuta, com todo o seu grupo de terapia. E indaga: "Você pode dizer-me o que, de fato, realmente aconteceu?". Ao que o terapeuta responde: "O aqui-e-agora traz as sementes do passado e do futuro. No aqui-e-agora podemos transmutar o passado e o futuro".

Acordo, novamente, ainda ouvindo esta mensagem que, imediatamente, para não esquecer, anoto no livro de sonhos.

Sem que tivesse acontecido nenhum outro fato significativo, a partir desta experiência de encontro onírico, para o espanto dos companheiros de grupo que ainda não conheciam a sua voz, este jovem deslanchou o seu processo psicoterápico, transpirando um visível desenvolvimento pessoal.

Eis outro exemplo ilustrativo, ocorrido há sete anos. Nessa ocasião, encontrava-me em viagem ao exterior. Sonho:

> Encontro-me com um amigo evolutivo, que procura-me em minha casa. É noite e ele está desamparado e desconfortável; então, levo-o para dormir no quarto de meus filhos. Ele sente-se acolhido e aliviado.

Ao retornar da viagem, o primeiro telefonema que recebi foi desta pessoa. Era tal a sua urgência que o recebi imediatamente em minha residência. Emocionado, ele compartilhou a terrível e súbita perda do seu pai e de sua mãe, tragicamente falecidos num acidente de carro. A data deste triste evento coincide com a do sonho acima...

Na minha experiência, o encontro onírico ocorre espontaneamente, independente de intencionalidade, sendo recordado por um dos participantes do mesmo — o terapeuta ou o amigo evolutivo — transcorrendo na esfera da sincronicidade, na dinâmica sintetista. Distingue-se por uma qualidade de presença e participação. O terapeuta, cuidadoso e conhecedor da sua *sonhosfera*, saberá, na ocasião, que esteve em comunhão psíquica com o outro, acolhendo-o e cuidando-o.

Encontramos referências ao processo de interação onírica na literatura xamanística, tratado como *viagem xamânica* quando, por exemplo, o xamã busca "recuperar o espírito guardião do seu paciente, tirando-o do Mundo Profundo", como afirma Michael Harner (29). A viagem xamânica pode dirigir-se ao *mundo inferior*, onde habitam os animais de poder, ou ao *mundo superior*, dos mestres, anjos e entes evoluídos. A tarefa básica do xamã é ajudar a comunidade, buscando os pedaços perdidos das almas das pessoas, por meio do transe e do sonho lúcido. Segundo Krippner (30), ele pode projetar-se no sonho de outra pessoa e atuar, visando a sua cura. Para Stephen Larsen (31), o xamã materializa um pacto entre as dimensões espiritual e física; sua viagem visionária penetra a realidade do reino mítico, imaginal, abrindo as portas da transformação pessoal.

Também na literatura yogue (32, 33, 34), o encontro na esfera sutil é bastante familiar, na relação entre o mestre e o discípulo. "Por que vir me contemplar em carne e osso, quando estou sempre dentro do raio de visão de seu *kutasha* (olho espiritual)?", escrevia, freqüentemente, o mestre Láhiri Mahásaya, aos seus alunos que desejavam visitá-lo, segundo Yogananda (5).

Pensamento e sonho fazem parte do mesmo *maya*, a ilusão que funciona. Diz Evans-Wentz (32), sobre a doutrina do estado de sonho na tradição tibetana: "Ela mostra que assim como são ilusórias todas as experiências sensíveis do estado de vigília, igualmente ilusórias são todas as experiências sensíveis do estado de sonho; estes dois estados constituem os dois pólos da consciência humana. Em outras palavras, a Natureza como um todo é o Sonho do Uno; e enquanto não conquistar a Natureza e, assim, transcender *maya*, o homem continuará aferrado ao sono, sonhando o Sonho da Ignorância. Seja neste mundo ou em qualquer outra encarnação, todas as experiências regidas pelo *karma* ou *Sangsāra* não passam de sonhos (...). Brahmam dorme e desperta. Quando Ele dorme, o Seu Sonho é a Criação Cósmica. Quando Ele desperta, o Seu Sonho acaba".

Talvez existamos num Grande Sonho; somos sonhados ao mesmo tempo que sonhamos. Dançar este Sonho, nutrindo-nos no dinamismo do seu Sentido, é nossa primordial tarefa até o despertar derradeiro.

Assim como no estado de vigília somos capazes de geniais *insights* ao lado de muitos pensamentos banais, quando sonhamos, participamos de grandes espetáculos oníricos ao lado de outros, corriqueiros e inexpressivos. Da mesma forma que podemos criar condições propícias às reflexões criativas e profundas, um clima pode ser gerado, visando a qualidade e a excelência no sonhar. Philon, segundo Leloup (35), afirmava sobre os Terapeutas de Alexandria: "À noitinha, antes de se deitar, é preciso evitar as conversas, afastar-se das agitações e ruídos, purificar a inteligência atribulada, acalmar-se e tornar-se receptivo para receber os sonhos salutares". Então o Logos pode expressar-se, alimentando de Luz a nossa psique. Prossegue Philon: "Deus está sempre presente em seus espíritos, e, em seus sonhos, nada além das Verdades e dos Poderes divinos são imaginados. Assim, inúmeros deles, tendo tido um sonho durante os seus sonos, revelam em voz alta as admiráveis doutrinas da filosofia sacra".

É intrigante constatar que, antecedendo Jung em dois milênios, os nossos nobres antepassados do deserto liam e interpretavam os sonhos e as escrituras sagradas como irmanados num mesmo simbólico texto psíquico. Nas palavras de Leloup (35): "Philon atenta para o fato de que esta escuta do Logos-Um através dos textos sagrados, atua não somente sobre o consciente, mas também sobre o inconsciente, continuando seu trabalho durante o sono, provocando muitas vezes 'sonhos salutares'. Philon se interessa vivamente pelos sonhos, tendo-os como Palavras, ensinamentos sagrados. Ele escreveu cinco livros sobre o assunto, dos quais possuímos dois. Para ele, o estudo das escrituras e o estudo dos sonhos estão em estreita relação, não apenas porque é o mesmo Logos que fala, mas também, devido à linguagem e forma, que muito se assemelham, por tratarem de imagens e símbolos. Philon lia as Escrituras como sendo um texto do inconsciente a decifrar e interpretar, e ouvia os sonhos como um texto sagrado que deveria igualmente ser decifrado e interpretado. Aprender a ler as escrituras, respeitando os diferentes níveis de sentidos, permite uma melhor compreensão e leitura dos sonhos em suas polissemias, sejam elas evidentes ou complexas.

"Para os Terapeutas, os sonhos não são exclusivamente 'um nobre e real caminho para o inconsciente', mas um nobre caminho para o Logos, na direção da palavra sagrada e orientadora, que inspira e dirige as suas vidas. As Santas Escrituras foram recebidas em um 'estado alterado de consciência'. A Bíblia transborda de sonhos. Os profetas 'sonhavam' à luz do dia, não falavam a linguagem da razão, e sua autoridade advinha do Sentido. À claridade do dia somavam o torpor e os segredos da noite. Os nossos sonhos 'profetizam', testemunham sabedorias e loucuras cujo árbitro, no entanto, se encontra no intelecto. Na maioria dos casos o intelecto interpreta e recolhe as impressões, classifica-as, e leva para os limites do dia justamente aquelas que têm tendência a extrapolar. O esforço dos Terapeutas, neste sentido, é muito interessante: trata-se de interpretar os sonhos de uma maneira 'não diurna', respeitando-os em sua linguagem peculiar, pois apenas um sonho pode compreender outro sonho. Os textos sagrados mantêm-se muito próximos dos sonhos, e é justamente neles que os Terapeutas buscam a chave do Sentido.''

Como afirmei anteriormente, interpretar o sonho de forma meramente analítica é uma profanação reducionista, uma traição aos códigos oníricos. Para a sua compreensão plena, é imprescindível a escuta do sintetista que, participando da mesma freqüência ou onda onírica, pode à ela dar voz direta. Por isso, a fala sintética é *poética*, exprimindo-se miticamente, por imagens, símbolos e metáforas. É o "sonho que pode compreender outro sonho".

Evidencia-se, aqui, que o sintetista será bom na medida em que for um bom poeta. Para não soçobrar na espuma; para o mergulho nos abismos do Ser. O poeta primeiro, Valmiki, olhando a água em sua mão espalmada, desvelou a saga gloriosa de Rama, em busca de sua Sita, capturada pelo demônio formidável de dez cabeças, Ravana, no épico *Ramayana*. O poeta Vyasa, canta o *Mahabharata* para o deus-elefante, Ganesha, por amor à criança eterna. O poeta do Tao, o poeta das Nobres Verdades, o poeta dos Vedas, o poeta dos Salmos, o sublime poeta do Sermão da Montanha. Todos contando a única estória, que é a sua estória, a minha estória, a estória da humanidade que somos.

Há sonhos que são autênticas parábolas. Eis um belo exemplo, de uma amiga evolutiva, na fase conclusiva de uma unidade de encontro, percorrida em nove anos, que sonhou esta mensagem:

 8 Noites Maravilhosas
 8 Portões Fronteiras
 8 Monumentos
 8 Estágios
 Vejo a Esfinge com o rosto de Mona Lisa.

Um sonho como este não é esgotável numa única interpretação. É como uma estória zen, inapreensível pela rede da razão lógica. É uma mensagem inspiradora, de uma inteligência simbólica que precisa ser respeitada e meditada, às vezes por um longo trecho da caminhada existencial. Se tratado com zelo, pode ser fonte de muitos *insights* e guia inspirador nos momentos críticos da existência.

Relembro o relato de um significativo sonho, que registrei em obra anterior (36), sonhado em 26 de março de 1981. Ao anotar esta data, depois de buscá-la em um antigo livro de sonhos, dou-me conta de uma outra sincronicidade envolvida: foi em 26 de março de 1987, precisamente seis anos após, que iniciamos o memorável I CHI, I Congresso Holístico Internacional. Eis o sonho:

> O Papa João Paulo II aparece e diz: "O caminho é o A-B-C. A, de atenção; B, de Vida; C, de Calvário".

No livro *Análise transacional centrada na pessoa... e mais além*, em que relatei este sonho, no capítulo em que discorro sobre a *plena atenção*, prossigo:

> "Lembro-me de que despertei com a sensação luminosa e extraordinariamente intensa do sonho, que anotei imediatamente. De início, perguntei-me: B, de vida, como? E no mesmo instante, ocorreu-me: B, de BIOS, que significa vida! Tenho buscado compreender esta mensagem crística no decorrer desses anos, buscando a compreensão e interligação da *atenção, vida e calvário*, sendo que este último, relacionado com a função do sofrimento, foi ao que mais resisti, e, também, o que mais me tem trazido aprendizado. Não é meu objetivo, entretanto, estender-me sobre o significado deste sonho, e sim apenas ressaltar que a atenção, o despertar, antecede a vida ou evolução, e o calvário, a realização. Não importa qual seja o destino final de nossa jornada evolutiva; é sempre pela atenção que devemos começar".

Transcorreram-se dez anos, quando, numa madrugada de 12 de junho de 1991, acordei num estado especial de consciência: a mente silenciosa, escutando o melodioso e mântrico som de "cigarras interiores", com uma imperiosa necessidade de escrever. Num impulso sem hesitação, fui até o escritório e sentei-me em postura receptiva de meditação. Foi quando escrevi a terceira *mensagem do deserto*, como a denominei, posteriormente. Quem escrevia não era o eu intencional e nem era outrem. *Nem eu, nem outrem*, portanto.

Duas vezes antes já tinha vivido esta experiência e, após, cinco vezes mais se repetiriam, num total de oito mensagens, sempre recebidas em madrugadas, no período de maio a agosto de 1991. Num claro e inclusivo processo de *awareness*, de plena atenção, o que era escrito brotava da sincronicidade envolvendo os estímulos ambientais — latidos de cães, uma tosse, o estalo de uma rede balançando, luzes da cidade, o rugir do vento... — e mensagens advindas do âmago do Ser, numa vivência não-dual que transcendia a fronteira do interior e exterior. Eram sempre antecedidas ou sucedidas por simbólicos e reveladores sonhos correlacionados que, por seu grau de complexidade, omitirei neste texto. Talvez um dia as publique integralmente; circunscrevo-me, agora, à terceira mensagem, visando ampliar a indicação do dinamismo sintético, espontâneo, simbólico e curativo da nossa psique global, cuja inteligência resolve os enigmas por ela mesma colocados:

> Atenção a todos os Reinos
> o fogo devasta a grande floresta
> da escuridão humana
> neste instante tão claro e intenso
> antes do galo cantar
>
> O ritmo da Vida
> latejando nas veias do cérebro adormecido
> em pleno descanso reparador
> embalado ao canto eterno
> das cigarras interiores
> da nossa florida primavera
>
> Além do Calvário
> da dor e do sofrimento
> que nos ensinam a crescer
> e amar
> a rede da polaridade balançando
> cujo estalo desperta
> a tosse de um peito agonizante
> que adverte
> qual repicar de sinos na madrugada
>
> Latidos de cães ao longe
> na vigília necessária
> no frio da noite
> a nos envolver qual manto cálido
> de consciência
>
> Viajantes do espaço
> não há descanso antes do último suspiro
> da Obra em construção
>
> Morra em cada ação
> atenção
> Em cada passo dance
> vida
> De cada dor renasça
> calvário
>
> Desertos desertos e desertos
> numa só voz todas as vozes
> OM

Devo sublinhar o quão sou grato ao que tenho aprendido com o Livro da Noite. A dimensão do sonhar iniciou-me nas grandes experiências da existência: o amor, a morte e a transcendência. Ensinar às crianças a cuidar, escutar, anotar, pesquisar e interpretar os sonhos do cotidiano é um capítulo dos mais importantes da educação integral emergente.

Assim como seguimos os ditames da vigília, quando conscientes e precavidos, seguimos também os ditames do sonhar. A título de outro testemunho, apresento o texto seguinte, que se originou de um sonho e que dediquei aos irmãos do círculo interno da alma, Ricardo e Rui Crema.

REENCONTRO COM O JECA TATU

"O Jeca não é assim; ele *está* assim."

MONTEIRO LOBATO

1. Preâmbulo ao Jeca

Sonhei na noite de 1º de junho de 1985, que eu dizia para mim mesmo: "Preciso escrever sobre o Jeca Tatu!" Acordei e, como sempre faço, anotei este curioso sonho, buscando apreender sua mensagem existencial. E como não mais me atrevo a discutir um sonho como este, acatei sua ordem e comecei a refletir sobre o Jeca Tatu. Com dificuldade, consegui de empréstimo o livro *Idéias de Jeca Tatu*, que faz parte das obras completas de Monteiro Lobato (37). Lendo-o, compreendi, quase de imediato, o sentido da minha tarefa.

Devo dizer que aprendi muito e deu-me um inusitado gosto descobrir minha ligação com o Jeca Tatu. Durante 7 anos, dos 13 aos 20 anos de idade, posso dizer que convivi com este personagem, que é o símbolo de nosso homem do campo, o roceiro. Nessa ocasião trabalhava na cerealista "Sílvio Crema & Cia.", em minha cidade natal, Sacramento, cravada no interior de Minas Gerais. Entrar em contato com o roceiro, que vendia para nós as suas mercadorias, fazia parte de meu trabalho na empresa.

Ao lembrar-me daquelas expressões simples e sofridas, daqueles sorrisos comovedoramente sinceros, daquela fala rude e inocente feita de terra e de trabalho, ainda ouço o canto triste dos carros-de-boi carregados de arroz e de café em casca, que eloqüentemente estacionavam em frente de nosso escritório. Talvez seja preciso a relíquia de uma recordação como esta para se poder ouvir, com compreensão e ternura, a mensagem do Jeca Tatu.

Com seu singelo conto sobre Jeca, Monteiro Lobato realizou um trabalho de inestimável valor, em prol da higiene, saneamento e saúde de nosso país. O outro lado, porém, ficou por ser dito. E é o que agora faço, impulsionado pela visão de tanta miséria psíquica à nossa volta, causada pelo sutil e fatal vírus da ignorância existencial.

Quero prestar justa homenagem ao Jeca Tatu, resgatando-lhe a dignidade e saúde intrínseca: sua simplicidade, pobreza, paciência, aceitação da vida e alegria sem razão de ser. Do Jeca renascido, quero recuperar a sabedoria telúrica, a meditação natural de nosso homem do campo, uma holística cabocla.

Esta outra estória significou, para mim, um arrebatado e ligeiro mergulho em minhas próprias raízes. E minha surpresa foi ter encontrado, no Jéca, o que sempre busquei tão longe, no Zen, no Taoísmo, em Castañeda e nos caminhos de libertação orientais.

2. De caboclo a coronel ou a conversão de Jeca

O conto de Jeca Tatu, engenhosa criação de Monteiro Lobato, fez enorme fama no Brasil na década de 40 e início de 50. Na autêntica Cruzada em favor do saneamento e higiene que Lobato realizou com sua peculiar erudição e uma crítica às vezes cínica e até feroz, Jeca Tatu teve um papel fundamental. Valeu como um exército blindado na luta contra a "trindade infernal": a dupla parasitária *Necator americanus e Ancylostoma duodenale*, o *Trypanosoma cruzi* e o *Plasmodium* (chamado, na época, Hematozoário de Laveran), respectivamente pais da ancilostomose ou amarelão, doença de Chagas e malária. Não foi sem razão: de acordo com as estatísticas da época, 70% dos brasileiros sofriam de amarelão; 40% de malária e 3 milhões padeciam do mal de Chagas (numa população estimada em 25 milhões!). Passemos, então, ao resumo desta notável estória:

Jeca Tatu era um pobre caboclo que morava no mato, na maior pobreza, numa casinha de sapé, com sua magra e feia mulher e seus filhos pálidos e tristes. Jéca passava os dias de cócoras, pitando enormes cigarros de palha, sem ânimo para fazer coisa alguma. Coitado do Jéca!

Em sua miserável choupana não havia nem móveis, nem roupas e nem o mínimo de comodidade. E além de tudo, Jéca bebia para tentar esquecer sua desgraça. Coitado do Jéca!

Todos os que passavam por ali, vendo-o na sua suja penúria, exclamavam com indignação:

— Que grandissíssimo preguiçoso! E também é bêbado, vadio e idiota!...

E assim a vida se perdia, até que um dia passa na porta do casebre do Jéca, um doutor, legítimo representante da Ciência que, compadecido com tanta miséria, logo faz o diagnóstico do amarelão de Jéca e de toda a sua família. Passa-lhe uma boa receita e admoesta-o a usar botinas e a não beber cachaça:

— Faça o que mandei, que ficará forte, rijo e rico como seu vizinho italiano. Na semana que vem estarei de volta.

— Até por lá, sêo Doutor!

Dito e feito, Jéca converte-se:

— Daqui por diante nhá Ciência está dizendo e Jéca está jurando em cima! T'esconjuro!

E o milagre se faz: livre de suas mazelas, Jéca passa a trabalhar sem parar para "ganhar o tempo perdido"; torna-se forte, valente e passa a competir com o italiano, seu vizinho. Transmuta-se em apóstolo do melhoramento e progresso e até aprendeu a falar inglês, montado em seus legítimos cavalos árabes. Passa a usar seda para "moer os invejosos", torna-se rico e estimado por todos. De caboclo ignorante vira o opulento coronel Jéca, exemplo de sucesso e de prosperidade.

Pela graça e louvor do seu médico-Salvador, o desgraçado Jeca Tatu deixa de ser Vítima da doença e sujeira, tornando-se Herói, dono de fazenda e fortuna.

> "Meninos: nunca se esqueçam desta estória; e, quando crescerem, tratem de imitar o Jéca. Se forem fazendeiros, procurem curar os camaradas da fazenda. Além de ser para eles um grande benefício, é para você um alto negócio. Você verá o trabalho dessa gente produzir três vezes mais.
> Um país não vale pelo tamanho, nem pela quantidade de habitantes. Vale pelo trabalho que realiza e pela qualidade da sua gente. Ter saúde é a grande qualidade de um povo. Tudo mais vem daí."

E assim termina esta preciosa parábola do capitalismo que prega a saúde e o progresso com sua cartesiana didática. Descoberta e adotada por Candido Fontoura para propaganda dos remédios da sua indústria (quem não se lembra do "Biotônico Fontoura"?) o "Jecatatuzinho" circulou em tiragens que ultrapassaram 15 milhões de exemplares (!) por todos os recantos do Brasil.

3. De lá para cá ou A iluminação de Jeca

A bem da verdade, peço cordial licença ao Monteiro Lobato para contar o que falta na estória de nosso Jeca Tatu.

Coronel Jéca, rico e notório, acabou montando casa na cidade grande para onde foram sua mulher e filhos, a se beneficiarem de educação e vida mais requintada, como mandava o figurino dos antigos coronéis. De vez em quando o sempre atarefado fazendeiro visitava a sua família, mas nunca tinha tempo para uma pitadinha maior de conversa amiga e de amor preguiçoso.

Quanto mais coronel Jéca ganhava dinheiro mais ainda queria ganhar. O italiano já era seu empregado, mas sempre havia outro mais rico e Jéca não queria ficar atrás de ninguém. Foi assim que ele, para expandir seus negócios, acabou montando também um escritório bem montado na cidade grande, onde passava a maior parte do seu escasso tempo. Trocou o canto do galo pelo despertador estridente. E pouco a pouco foi deixando de visitar suas muitas fazendas, pelos seus sérios afazeres e problemas sem fim com gente, bancos e papéis.

Coronel Jéca passou a dormir mal por não parar de preocupar-se com seus altos negócios, mas resolvia esta novidade tomando calmantes, receitados por seu médico, amigo antigo. E por sentir um vazio que aumentava dentro de si, comia mais do que devia e adquiriu barriga de fazer inveja a qualquer coronel. E quase sem notar, voltou a beber. Não cachaça, mas whisky importado. Trocou seus antigos cigarros de palha por cigarros finos com filtro, que fumava sem parar.

Um dia, Jeca acordou sentindo-se mal. No seu estômago alguma coisa ardia que nem fogo. Foi correndo ao seu amigo médico-Salvador:

— Doutor, estou com brasa na barriga!...

Depois de examiná-lo bem, disse o doutor:

— É só uma úlcera, coronel Jeca. Vou lhe dar um remédio que é tiro e queda!

E lá se foi o coronel Jeca, com remédios que nunca pode deixar de tomar pois aquelas dores ficavam sempre de emboscada e voltavam com o menor descuido.

E a vida assim se perdia, naquela correria louca. Seus filhos cresciam e coronel Jeca começou a se preocupar com a delinquência que aumentava dia a dia. E também tinha o fantasma das drogas e da vadiagem de cidade grande. Sua mulher deu para ter ataques de nervos e o sossego foi-se embora de vez.

Coronel Jeca um dia sentiu uma tonteira esquisita e uma canseira que não acabava. Voltou ao seu médico, que sentenciou gravemente:

— Coronel, o senhor está com estafa. Precisa descansar durante um bom tempo!

— Não é possível, doutor. Sou homem ocupado demais pra ficar aperreado que nem galinha. Hoje mesmo estou comprando outra fazenda...

— Leve estes remédios e se cuide, coronel Jeca! Riqueza tem que andar de mão dada com a saúde.

E lá se foi coronel Jeca com seus outros remédios e grandes compromissos. E por um vazio que não parava de crescer no seu peito, passou a trabalhar mais ainda e acumular mais ainda, para quê, ele mesmo não sabia dizer...

Um dia, coronel Jeca dirigia em alta velocidade seu carro último tipo, quando sentiu uma dor atravessada no coração e uma dormência no braço se alastrando. Desta vez mal conseguiu chegar ao consultório do seu médico que o olhou com a testa franzida:

— Coronel Jeca, isto é começo de enfarte. Temos que começar um tratamento intensivo sem demora...

Coronel Jeca ouvia muito longe o doutor, sentindo sua vida desfalecendo a galope. Foi quando, do meio do seu morrer, uma luz acendeu-se forte, feito lampião, no Ser do Jeca Tatu. Todo o consultório ficou mais iluminado e Jeca sentiu o cheiro de terra molhada e um gosto de orvalho na língua. E uma melodia silenciosa de passos de boi no pasto e asas de passarinho no céu inundou o coração de Jeca que, neste instante, conheceu a Verdade. Bêbado de Luz, falou então ao desconcertado doutor, com uma fala nunca antes falada e com uma autoridade interior definitiva e serena:

— Doutor, deste meu mal você não me pode curar. Há muitos anos você salvou-me da doença e sujeira na qual eu vivia. Por isto muito lhe agradeço. Agora, acabo de descobrir que eu sou a minha própria doença. O que está me matando é o meu modo de viver. A curar-me de mim mesmo a Ciência não me pode ajudar. A pior ignorância que existe é a ignorância do próprio existir. Doutor, não há remédio que cure o mal de quem se desviou dos Caminhos da Natureza. Meu cavalo baio da mente e do desejo se aquietou. Volto hoje mesmo para a roça esquecida da vida. Finalmente minha choupana tem Senhor!

4. Alguns encontros com o Mestre Jeca

"Ele é tão pobre, mas tão pobre, que só tem dinheiro..."

MESTRE JECA

Já se passaram muitos anos, desde que encontrei mestre Jeca pela primeira vez. Era uma manhã de sol e eu estava perdido numa estrada de chão batido, tentando localizar o sítio de um fazendeiro que tinha café para vender. Aproximei-me de uma choupana simples e avistei um velho roceiro, sentado num banquinho de madeira. Estava com um cigarro de palha apagado entre os dedos e os olhos semicerrados, como se estivesse cochilando. Por alguns momentos julguei que aquele pobre caipira mal poderia dar-me qualquer indicação útil. Somente arrisquei-me a importunar sua preguiça, lembrando-me dos muitos quilômetros que havia percorrido sem ter avistado viva alma:

— Por favor, o senhor pode dar-me uma informação sobre o caminho que eu procuro?

O velho virou-se para mim e senti o seu olhar sereno e faiscante como que penetrando minhas entranhas.

— Só existe o caminho da Natureza! Por que tanta pressa, seu moço?

— É que eu estou perdido há muitas horas, respondi, tentando ocultar minha perturbação.

— Você está perdido desde que nasceu, seu moço!

Sua fala certeira tirou-me o fôlego. Senti-me nu e sem desculpas. Naquele momento dei-me conta, sem sombra de dúvida, que eu estava diante de um homem estranhamente sábio. Pedi permissão para sentar-me um pouco com ele, enquanto procurava, com o olhar, um outro banquinho.

— Melhor sentar no chão, seu moço. A terra nunca falta e nos espera sempre. Não há como fugir.

Ao sentar-me no chão ao seu lado, senti uma ansiedade me apertar o peito, lembrando-me do negócio de café que eu deveria estar realizando. Como que adivinhando meus pensamentos, mestre Jeca falou-me:

— Não se leve tão a sério, seu moço! Reduzir-se a um negociante é jogar seu mistério numa lata de lixo. Brinque de ser negociante e isto não matará você. Identificar-se com os papéis que representa, tem sido a desgraça e a prisão do homem. Conhecer a si mesmo é o único negócio que merece ser levado a sério.

Depois de algum tempo, aventurei-me novamente a falar.

— O senhor mora sozinho aqui?

— Não; vivo com os Antigos que só falam pelo silêncio.
— E o que o senhor faz?
— Nada faço. E assim tudo é feito. As estações chegam sem a minha ajuda, seu moço. Deixo-me guiar pelos ditames da Natureza.
— Não compreendo o senhor! — afirmei, inseguro.
— Você ainda não é. Para compreender, primeiro é preciso ser.

Querendo disfarçar meu encabulamento, vendo seu cigarro de palha apagado, perguntei, tentando ajudar:
— O cigarro de palha do senhor está apagado. Quer um fósforo?
— Eu não fumo, seu moço. Isto é só para me lembrar das cinzas.

O galo cantou e eu pensei que naquela choupana não havia eletricidade, nem rádio e nem utensílio moderno algum. Como se de novo lesse os meus pensamentos, mestre Jeca sentenciou:
— Você sofre de civilização, seu moço. O progresso é o maior atraso. Você pensa demais, e isto é perigoso e barulhento. Só compreende o mundo quem não pensa.

Por uma necessidade inexplicável o silêncio desceu sobre nós. Esquecido de mim mesmo e de tudo, por lá me deixei ficar, num tempo que havia deixado de existir. Um vento suave acariciou-me a pele e pude ouvir, como por encantamento, a voz do riacho no fundo do quintal. E tive a sensação, pela primeira vez na vida, de que eu estava sentado em cima da paz.

***

Muitas vezes voltei à choupana do mestre Jeca, buscando aprender a difícil arte de nada pensar e de nada fazer — que é o fazer do Ser ou seguir os caminhos da Natureza. Uma certa tarde lá cheguei, um pouco exausto pelas muitas atividades que antes havia cumprido. Vendo-o na sua profunda e imperturbável calma, com admiração, perguntei-lhe:
— Qual o segredo da sua paz, mestre Jeca?
— Quando tenho sede, vou ao riacho e bebo água.

Calei-me, surpreso com sua resposta.
— Você ainda não conhece a linha reta, seu moço — prosseguiu mestre Jeca. — Já observou como o cachorro anda, parando a cada instante e urinando nas árvores e pedras do seu caminho?

Assenti com a cabeça.
— Não pense que você é diferente. Procure observar-se caminhando no mercado ou na rua, parando diante de cada vitrine e mijando olhares cobiçosos nas coisas e pessoas. O desejo é o assassino da paz, seu moço.
— E é possível não desejar nada, mestre Jeca?
— É possível desde que você se conquiste a si mesmo. Esta é a única conquista que traz paz, ao invés de miséria.

— Quer dizer que são infelizes as pessoas que buscam conquistar riquezas e poder? — tornei a indagar, inquieto.

— Rico não é quem tem tudo; é quem não deseja nada — disse mestre Jeca, com um brilho fulminante no olhar. — Sinto pena desses miseráveis que são tidos como milionários e poderosos e cuja ambição nunca finda. A verdadeira riqueza é saber contentar-se. E o poder real apenas possui quem é senhor de si mesmo. Olhe para dentro e você verá que a sua miséria é do tamanho dos seus apegos, seu moço.

As palavras do mestre Jeca calaram-me muito fundo. Percebi que ele estava indicando-me que o único que conta não é ter mais, e sim, *ser mais*. Fiquei triste pensando em tantas pessoas que eu conhecia e que jamais haviam compreendido esta verdade tão simples e essencial.

— Não se entristeça pelos outros — atalhou-me mestre Jeca. — Fique triste por si mesmo. Julgar é não compreender, seu moço.

— Olhar dentro da gente assusta — respondi, meio sem jeito. — Quero aparentar que sou seguro e forte para não ser derrubado pelos outros. O mundo não respeita os fracos, mestre Jeca.

Apontando para uma frondosa árvore à nossa frente, mestre Jeca tornou a falar:

— Nunca se iluda com as aparências, seu moço. A árvore quando é grande e forte está próxima do fim. A vida se aninha no que é tenro e flexível. Seja sempre do seu próprio tamanho e aceite o seu brilho e sua escuridão. Só ouvimos a vida se nos abrirmos também para a morte.

E sem dizer mais nada, mestre Jeca levantou-se e se pôs a caminhar. Fiz o mesmo, e seguimos na direção de um morro, não muito distante. Fiquei espantado e admirado com a agilidade e segurança dos seus passos. A tarde caía quando chegamos ao topo do morro. Sentamos e deixei-me absorver pela visão magnífica da imensidão que nos envolvia. Quando mestre Jeca falou, suas palavras pareciam fazer parte da magnética beleza daquele entardecer.

— A aceitação do mais baixo nos conduz ao mais alto. É na planície que a montanha descansa, seu moço. Não negue o bicho que há em você para não ser por ele devorado. Nunca nos livramos daquilo que negamos. Só vale a pena deixar de ser bicho para ser Deus...

Querendo reter o júbilo que invadiu-me naquele momento, perguntei ao mestre Jeca como eu poderia segurar a felicidade que sentia.

— Correr atrás da felicidade é o que nos torna infelizes, seu moço. Ser inteiro e verdadeiro é o único que nos cabe buscar. A felicidade é apenas a sombra da verdade que conseguimos viver. Cantar faz parte da natureza dos passarinhos; cantando eles são felizes. E eles não armazenam o canto, que nunca lhes falta. Realizar a própria semente faz parte da natureza do homem. Evoluir e inventar o próprio destino: esta é a nossa tarefa, seu moço.

— E como cumpri-la, mestre Jeca?

— Perdendo-se a si mesmo, para trilhar os caminhos da Natureza. Retornando à simplicidade do início, segundo por segundo. Não há descanso para quem quer escapar do destino estúpido de ser máquina. A liberdade aterroriza tanto porque nos força a olhar e sentir o nosso próprio mistério no mistério de tudo. É necessário estar atento como o galo e ser natural como a criança recém-nascida. Essa assombrosa imensidão é o nosso único lar, seu moço.

***

Numa noite clara de luar, um ET que veio de estrelas distantes, encontrou-se com o mestre Jeca.
— Olá!
— Olá!
— Quem é você? — perguntou o ET.
— Ninguém! — respondeu mestre Jeca.
— Até que enfim encontrei alguém! — rejubilou-se o ET. — Você é terráqueo?
— Eu não sou terráqueo; estou sendo.
— Compreendo. Você quer partir comigo?
— Não; não é minha hora. Há muito ainda o que não fazer e o que não pensar aqui.
— Quanto a isto não há dúvida — disse o ET com convicção. — O homem é o câncer da Terra.
— Da perdição vem o caminho, amigo. Os homens se esqueceram que são deuses.
— Andei por muitas ruas de muitas cidades e não fui visto por ninguém. Eles estão sempre dormindo?
— Quase sempre! — respondeu mestre Jeca, com alguma tristeza. — Às vezes um ataque de coração, ou um terremoto, ou um olhar de fogo os despertam. No mais, dormem e sonham de olhos fechados e abertos.
— Deve ser perigoso viver aqui! — refletiu o ET.
— O perigo maior reside sempre dentro, e não fora do homem.
— Dentro e fora é uma coisa só — disse o ET. — Quem faz do infinito a sua morada bem sabe que só existe o UM.
— E para quem vive no seio da Natureza, só existe o percorrer, sem descanso, do seu inesgotável Mistério.
— Pesa-me permanecer retido nesta gravidade. Ouço o chamado das estrelas. Que a missão lhe seja leve. Adeus!
— Resta-me testemunhar e aguardar os mutantes que estão a caminho. Só há solidão à nossa volta. Adeus!

ANÁLISE E SÍNTESE TRANSACIONAL: **aliando terra e céu**

Na medida em que tenho me aprofundado, ao longo de muitos anos, no vasto domínio do transpessoal e holístico, ao invés de depreciar, aprendi a valorizar ainda mais os pragmáticos conceitos e instumentos da análise transacional. Constato, inclusive, que o menosprezo e o despreparo no lidar com o plano do ego compromete, gravemente, a excelência da abordagem além-do-ego. Só podemos transcender aquilo que reconhecemos, aceitamos e conquistamos; o desenvolvimento consistente do ego é o pré-requisito para a sua saudável superação.

Concordo com Ken Wilber (38) quando afirma, considerando o nível da *persona* de sua cartografia da consciência, que "a melhor abordagem a escolher, parece ser, pelo menos em minha opinião, a análise transacional. Ela preserva os fundamentos de Freud, mas coloca-os num contexto que é simples, claro, conciso. Além disso, geralmente reconhece a possibilidade de níveis mais profundos do ser e, portanto, não sabota abertamente os *insights* mais profundos".

Como leitura da estrutura e funcionamento do ego e de suas interações, seus padrões interativos disfuncionais e mecanismos compulsivos advindos do programa decisional precoce que Eric Berne denominou de *script*, a análise transacional nos fornece um competente e elegante corpo conceitual-técnico, visando a compreensão e a transformação pessoal.

Entretanto, para que o seu potencial heurístico se amplie, em sintonia com o paradigma holístico emergente, faz-se necessário uma reflexão criativa visando um espaço de abertura, a partir de seus quatro conceitos básicos. Pretendo apenas pontuar alguns aspectos mais importantes do que já formulei detalhadamente em obra anterior (36) atualizando-os, de forma resumida e indicativa, no enfoque holístico da síntese transacional.

1. Ego e Ser

Para romper a clausura do ego, no seu aspecto trinitário formulado por Berne — estado do ego Parental, Adulto e Criança — , proponho um diagrama, complementar ao berniano (a), onde há lugar para o Ser, o Aberto (b):

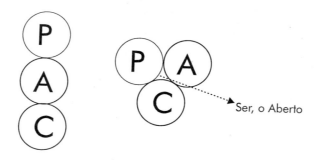

a) diagrama egóico   b) diagrama inclusivo, ego e Ser

Desta forma, enquanto o analista faz a escuta dos fragmentos egóicos pessoais e sua dinâmica, o sintetista sintoniza a esfera das emanações sutis da psique, o plano transpessoal, facilitando o centramento no Ser. Tempo e eternidade comungam na celebração da existência.

2. Transações e transcomunicações

Além das transações complementares, cruzadas e ulteriores, analisadas por Berne, abrimos espaço para a *transcomunicação*: a interação que transcende os limites do pessoal. O encontro de dois seres humanos, respaldado na cartografia holística anteriormente apresentada, abrange a interação em todos os níveis: da persona à sombra, ao inconsciente familiar, parasita, coletivo, cósmico, angelical, até a esfera essencial, do Ser, o Criador e o Aberto. Todos estes planos captam e informam, ou seja, comunicam, desde as ruidosas transações periféricas da turba egóica, aprofundando-se no plano interacional simbólico do imaginal arquetípico e no energético sutil ao silêncio lúcido da "comunhão dos santos", quando tocamos e somos tocados no relicário do Ser.

A interação do corpo físico, a da psique em todos os seus estratos, a noética e a espiritual, da essência: eis o espectro transacional da totalidade humana, incluindo a transcomunicação nas esferas além do ego. Podemos diagramá-la com o símbolo do infinito entre ou interconectando duas cartografias do ser humano:

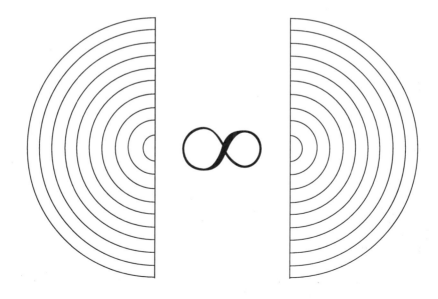

3. Jogos e ecologia do Ser

Os *jogos psicológicos*, como descritos por Eric Berne (39), são recorrentes padrões interacionais, introjetados na infância, em algum grau destrutivos, com uma motivação oculta e dinâmica previsível. Reduzem a aventura criativa do encontro autêntico ao simulacro pseudorelacional, caracterizado por automatismos comportamentais e emocionais, com desfechos que variam da banal monotonia a grandes tragédias. Como são produtos do ego, tenho insistido que a sua real superação implica a transcendência deste nível, no deslocamento norteador do egocentrismo para a base do Ser.

Por outro lado, no plano sintético também há jogos e embates, bem como trocas positivas, uma intimidade de essências. Principalmente na esfera do inconsciente familiar, parasita e angelical, são notórias as transcomunicações que ocorrem no circuito nutritivo e saudável como no tóxico e sombrio. Este é um relevante tema da *ecologia do Ser*, completamente ignorado nas abordagens terapêuticas convencionais. É função do analista, com seu registro racional, realizar a criteriosa leitura dos jogos do ego; cabe ao sintetista, com a sua antena intuitiva, acompanhar e atuar na esfera sutil transcomunicacional.

Podemos denominar de *jogos sutis* aos padrões transcomunicacionais no circuito tóxico, envolvendo graus variados de destruição e desagregação. Esta fenomenologia é bastante conhecida nas terapias populares derivadas do xamanismo, espiritismo e da tradição afro-brasileira, denominados como obsessões, possessões, vampirismo energético etc. Uma iniciativa terapêutica neste complexo campo transpessoal é realizada pelo médico brasileiro Eliezer Mendes (40), no seu enfoque energecêntrico denominado de *psicotranseterapia*, com significativos resultados práticos, apesar do contexto um tanto caótico em que transcorre. Um outro interessante relato, com ampla casuística abrangendo fenômenos de possessão por elementais, seres humanos falecidos e entidades demoníacas, nos fornece Kyriacos Markides (41), no seu livro acerca dos ensinamentos e curas espirituais de Daskalos, "o mago de Strovolos".

Conforme Berne, a saída dos jogos ocorre através de *antíteses* que interrompem a seqüência transacional compulsiva. Talvez as mais belas e sábias antíteses de jogos, nos planos pessoal e transpessoal, são as crísticas, contidas no Novo Testamento: "Quem dentre vós estiver sem pecado, seja o primeiro a lhe atirar uma pedra!" (Jo, 8-7), para o jogo do Tribunal. "O que é de Cézar, a Cézar e o que é de Deus, a Deus" (Lc, 20-25), para o jogo "Te peguei!". A extraordinária antítese do silêncio de Jesus perante Pilatos e Herodes... entre tantas pérolas da iluminada inteligência crística. Merecem destaque as elucidativas antíteses de Cristo ao transpessoal sombrio, na tentação do deserto:

"Jesus, pleno do Espírito Santo, voltou do Jordão; era conduzido pelo Espírito através do deserto durante quarenta dias e tentado pelo diabo. Nada comeu nesses dias e, passado esse tempo, teve fome. Disse-lhe, então, o diabo: 'Se és filho de Deus, manda que essa pedra se transforme em pão'. Replicou-lhe Jesus: 'Está escrito: *Não só de pão vive o homem*' ".

"O diabo, levando-o para mais alto, mostrou-lhe, num instante, todos os reinos da terra e disse-lhe: 'Eu te darei todo este poder, com a glória destes reinos, porque ela me foi entregue e eu a dou a quem eu quiser. Por isso, se te prostrares diante de mim, toda ela será tua'. Replicou-lhe Jesus: 'Está escrito: *Adorarás ao Senhor teu Deus e só a ele prestarás culto*'.

"Conduziu-o depois a Jerusalém, colocou-o sobre o pináculo do Templo e disse-lhe: 'Se és Filho de Deus, atira-te para baixo, porque está escrito:

'Ele dará ordens a seus anjos a teu respeito,
para que te guardem'. E ainda:
*'E eles te tomarão pelas mãos,
para que não tropeces em nenhuma pedra'* ".

"Jesus lhe respondeu: — 'Foi dito: *Não tentarás ao Senhor, teu Deus*'. Tendo acabado toda a tentação, o diabo o deixou até o tempo oportuno'' (Lc, 4, 1-13).

De forma paradigmática, estas antíteses dirigem-se aos três planos suscetíveis da sedução tentadora do poder que corrompe, respectivamente: o *corporal* — o apego ao pão, à riqueza; o *psíquico* — o apego ao comando e poder sobre os outros; o *noético* — o apego aos *sidhis*, aos poderes paranormais. Este é um belo exemplo de sábias antíteses a jogos sutis, do Ser Crístico para o Angelical sombrio. "Portanto, o que Deus uniu, o homem não separe", não será esta uma impecável antítese aos jogos de fragmentação, tão típicos dos tempos modernos?

Nos textos da psicologia perene podemos encontrar inumeráveis exemplos de grandiosas antíteses. Ilustro com uma antítese búdica ao jogo do "extremismo", apontando para o *caminho do meio*, segundo Jorge Luiz Borges (42):

"Sona, discípulo de Buda, cansou-se dos rigores do ascetismo e resolveu voltar a uma vida de prazeres. O Buda lhe disse: 'Não foste alguma vez destro na arte do alaúde?' 'Sim, Senhor', disse Sona. 'Se as cordas estão demasiado tensas, darão o tom justo?'. 'Não, Senhor'. 'Se estão demasiado frouxas, dará o alaúde o tom justo?'. 'Não, Senhor'. 'Se não estão demasiado tensas nem demasiado frouxas, estarão prontas para ser tocadas?'. 'Assim é, Senhor'. 'Da mesma maneira, Sona, as forças da alma demasiado tensas caem no excesso, e demasiado frouxas, na moleza. Assim, pois, ah Sona, faz com que teu espírito seja um alaúde bem afinado'."

Eis outra antítese búdica à guerra, que Berne considerava o mais terrível dos jogos humanos, também registrada por Borges (42):

"Um rio separava dois reinos; os agricultores o usavam para regar seus campos, porém um ano sobreveio uma seca e a água não chegou para todos. Primeiro brigaram uns com os outros, e logo seus reis enviaram exércitos para proteger os respectivos súditos. A guerra era iminente. O Buda, então, encaminhou-se à fronteira onde acampavam os dois exércitos. 'Dizei-me', falou, dirigindo-se aos dois reis, 'que vale mais: a água do rio ou o sangue de vossos povos?', 'Não há dúvida', contestaram os reis, 'que a vida destes homens vale mais que a água do rio'. 'Oh, reis insensatos', disse Buda, 'derramar o mais precioso para obter aquilo que vale muito menos! Se empreendeis esta batalha, derramareis o sangue de vossa gente e não tereis aumentado o caudal do rio em uma só gota!' Os reis, envergonhados, resolveram pôr-se de acordo de maneira pacífica e repartir a água. Pouco depois chegaram as chuvas e houve irrigação para todos."

As antíteses fundamentais da sabedoria para todos os jogos, dos níveis pessoal e transpessoal, são o amor e a compaixão. Neste sentido, sem o resgate da espiritualidade e da dimensão essencial, estamos condenados aos infindáveis jogos, confirmando a afirmação sartreana de que "o inferno é o outro". É um consolo constatar que, por mais que possa nos fascinar o poderio destrutivo do mundo da ignorância e das sombras, é o amor compassivo que proferirá, sempre, a última palavra.

Como o jogo psicológico é uma água poluída que sustenta a sobrevivência precária de uma vida relacional doente, um pseudo-substituto da intimidade autêntica, quero assinalar a existência da água potável e vivificante de uma *transação essencial* além-do-ego: o circuito nutritivo da transcomunicação.

São também bastante conhecidas, especialmente no Brasil, as transcomunicações positiva, criativa e curativa: *canalizações* de arquétipos, de sábias entidades e fenômenos de curas psíquicas ou energéticas. Chico Xavier e José Arigó são célebres exemplos, entre inúmeros outros, famosos e anônimos, de missionários desta sutil dimensão relacional. Inclui-se aqui a modalidade de terapia popular praticada nos centros assistenciais da tradição kardecista e outras, bem como os terreiros de umbanda, de candomblé e os simples benzedeiros.

No campo psicoterápico podemos citar duas abordagens atuais, provenientes desta esfera: o Processo Fisher-Hoffman (43), que foi, por parte de Hoffman (um simples comerciante dotado de um refinado sintetista), produto da canalização do espírito do psiquiatra Siegfried Fisher, seu amigo já falecido. Este último transmitiu-lhe a teoria e metodologia da terapia da quaternidade. A outra abordagem é a de Eva Pierrakos (44), no seu *caminho da autotransformação*, que consiste de muitas dezenas de palestras, lúcidas e profundas, frutos da canalização, por parte de Eva, do que ela denomina *o Guia*. John Pierrakos (45), co-criador da terapia bioenergética, juntamente com Lowen, confessa que este conhecimento obtido por Eva, sua ex-esposa já falecida, foi a impactante inspiração para a sua proposta de um *Core Energetics*, a Energética da Essência.

"Se podemos ter o diabo na pele, por que não poderíamos ter, também, deus no corpo?", indaga Jean-Yves Leloup. Contagiamos o outro com o que nos habita em abundância; deus e o diabo são transmissíveis. Quando introduzimos uma qualidade superior em nosso Ser, nós a transpiramos naturalmente, irradiando-a aos outros no contexto de uma ecologia do Ser, conectada à ecologia social e ambiental.

O principal instrumento de um terapeuta, portanto, é ele mesmo; o seu testemunho de inteireza, congruência e transparência. A transfusão de uma qualidade curativa de paz e plenitude ocorre, espontaneamente, a partir de um ser que se plenifica, iluminando-se. Quando a essência se faz transparente na existência de uma pessoa, tudo e todos são beneficiados e o próprio universo é abençoado. Eis o relato do orientalista, Paul Brunton, segundo Osborne (46), do impacto nele produzido pela silenciosa presença do santo hindu Ramana Maharshi:

> "É uma antiga teoria minha que se pode fazer um inventário da alma de um homem por seus olhos... Mas diante dos olhos do Maharshi hesito, intrigado e confuso...
> Não consigo despregar dele o meu olhar. Meu espanto inicial, minha perplexidade ante o fato de ser totalmente ignorado, vão aos poucos dando lugar a um estranho fascínio que se apodera tenazmente de mim. Mas somente no correr da segunda hora daquela cena incomum começo a dar-me conta da silenciosa e irresistível modificação que se está operando em minha mente. Uma a uma, as perguntas que eu meticulosamente elaborara durante a viagem de trem, desapareceram. Pois agora já não parece importar que elas sejam ou não formuladas, e é não importa solucionar os problemas que até aqui me vinham perturbando. Sei apenas que um rio de quietude parece correr dentro de mim, que uma grande paz está penetrando o mais profundo do meu ser e que o meu cérebro cansado de pensar começa afinal a encontrar um pouco de descanso".

Cada ser humano é o depositário de uma parcela do universo. É nossa primeira tarefa mantê-la em ordem, cuidando-a para que dê testemunho de sanidade, integração e harmonia. É no interior de cada um de nós que é travada a batalha definitiva pela qualidade total de vida. É também aí que a transformação do mundo tem início, para que na desolada terra dos jogos e manipulações, um Reino plenamente humano possa ser edificado.

4. Script e utopia humana

Com a sua típica habilidade pragmática, Eric Berne (47) inteligentemente operacionalizou o vasto e complexo domínio do inconsciente pessoal, familiar e, pelo menos, parte do coletivo, através do que denominou de *script de vida*. O conjunto de decisões de sobrevivência tomado na primeira infância, sob a fulminante influência sócio-cultural-familiar, constituindo uma estrutura significativa modeladora de uma existência previsível, mais ou menos infeliz, eis o *script* berniano, do qual apenas escapa aquele que orienta o coração para aprender, investindo sistematicamente no processo de autoconhecimento e individuação.

A decisão dó passado é a compulsão do futuro. O *script* é compulsividade; é um paradigma pessoal, uma descrição de si e do mundo, formulada precoce e precariamente, retroalimentada por diálogos internos. Tem uma função orientadora de sobrevivência nos primeiros tenros anos da existência. É bastante análogo ao que Krippner e Feinstein (48) denominaram de *mito pessoal*. E se a todo mito corresponde um rito, o *script* manifesta-se por uma rotina ritualística existencial, uma compulsividade de atitudes direcionadas para o cumprimento de metas não-conscientes parentais, derivadas do pacote de memória decisional infantil. É o passado que se perpetua no presente, engendrando o futuro.

A triste realidade é que a maioria dos habitantes deste planeta não supera a primeira infância, capturada na malha invisível de uma hipnose sócio-familiar, alimentada por pensamentos e sentimentos compulsivos. O *script* é o "samba de uma nota só" da canção popular; a existência robotizada, dirigida por um controle remoto introjetado, cuja bateria se alimenta das vozes interiores do lá-e-então.

A antítese do *script*, portanto, é o jejum dos pensamentos habituais, já que este programa psíquico morre de inanição quando desprovido da nutrição mental do círculo vicioso dos diálogos internos, frutos da memória dos engramas do passado. Neste sentido, ao lado da psicoterapia que facilita as redecisões, a *meditação*, o auto-esvaziamento e eliminação de tudo que não é essencial, é um caminho de valor inestimável na superação da esclerose psíquica do *script*. Reafirmo que toda patologia transcorre na desatenção. Portanto, o *círculo virtuoso* do estado meditativo nos desperta da ilusão do passado e ficção do futuro, pelo desenvolvimento da plena atenção ao aqui-e-agora. A superação absoluta e definitiva do *script* é uma função natural do despertar pleno, da iluminação que transmuta a existência, numa dança perpétua de autocriação.

Enfim, o *script* é o desvio da vocação. O fiel zelador deste desvio é o *Curinga* ou *demônio*, expressões cunhadas por Eric Berne (47), para referir-se a um estrato arcaico e destrutivo da psique, que "vira a mesa" nos momentos decisivos, compelindo o sujeito a perder-se de si mesmo e do seu Norte. O trabalho desta potência sombria do interior da alma é manter a pessoa no eixo distorcido do *script*, atuando como opositor astuto e ferrenho adversário do terapeuta, sempre à espreita, pronto a desafiá-lo, especialmente nas encruzilhadas do processo tortuoso da espiral evolutiva. Este é um enfrentamento fundamental para o qual o terapeuta precisa estar preparado, como facilitador do retorno da pessoa ao seu centro, o Ser.

Lidando com o *script* no cotidiano de minha prática clínica, sistematicamente tenho constatado a coexistência de duas vertentes: a pessoal e a transpessoal. Duas memórias encontram-se aqui envolvidas; uma recente, abrangendo o *continuum* de vivências desde a concepção, e outra antiga, que pode remontar ao *big-bang*, passando por toda a estória da espécie humana. Geralmente a pessoa encontra-se interditada, crucificada, num ponto de encontro decisional de um nível horizontal, pessoal e outro vertical, transpessoal. Apontando para este fato simbólico, numa manhã de dezembro de 1992, acordei com o seguinte *insight*, provavelmente produto de um sonho que escapou-me: "Saibamos ou não, estamos sempre pregando os nossos pregos de ontem na nossa cruz de hoje".

Os diversos planos da realidade humana encontram-se dinamicamente interconectados. Um sintoma ou compulsividade pode implicar, além de um substrato somático, uma matriz psíquica abrangendo o ego e o além do ego. Por conseguinte, a redecisão plena e curativa de um aspecto crucial do *script* geralmente envolve um duplo processo: o pessoal e o transpessoal. Ao analista cabe rastrear o plano horizontal, a teia das causalidades e o universo de decisões precoces de sobrevivência, subjacente no nível pessoal do *script*. Cabe ao sintetista a escuta sutil das transcausalidades e apreensão das sementes kármicas, as decisões primevas contidas no plano vertical, do substrato transpessoal do *script*. Eis a cruz da atualidade existencial na qual continuam macerando os pregos do passado, convocando-nos, pela tortura, à ressurreição redentora no aqui-e-agora.

É evidente a relação do conceito de *karma*, da psicologia perene, com o *script*, da psicologia berniana. O primeiro advém do sânscrito *kri*, que significa ação ou fazer. Como afirma Vivekananda (49), *karma* refere-se a tudo o que fazemos, física e mentalmente, e deixa-nos suas marcas. Neste sentido, o *script* é um *karma decisional*, ou seja, as conseqüências de nossas decisões do passado. Por outro lado, apresenta-se inerente a este capítulo da sabedoria tradicional, o complexo corolário da *reencarnação*: a re-entrada na escola existencial, através de uma continuidade causal e transcausal. Além da questão filosófica e natural ética aqui envolvida, a vasta fenomenologia proveniente da prática clínica — a casuística que se segue, no final deste capítulo, fornecerá alguns elucidativos exemplos, espero — torna imperativa a consideração deste tema como sendo um dos mais relevantes, quando não estamos tolhidos na camisa de força do dogmatismo preconceituoso do cienticismo moderno.

Seja *vida anterior*, segundo o milenar postulado da reencarnação, seja *vida interior*, pela emergência de um arquétipo do inconsciente impessoal coletivo, a memória da humanidade em nossa psique, ou pela captação de uma energia intrusa, mal ou bem-vinda, do inconsciente parasita, ou pela ativação de arquétipos cósmicos e dévicos do assombroso imaginal da espécie, o que importa é a abertura e inclusividade, na prática terapêutica, para o universo de fatos inerentes ao existir humano. *Real é o que atua*, afirmava Jung. Todas estas dimensões atuam; são fatos reais que necessitam de uma escuta respeitosa e de um cuidado com discernimento, viabilizados pela dupla terapêutica, analista e sintetista.

É também heurística a relação do *script* com o conceito xamanístico, já referido, da *ferida sagrada*, a que não cura e constitui fonte de inspiração no processo de realização do Si. O *script* é uma clausura significativa pessoal, uma invalidez psíquica que precisa ser compreendida para ser transformada e transcendida. A ferida sagrada é a que trazemos como marca indelével, uma "tatuagem na alma", como define Elisabeth do Carmo, que pode ter expressão corporal, como uma deficiência física, uma idiossincrasia individual ou anomalia que destoa e faz sofrer. "Quero ficar no teu corpo feito tatuagem, que é pra te dar coragem, pra seguir viagem, quando a noite vem", diz a inspirada canção de Chico Buarque e Rui Guerra, na voz de Maria Betânia. A ferida sagrada tem em Quirón a sua referência na mitologia grega.

Rei sacerdote dos centauros, neto de Urano, o céu e Gaia, a terra; filho do amor ilícito entre Saturno, metamorfoseado em cavalo, e Filira, filha do oceano, Quirón é o arquétipo do terapeuta ferido. Meio humano e meio animal, Quirón buscou e optou pela sabedoria, tornando-se um grande mestre curador, fundador do Asclépio, o templo de cura, e orientador de muitos heróis célebres, como Aquiles, Orfeu, Teseu, Jasão e Hércules. Segundo Spalding (50), diferenciando-se dos centauros comuns, Quirón era dotado de brilhante inteligência, exímio mestre em medicina e cirurgia, também versado em astronomia. Sobre o seu ferimento, há duas versões: na primeira, foi ferido no joelho por uma flecha extraviada do seu discípulo Hércules, que continha o sangue da Hidra de Lerna, fruto de uma de suas estupendas doze tarefas. Incapaz de curar-se da dor intolerável, Quirón pediu a Júpiter o lenitivo da morte; foi atendido e transmutado na constelação de Sagitário. Na outra versão, quando o sábio centauro examinava as flechas de Hércules, uma delas escapa, acidentalmente, de suas mãos, ferindo-lhe o pé. Ao fazer tudo para curar-se, aperfeiçoou a arte de curar os outros. Ao saber-se não curável por si mesmo, Quirón transfere o seu dom de imortalidade para Prometeu, sendo redimido pela condição mortal humana, o privilégio que lhe é concedido. Bárbara Clow (51), sublinha que Quirón é o arquétipo que tem "o poder de que necessitamos para encarar o lado escuro de nosso caso de amor, aparentemente infinito como a morte e o mal. Ele é a ponte para os nossos eus animais e para a recuperação de nosso poder de energia". Sendo um deus, o curador ferido inicia-se como humano para beneficiar-se da finitude, o remédio supremo da mutação.

Identificar a ferida sagrada pode ser uma importante conquista no processo de individuação. Partir da margem da ignorância, navegar o rio da dor enfrentando os seus obstáculos e ilusões, para alcançar a outra margem, a da iluminação que se traduz por abundância de amor e graça, esta talvez seja a primeira e derradeira aventura da condição humana. Destaca-se aqui, a luta imprescindível por uma *utopia*, pelo ainda não realizado, pelo que não há espaço, ainda, para florescer. Certamente a maior e mais instigante utopia é a da plenitude humana. Ser tudo o que somos é a grande jornada mítica, a utopia com coração. O belo poema, *Sonho impossível*, referindo-se ao delirante e poético guerreiro Don Quixote, um arquétipo do sintetista, ao lado do razoável Sancho Pança, o seu fio-terra, um arquétipo do analista, na obra imortal de Cervantes (52), vertido em canto, novamente, pela tocante voz de Betânia, indica-nos o poder da utopia que transmuta um pobre moribundo no formidável Cavaleiro de la Mancha"

"Sonhar, mas o sonho impossível
Lutar, quando é fácil ceder
Vencer o inimigo invencível
Negar, quando a regra é vender
Sofrer a tortura implacável
Romper a incabível prisão
Voar no limite improvável
Tocar no inacessível chão
É minha lei
É minha questão
Virar este mundo
Cravar este chão
Não importa saber se é terrível demais
Quantas guerras terei que vencer
Por um pouco de paz
E amanhã
Este chão que beijei
For meu leito e perdão
Vou saber que valeu
Delirar e morrer de paixão
E assim
Seja lá como for
Vai ter fim
A infinita aflição
E o mundo vai ver uma flor
Brotar
Do inacessível chão..."

No meu caso particular, a sensibilidade à dor de sentir-me um prisioneiro entre prisioneiros, constitui uma ferida sagrada que inspira-me a seguir avante, rumo à libertação, atuando como facilitador para que outros também a possam lograr. Ser discípulo da ferida sagrada traz alento e força na travessia do deserto para além do *script*, na direção de assumir a autoria de si mesmo, como mestre do próprio destino.

"O cão ladra, a caravana passa", diz um antigo provérbio árabe, segundo Huxley (53). O Ser há de abrir passagem, não importando o latido de nossos cães interiores e exteriores. Se houver abertura para o infinito e insondável, amplo espaço de escuta, perseverança na conspiração pela Utopia Humana e sede de Mistério, então...

Vozes do deserto se levantam
para os preparados, para ouvir
a mensagem dos camelos
em lenta e precisa Caravana.

Cabeças altivas
erguidas para o Céu
Passos cadentes
traçando rastros fugidios na areia
da impermanência
Disciplina necessária
para a longa travessia
que liga Nada ao Nada.

Vestes ao vento
véu no rosto
que protege
e realça o mistério do olhar.

Espada na mão
para cortar o fio da ilusão.

Amor no peito
qual chama a brilhar
e a transmutar a dor em flor

Abismos, abismos e abismos
onde me lanço qual pedra no poço
alma.

DANÇANDO O POEMA DO ENCONTRO

Uma unidade de encontro é como um poema que se desenvolve ao som, ritmo e compasso da sinergia. Há sempre beleza e encantamento quando abrimos espaço para o universo amplo do encontro humano. Quando transcorre em grupo pode exalar também a qualidade de uma sinfonia, com múltiplos e variados instrumentos regidos pelo maestro da Totalidade. Há risos, angústias, atropelos, confrontos, afeto, hostilidade, luz e sombra, e, no entanto, se a escuta é competente e se o coração estiver presente, será sempre melodia vibrante a oferecer a cada um o dom de cada um ser o que é. Considero-me privilegiado por testemunhar, no ofício do cotidiano, esta poética do encontro e da transformação.

O encontro terapêutico é um estado intensificado de uma dinâmica relacional que precisa se expandir além dos limites do consultório, no *continuum* existencial. Visando, desde o início, esta conscientização, proponho, como já afirmei, três extensões da psicoterapia, ou "deveres de casa" a serem implementados no dia-a-dia: anotações sistemáticas dos sonhos — o Livro da Noite —, *anamnese* ou registros de experiências numinosas, de momentos plenos — o Livro do Deslumbramento — e uma *holopráxis*, vivência de um caminho de tradição sapiencial — o Livro do Despertar.

Vestígios de encontros é o que apresentarei a seguir, através de alguns relatos de uma fenomenologia, no contexto clínico, desta abordagem transdisciplinar holística que denomino de síntese transacional. Os nomes e alguns dados objetivos são trocados ou disfarçados. Tudo o mais são fatos, com farta documentação e testemunhos oculares e/ou escritos. Antes da publicação, apresentei este capítulo para todos os personagens envolvidos, os amigos e amigas evolutivas participantes das unidades de encontro parcial e resumidamente apresentadas. Muitos ofertaram-me a dádiva de seus *feedbacks*, suas percepções pessoais dos processos focalizados, que acrescento e enriquecem o presente texto.

Confesso que não foi tarefa fácil realizar estes registros do encontro terapêutico. No início hesitei e oscilei entre a margem segura da omissão e o abismo imprevisível da entrega. Resumir, de forma significativa a complexidade envolvida na sinergia entre duas *inteirezas humanas* é façanha impossível, a não ser que nos contentemos com a sua utilidade indicativa e, talvez, inspiradora para os inconformados da atual miséria psíquica. Aceito o desafio e a ele me atiro, sem restrição, por saber que é tempo de ousar, de reinventar códigos, de lançar pontes para o desconhecido, transgredindo a estreiteza de uma certa mentalidade moderna, dogmática e estagnada no racionalismo tecnicista. Omitir é trair, neste momento de mutação consciencial que nos exige uma palavra nova, um gesto inédito, enfim, uma contribuição singular. Por mais singela e insignificante que possa ser, que seja!

Por outro lado, alguns prudentes amigos aconselharam-me a dosificar os meus relatos, resguardando-me de uma abertura maior, confiante e franca, o que resultaria em silenciar, parcialmente, o meu testemunho. Concordo que silenciar, às vezes, é sábio e necessário. Outras vezes, é covardia.

Mesmo sabendo que irremediavelmente sofro de entusiasmo, tendo que arcar com as conseqüências, respondo aos meus bons conselheiros: O tempo das catacumbas passou! Os inquisidores já estão nadando contra a correnteza. O amplo horizonte para a realização da Utopia Humana encontra-se à vista. O discurso contido e demasiado cauteloso pode ser também tedioso para a jovem e ousada inteligência insurgente a clamar pelo novo, pelo inteiro, pelo resgate do Mistério que nos foi subtraído, à força de repressão, pelo totalitarismo racionalista e positivista. Nem sempre a razão tem razão. Como afirma Chesterton, apontando para o cerne de uma perversa contradição contemporânea, "louco é quem perdeu tudo, exceto a razão!"... Chega de fazer concessões a esta loucura lógica e passageira e à idolatria de velhos cânones ultrapassados! A razão tem razão quando, dentro dela, palpita um coração. Temos contas a prestar às gerações vindouras. A elas, sim, desdobro-me em cuidados e oferto o meu modesto e sincero tributo.

A Nova Idade convoca-nos à *transparência*. Opto pela fidelidade aos fatos, esperando colaborar para uma abertura saudável de visão frente à imensidão do fenômeno humano. É tempo-espaço, já, de cantar *Aleluia* à luz do dia. Assim confio, assim procedo, nas páginas que se seguirão.

Quero enfatizar que, para uma compreensão plena destes relatos, é exigida ao leitor a devida leitura dos capítulos anteriores, onde apresento os conceitos básicos, a reflexão metodológica e os postulados antropológicos que respaldam, orientam e dão sentido à prática de onde se originam estes testemunhos.

Selecionei estas unidades de encontro, entre centenas de possibilidades, por suas riquezas de conteúdo, especialmente na esfera sintética — já que a analítica é sobejamente conhecida e dela dei farto testemunho em livro anterior (36) —, e por terem tocado profundamente o terapeuta e os demais participantes das mesmas, quando transcorridas em grupo.

Como venho fazendo desde o início deste capítulo, nestes vestígios denomino a mim mesmo de *terapeuta* e, mais especificamente, de *analista*, quando atuo dominantemente com o método analítico e de *sintetista*, quando na esfera dominante da via sintética. Este procedimento didático visa facilitar a compreensão da dinâmica analista-sintetista, que considero fundamental na prática transdisciplinar em terapia.

"Goza a euforia do vôo do anjo perdido em ti.
Não indague se nossas estradas, tempo
e vento, desabam no abismo.
Que sabes tu do fim?
Se temes que teu mistério seja uma noite,
enche-o de estrelas.
Conserva a ilusão de que teu vôo te leva
sempre para o mais alto.
No deslumbramento da ascensão,
se pressentires que amanhã estarás mudo,
esgota, como um pássaro, as canções que tens
na garganta.
Canta, canta, para conservar a ilusão de festa
e de vitória.
Talvez as canções adormeçam as feras
que esperam devorar o pássaro.

> Desde que nasceste não és mais que um vôo
> no tempo, rumo ao céu?
> Que importa a rota!
> Voa e canta enquanto resistirem as asas..."
>
> MENOTTI DEL PICCHIA

As luzes do arco-íris

Há dez anos, setembro de 1985, Íris chegou, pela primeira vez, ao meu consultório. Uma mulher sensível e delicada, com emoções transparentes e, sobretudo, terrivelmente assustada, em estado de quase permanente estresse, como se houvera perigos por todos os lados. O seu olhar se assemelhava ao de um animalzinho indefeso, em estado de pânico generalizado e, ao mesmo tempo, transpirava uma rara bondade inocente. Mãe de três filhos, há muito tempo o seu marido estava sendo iniciado em drogas e ela necessitou muitos meses em terapia para desmistificar a sua visão e aceitar este fato.

Proveniente de uma cidade do Rio Grande do Sul, guardava um pavoroso segredo que de todos ocultara por toda a existência: a partir dos doze anos, quando tornou-se uma mocinha, o seu pai tentava assediá-la sexualmente, de forma sistemática ao longo de muitos anos. Dotada de uma moral irrepreensível, Íris jamais se entregou, vivendo um inferno cotidiano de perseguição e fuga crônicas. Não tinha com quem contar pois a sua mãe apresentava-se como uma vítima indefesa e imatura e, também, pela poderosa influência patriarcal do pai, em sua provinciana cidade natal onde sentia-se completamente impotente quanto a solicitar ajuda externa. Por outro lado, ela queria poupar as irmãs e irmãos do grande escândalo que causaria a sua revelação da "monstruosidade" do pai, considerado por todos como um homem bom e honrado. Sem descanso em sua aflição, pois o pai a assediava dia e noite, Íris dormia entre as irmãs, depois de trancar a porta do quarto por dentro. Na calada da noite o pai, furtivamente, usando de um arame, abria a porta e ela, sempre em estado de ansiosa prontidão defensiva, saltava desesperada e tinha que ameaçar gritar para afugentá-lo, ao mesmo tempo cuidando para que as irmãzinhas não despertassem do sono inocente. Vigiada pelo pai que tinha ciúmes doentios de todos os que dela se aproximassem, não tinha nenhum descanso, exceto quando estava na escola ou na igreja.

Certa ocasião, quando saía de um espetáculo de circo, Íris caminhava na calçada entre seu pai e sua mãe. Para atravessar a rua pararam, aguardando que o tráfego o permitisse, e o seu pai colocou a mão no seu ombro. Sabendo da intenção maliciosa daquele gesto, no seu desamparo terrível, mesmo estando ao lado da mãe, por alguns segundos ela pensou em se atirar na frente de um carro, para colocar um fim ao seu suplício...

Ela já estava cursando o último ano de universidade sem nenhuma perspectiva de sair desta situação insuportável, quando, num gesto desesperado e saudável, confidenciou o seu drama para um sacerdote, professor de filosofia, Padre Miguel, que tornou-se um sábio anjo protetor em seu caminho. Tendo se mudado, logo após, para Brasília, Padre Miguel planejou, com Íris, um plano de salvação: a simulação de uma bolsa de estudos, exigindo a sua mudança para a capital.

Eis o exemplo de uma "santa mentira" demonstrando que nenhum valor pode ser absolutizado, independente das circunstâncias, nem mesmo o da verdade. No *Mahabharata*, recontado por William Buck (54), há uma interessante estória: "Kausika, o brâmane, que agora arde no inferno, ansiava pela Virtude, e em toda sua vida jamais disse uma mentira, nem por brincadeira. Certa vez, vendo a vítima indefesa passar correndo por ele e se esconder, Kausika, sentado onde os rios se encontram, respondeu aos bandidos: — *Por ali*! Portanto, sejam como o cisne, que bebe do leite e da água misturados, mas escolhe apenas o que ele quer e relega o outro".

O providencial engodo felizmente funcionou. Passo a palavra a Íris, que relata sua heróica fuga do hediondo pai:

"(...) Na preparação da viagem eu me sentia tranqüila e confiante, doida que chegasse a hora de partir para Brasília. Às vezes me batia alguma preocupação e sentia-me tonta com tanta simulação. Papai levou-me até o aeroporto e eu peguei o avião. A partir daí senti uma etapa vencida e outra se iniciando. Pensava na chegada à Brasília, minha Terra Prometida. Sabia que contava com Padre Miguel. Algum pensamento de insucesso que aparecia eu jogava fora, imediatamente. Não admitia pensamentos negativos, mesmo porque eu já estava cansada de pensar. Não queria pensar em nada; só queria chegar. Finalmente o avião aterrissou e, ao descer no aeroporto, no primeiro momento, olhei para as pessoas e não vi o Padre Miguel. Senti um ligeiro calafrio e, logo depois, o avistei; vinha ao meu encontro e me deu um abraço. Estava tonta de alegria. Passamos pelo centro de Brasília, por seus monumentos e depois chegamos a um pensionato, uma ordem de religiosas modernas. Padre Miguel carregou minha pesada mala. Era noite quando fui recebida por uma irmã e me acomodei, depois de receber as informações iniciais. Passei a chave no meu quarto e, vagarosamente, olhei tudo em volta e preparei-me para dormir. Minha cama já estava pronta. Senti um alívio, uma paz, uma leveza... Não tinha medo de nada. O sono desta noite foi diferente de todos os demais".

A verdadeira libertação do pai, entretanto, teria que ser conquistada no interior de si mesma. Como a psique tem o poder de atrair o que precisa, para fechar as suas próprias pendências, décadas depois, o *script* de Íris se repetia, de forma até didática. Superprotetora de toda a família, compensava a irresponsabilidade do marido sobrecarregando-se e deixando-se, sempre, em último lugar. Com o agravamento do quadro de drogadição do cônjuge — ocupante atual do papel paterno —, Íris dormia no quarto das filhas, com a porta trancada, sempre temendo os seus surtos de agressividade, passando também a fugir da cama conjugal.

Freqüentemente o seu marido drogado, aos gritos, tentava abrir a porta do quarto onde, novamente, ela tinha que se esconder. Já havia feito três úlceras sem nem ao menos perceber e que foram identificadas por um exame a que se submetera.

O seu estado crônico de ansiedade e a agitação dos diálogos internos a perturbava a tal ponto que, nos primeiros anos de terapia, ela mal conseguia ouvir o terapeuta. Imediatamente após o encontro, Íris tinha que anotar o pouco que conseguia reter na memória, do que tinha sido focalizado, para refletir a respeito. A mensagem terapêutica principal era para facilitar que ela aprendesse a se autodefender, dizer NÃO, colocar limites, ser guerreira e lutar, também, por si mesma. "No seu contexto de adolescente você não pôde confrontar o pai; agora você pode! Encontre a sua palavra. Diga SIM para você!"

Certa ocasião ela telefonou para o terapeuta, explicando o motivo de não comparecer à terapia por um período de tempo: "Ao atravessar a rua, na direção de um supermercado, eu fui atropelada levemente e preciso me recuperar", disse ela com sua amável ansiedade. "Ah!, você tentou suicidar-se?", indagou, peremptoriamente, o terapeuta. Passado o primeiro susto após esta indagação, sendo convocada a interpretar e encontrar o sentido do seu acidente, Íris pôde associá-lo àquele episódio citado em que, no seu desespero, pensou em atirar-se sob as rodas de um carro...

— "Despose a si mesma!", bradava o terapeuta, às vezes indignado, buscando contagiá-la, perante a sua inércia quanto a brigar por si. Muito lentamente ela foi relaxando sua resistência em cuidar-se, adquirindo mais consistência pessoal, aprendendo a elevar a sua própria voz para se fazer ouvir, rumo ao processo de adotar-se.

Então, um grande momento aconteceu. Ela estava se queixando da sua dificuldade em meditar: "Eu não consigo porque, quando fecho os olhos, aparecem luzes, azul, amarela, verde... ocupando todo o espaço e é impossível imaginar que eu sou uma montanha ou usar mantras..." Rejubilou-se o terapeuta com esta confissão da especial virtude sintética da amiga evolutiva, inconsciente de seus tesouros interiores. "Mulher, visualização de montanhas, emissão de mantras, são para quem está no jardim da infância noético, para os menos dotados. Você é 'primeira classe'! Métodos de meditação existem para conduzirem à luz e você está reclamando por ser abençoada. Por favor, fique com as suas luzes!", disse sinceramente o terapeuta, que contou-lhe a seguinte estória:

Um missionário visitou uma ilha na qual viviam três irmãos, na maior simplicidade. Contente com a perspectiva de salvá-los da ignorância espiritual, o bom missionário passou muito tempo ensinando-lhes a orar. Satisfeito com o interesse e dedicação de seus bárbaros pupilos, deu a tarefa por encerrada e estava iniciando a travessia de volta, em seu barco. Foi quando ouviu as vozes dos três irmãos, correndo com os pés secos acima das águas e suplicando: "Por favor, mestre, repita-nos a oração pois já a esquecemos!". Atordoado com esta visão do milagre dos inocentes irmãos e com a sua própria cegueira, o missionário só pôde exclamar: "Esqueçam a oração; vocês já estão no Paraíso!..."

"Esqueça a montanha e os mantras; você já tem o essencial!", afirmou o terapeuta, fazendo imediata aliança com a Luz da sofrida amiga evolutiva.

Mais tarde, um importante encontro onírico, sonhado por Íris, forneceu uma foto simbólica do momento em que se encontrava em seu processo de individuação, ainda muito carente do suporte terapêutico: Ela estava com o terapeuta em sua casa quando ouviu, apavorada, os passos do seu pai chegando. O terapeuta disse: "Fique aqui; eu lutarei com ele por você!" Saiu e ela ficou ouvindo o intenso rumor de uma luta aguerrida. Finda a batalha, vitorioso, o terapeuta entra na casa, todo rasgado e sujo do violento combate. Imediatamente dirige-se ao banheiro e toma um banho. Ela oferece-lhe uma toalha limpa. Então chega a sua irmã, Diana, para levá-la consigo.

O sentido do encontro onírico é claro. A força do terapeuta é maior do que a do fantasma do pai, que ainda a assediava, psiquicamente. Ela não está preparada, ainda, para um confronto direto; a vitória, entretanto, é certa. O terapeuta necessita purificar-se do *karma* do bom combate e Íris ajuda-o, com a toalha, em necessária parceria. Diana é a sua irmã briguenta, o seu outro lado, a sombra guerreira que precisa ser integrada na sua psique.

Um outro encontro onírico, em janeiro de 1993, indicou o momento do início da sua etapa de dar-se alta. Eis o relato de Íris:

> Sonhei que estava numa sessão de terapia. Era uma sala ampla. Eu chegava no local e, enquanto aguardava Roberto, surgia uma tocha de luz violeta, ora lilás escura, ora clara, igual à que vejo quando estou meditando ou de olhos fechados, relaxada.
>
> Essa tocha de luz se movimentava lentamente ou ficava quase parada. Depois ela se deslocou para a cadeira e se transformou em Roberto que começava a sessão terapêutica. Em dado momento, quando Roberto se levantava da cadeira, transformava-se na luz e depois, ao voltar, a luz se transformava em Roberto.
>
> Durante a sessão, meu irmão me avistou pelo basculante, entreaberto, que havia na sala e falou comigo. Eu respondi que a sessão dele estava marcada e que ele podia ficar tranqüilo, pois estava tudo certo.
>
> Quando a sessão terminou, Roberto se transformou em luz violeta e findou o sonho.

A identificação e transmutação da luz em terapeuta e do terapeuta em luz, evidencia que este é o cerne do seu processo de cura. A luz violeta, proveniente do seu inconsciente angelical, em transcomunicação com o do terapeuta, é o sutil agente de transformação, do hemisfério sintetista. Violeta é a cor do arcanjo Gabriel, arquétipo do mensageiro, patrono divino da informática inerente ao universo. Esta é uma linda metáfora da qualidade da comunicação curativa terapêutica. Aliar a sua consciência analítica, com a memória de seus traumas, com a consciência luminosa sintética, eis o processo em marcha avançada. Outro dado importante: ela já estava atuando como auxiliar do terapeuta, na relação com o irmão, abrindo-se para ser, também, agente de cura. O terapeuta nunca duvidou de seu grande potencial e da importância de sua vocação ou tarefa pessoal, como portadora e facilitadora de Luz. De tanto receber a dádiva desta confiança, Íris iniciava a confiar em si mesma, em seus próprios dons.

O Curinga do seu *script* estava perdendo, embora não fosse ainda destituído de poder, embaraçando-a na hipnose da espuma cegante das preocupações menores, desviando Íris do essencial. Apesar de tudo, a Luz prevalece.

Alguns meses depois, a importância da oração no seu processo, foi indicada por outro encontro onírico:

> Sonhei que estava numa sessão de terapia, na sala de uma casa grande onde se encontravam várias pessoas, num encontro holístico. Dessa sessão, lembro-me apenas que eu havia adormecido e que, ao acordar, devagarinho ouvia a voz do Roberto que rezava todo o tempo, de mãos postas, perto de mim.

Em março de 1994, foram reveladores do seu crescimento, dois outros encontros oníricos. No primeiro, fica evidente a sua própria travessia evolutiva, com os perigos envolvidos e a sua sintonia e cumplicidade com a ética holística terapêutica, com a qual comungo, exposta anteriormente. Ética da benção e de respeito à diversidade e não-separatividade:

> Sonhei que estava com várias pessoas, andando em casas e prédios, pelo interior e exterior. Na cobertura de um prédio tinha lugares perigosos, com risco de queda. Vi que várias pessoas haviam passado por esses lugares difíceis e eu fui atrás; também consegui atravessar.
>
> Encontro-me com o Roberto que se aproximou e disse: "Eu não admito que as pessoas sejam tratadas como se fossem números!". Imediatamente, eu respondia: "Eu também não admito e nem que sejam tratadas como frações!"

O segundo, novamente "numa casa grande", que simboliza a sua expansão consciencial, expressa um movimento compensatório importante, onde o terapeuta solicita a sua ajuda, confiante na sua maestria. E depois a conduz para a comunicação com a freqüência angelical, que, nos momentos limites da sua árdua jornada existencial, sempre foi a sua sustentação inconsciente e que ela necessitava, agora, assumir com o comprometimento consciente:

> Sonhei que estava numa casa grande, com muitas pessoas. Numa sala ampla, com alpendre, mamãe e algumas pessoas se encontravam. Roberto tam-

bém estava perto de mim e começava a dançar solto e dizia: "Íris, ensina-me a dançar. Como é aquele passo? É assim? Eu sei que você sabe como é!"

Depois, nesse mesmo local, Roberto me levava perto de um anjo e dizia: "Fala com ele. O anjo muda tudo!". Nós víamos a silhueta do anjo.

Na dança do encontro, com o terapeuta e o anjo, Íris assumia o seu arco-íris, debaixo do qual aguarda o tesouro da sua missão, envolvendo muitas pessoas, como consta nestas experiências oníricas.

Em maio de 1993, Íris presenteou o terapeuta com uma pequena dissertação que ela denominou de "As Transações do Ser", onde relata cinco experiências de transcomunicação, vividas em momentos inesperados, sempre através da comunicação com o olhar, na relação terapêutica. Eis um dos seus relatos:

"Ao olhar para o Roberto para fazer uma pergunta, não consegui falar. Dos meus olhos, mais precisamente, das minhas pupilas, saiam fortes jatos de energia que se encontravam com o olhar de Roberto igualmente forte, também se expressando pelas pupilas. Foram minutos de comunicação pelo olhar ou de fusão de energias, de entendimento e comunhão. (...) Foi um momento muito bonito. Senti uma grande alegria, estava feliz e com muita energia que durante muitos dias permanecia comigo".

Esta é uma bela descrição do *estado intensificado de encontro* com o Ser. Íris encerra o seu depoimento, com estas palavras:

"A cada Transação do Ser que me acontece, sinto que vou ganhando um pouquinho mais de confiança e diminuindo meu embaraço.

As Transações do Ser são lindas! Causam-me encantamento e alegria de viver. Acho que são rápidos contatos com a energia divina que há em cada um de nós, pois fomos 'feitos à imagem e semelhança de Deus'.

Lembro-me das passagens das Escrituras relatando fenômenos que aconteciam com os apóstolos e outras pessoas que conviveram com o Cristo. Sinto que há uma semelhança. Bem de longe, mas há. É a mesma energia. É uma faixa de energia divina".

Era uma vez...

Luzbel, da voz sonora, do riso aberto, da gruta dos símbolos, dos mitos e dos oráculos... Cor negra, alma multicolorida, nascida em Recife, órfã do pai vivo que se comunicava por algumas cartas com a filha, quando criancinha. Agarrada à mãe que não se conformava com o abandono pelo marido e que, na relação com a filha, compensava a sua solidão e amargura. Colocava Luzbel numa cadeirinha em cima da mesa e com ela conversava quase todo o tempo, durante a lida do cotidiano. Com pouco mais de um ano Luzbel já falava tudo, "alto e explicado" e só foi andar com mais de dois anos, por absoluta falta de chão...

Ainda com esperança de ter o seu homem de volta, a mãe, quando Luzbel tinha dez anos de idade, fez um oráculo denominado de *ir às vozes*, originário de Portugal, que consistia no seguinte procedimento: sua mãe debruçada na janela, oculta pelas plantas, Luzbel ao lado, ambas rezando o terço até ouvirem algo que fosse inteligível, sendo esta sincronicidade a mensagem oracular. "Você não sabia? Ele casou-se!", ouviram, mãe e filha, da conversa de duas mulheres que passavam. O oráculo foi confirmado, posteriormente, através da notícia dada por um conhecido. Terrivelmente desiludida, a mãe guardou o terço, deu para os outros todas as suas roupas bonitas, os seus sapatos elegantes junto com a sua beleza e alegria, desistiu de viver... e morreu dois anos depois.

Dos doze aos quinze anos, Luzbel rolou por casas alheias, sobrevivendo com dignidade à desolada orfandade, sempre trabalhando e aprendendo com tudo ao alcance, tendo somente a si para amparar-se. Rezava febrilmente para encontrar "uma casa sem nenhum homem que me pudesse molestar por ser mocinha e desamparada, onde eu pudesse estudar".

Os deuses ouviram e atenderam a sua justa e fervorosa prece. Maria dos Anjos, uma senhora de quase sessenta anos, ao ver Luzbel, indagou sobre quem era. Ao ouvir a resposta, "uma mocinha boa, educada e estudiosa", a benfeitora tudo fez até que a adotou. "Alva como a neve, cabelos brancos, olhos azuis cor de anil, sobrancelhas e cílios pretos, uma figura para mim completamente estranha, como que de outro mundo e superpreconceituosa", eis como Luzbel via a senhora que assumiu, judicialmente, a sua tutela e foi sua madrinha de crisma.

Para o espanto de Maria dos Anjos, "mesmo sendo negra", Luzbel era extremamente bem-dotada, um primor nos estudos, trabalho e dedicação aos deveres. Orgulhosa, para todos a madrinha assim a elogiava: "Luzbel é inteligente e tem ideal; é estudiosa, séria, trabalhadeira, vai à missa e é devota do Sagrado Coração". Viveram juntas, em paz e harmonia, durante sete anos, quando Luzbel pode fazer todos os cursos, e leu, leu e leu. Quando tinha 22 anos, testemunhou a despedida definitiva de sua madrinha, no seu leito de morte. O padre chegou antes do médico, iniciando o ritual da extrema-unção. Maria dos Anjos olhou nos olhos de Luzbel, depois para o céu através da janela... e partiu. Luzbel herdou a sua casa e o seu "espantado" amor.

No contexto patriarcal e preconceituoso, de coronelismo com resquícios vergonhosos de escravidão, a cor da pele de Luzbel brindou-lhe a ferida sagrada, com sua dor e inspiração. Negra que não se calava nem se conformava ao local subalterno culturalmente a ela prescrito, Luzbel sofria do seu próprio brilho. Não realizava o sonho acalentado de ser um anjo de procissão pois, no desviado desamor excludente da igreja local, não deveria existir anjo negro. Treinava balé o ano inteiro e não participava da consagradora apresentação ao público, por ser negro o seu gracioso bailado. Renunciou ao jovem príncipe encantado, "branco, rico e bonito'', por ela também apaixonado, por medo da sua família. Obstinadamente cresceu em valentia, inteligência, operosidade, beleza e solidão.

Nosso encontro deu-se em julho de 1977, num curso introdutório de análise transacional que, ao longo de uma formação na área organizacional e, depois, na área clínica, estendeu-se até 1980, numa metodologia em que a psicoterapia complementava a transmissão didática. Foi quando Luzbel iniciou-se nos símbolos, nos mitos e, posteriormente, nos oráculos. Deu-se alta e afastou-se durante 6 anos. Em sintonia intuitiva, neste intervalo, o terapeuta enviava-lhe o que escrevia, sabendo dos laços anímicos que os envolviam, aguardando o reencontro. Este ocorreu em 1986, quando Luzbel, pela terceira vez, re-entrou na formação, agora centrada na síntese transacional, e foi convocada a atuar como co-terapeuta em um dos grupos de terapia. Aceitou o desafio, introduzindo-se também numa escola iniciática de sabedoria. Através do seu universo simbólico onírico podemos ter um vislumbre da primeira etapa desta complexa e ampla unidade de encontro.

Nas suas palavras: "Pesadelos intensificaram-se em minha vida a partir dos 22 anos, quando perdi a minha madrinha de Crisma. Aos 42 anos, iniciei o processo terapêutico em que meus sonhos tornaram-se fonte de energia do meu processo evolutivo". Ilustrando, os três sonhos seguintes, em forma de pesadelos, foram marcantes e mostram, conforme Luzbel, "o Predador interno atacando, dos quais acordava aos gritos":

Sonho 1, 10/07/84

Um homem quer destruir a minha inteligência, batendo em minha cabeça com bolas de madeira dentro de um saco de pano. Ele diz que vai matar-me... Luto com ele que é mais forte fisicamente, porém não consegue realizar o seu intento... (Na vida vigil, eu lutava, ferozmente, com um grupo de homens do meu emprego).

Sonho 2, 17/10/86

Uns assaltantes lançam uma fumaça para se fazerem anunciar. Roubam alguns bens e prometem voltar. Trata-se de um grupo não-violento. Estou com um grupo de mulheres.

Sonho 3, 1987

Um felino transforma-se em adolescente com cara de malfeitor e me passa uma energia incomum. Ele não quer matar-me.

No fluxo destes sonhos há um decréscimo de violência, atestanto um processo evolutivo, desde o masculino que pretende assassinar a inteligência com o simbólico saco com duas bolas, passando pelo esfumaçado que rouba pertences sem agressividade, até o felino adolescente, talvez uma metáfora da própria energia guerreira que Luzbel necessitou, para sobreviver ao desamparo do período árduo de sua orfandade e que necessita ser integrada em sua psique.

Foi num encontro onírico, sonhado por Luzbel em julho de 1988, que foi anunciada uma travessia bem sucedida para a outra margem, com a superação do obstáculo sendo facilitada pelo terapeuta.

Quero atravessar para o outro lado, porém existe uma barreira alta, impedindo-me. Procuro passagem. Vejo, então, um lugar onde a barreira está baixa. Olho através desta abertura e vejo Roberto meditando do outro lado. Chamo-o. Ele levanta-se e vem até onde eu estou. Estendo-lhe as mãos. Ele pega minhas mãos como se eu fosse uma criança e me levanta para que eu alcance a passagem e atravesse para o outro lado. Eu sou uma criança e atravesso, feliz da vida.

Diz Luzbel: "Considero este sonho o fim de uma etapa no processo terapêutico, iniciado em 1977. Acredito que, ao atravessar o muro, superei o obstáculo das emoções substitutas: inadequação e insegurança, ressentimento e falsa alegria". O terapeuta em meditação simboliza a importância da holopráxis, da via qualitativa sintética e do fortalecimento da plena atenção para a transcendência dos traumas vividos pela amiga evolutiva.

No início da década de 90, Luzbel ingressou, como aprendiz, na Formação Holística de Base, da UNIPAZ. Novas mutações inquietantes no seu subterrâneo psíquico levaram-na a realizar uma segunda unidade de encontro com o terapeuta, de março de 1991 a março de 1992. Foi quando logrou um magnífico florescimento, com manifestações de seus dons sintéticos. Impulsionada pela ferida sagrada, a batalha sofrida de Luzbel transmutou-se em uma Obra-Prima, onde a sua palavra aliou-se à magia, "uma nova iguaria" para o nosso deleite, como indica este seu poema, *Segredos*:

> "O que falam essas comadres fofoqueiras?
> É o Tempo e a Vida contando os seus segredos:
> O infinito esconde o grão,
> O grão esconde o infinito...
> Coisa estranha essa troca, p'ra lá e p'ra cá,
> de vizinhas no fundo do quintal,
> trocando receitas, segredos de pratos saborosos.
> Uma nova iguaria surge no universo
> para o deleite daqueles que a apreciam..."

Será através da renovada palavra de Luzbel que, a seguir, é apresentada a alquimia de sua própria transformação, extraída da bela síntese que realizou de seu processo de individuação, *Sonhos, Oráculos* e *Poesia*.

O seu primeiro conto, fala da maldição do *script*, do seu cárcere no palácio defensivo e analítico da palavra e do início da sua jornada de libertação, finalizando com um oráculo apontando para a dimensão essencial do amor e da entrega, o resgate do feminino Luz:

"Era uma vez... Uma princesa que vivia em um castelo vendo a chuva escorrer, dia e noite, pelas paredes de vidro.

O espetáculo, de uma beleza misteriosa, prendia a princesa, que não sabia porque estava ali, de quem era o castelo e porque chovia sem parar.

Em um tempo já esquecido, alguém lhe lançara uma maldição:
Pagarás pelos erros de teus pais.
A princesa sentia muito medo.

Um medo horrível de ser transportada para um castelo de cortesãs e cumprir seu trágico destino.

Sentia-se perseguida, assustava-se e não confiava nem nos outros nem em si mesma.

Porém, queria ser receptiva e viver o total mistério do encontro.

Pensava que ceder a esse chamado seria sua ruína, sua perdição.

Tomou assim uma decisão:
Fugirei de todo e qualquer contato.
Com sua imaginação construiu uma roupa que a cobria da cabeça aos pés. Essa veste, muito resistente, tornava invisível sua beleza e feminilidade. Essa roupa chamava-se: PALAVRAS.

Quando estava em qualquer lugar vestia-se de PALAVRAS e assim escondia-se, protegia-se contra a maldição que havia recebido.

Os anos passaram, passaram, passaram...

A roupa metamorfoseou-se no corpo da princesa, formando, com ela, uma segunda natureza.

A princesa não percebia a transformação que estava acontecendo em seu interior, nem que a roupa era propriedade de uma bruxa chamada SOLIDÃO.

Tal bruxa protege quem vem ao seu castelo, porém nunca se sabe que tipo de proteção ela dá e como é seu rosto.

A técnica que usa é especial.

Aprisiona e sufoca o que a pessoa possui de mais valioso em si mesma.

A princesa pensava haver-se livrado da maldição e começou a fazer coisas ditadas por sua nova natureza.

Tornou-se raivosa, triste e desconfiada; temia ser deixada sozinha em qualquer lugar deserto, sentia-se feia e incapaz de conquistar o amor.

Tudo, porém, acontecia como se nada de cruel houvera. A princesa realizou muitas coisas em sua vida. Fez muitos amigos, aprendeu muito sobre os mistérios do AMOR e da MORTE. Entretanto, no fundo de si mesma sabia do monstruoso engano que acontecera ao tentar livrar-se da MALDIÇÃO:

ENTREGARA AOS CUIDADOS DA BRUXA
SEU TESOURO DE FEMINILIDADE.

Esta era a razão porque estava encerrada naquele castelo de vidro que chorava.

Olhando através das paredes viu que o castelo era Ela Mesma que chorava sua solidão, seu medo de entregar-se ao amor.

Que fazer então? Como recuperar sua original liberdade?
Foi então consultar um velho sábio que lhe ensinou três coisas importantes:
SUA ARMA É O SENTIMENTO
A FEMINILIDADE, SEU CAMINHO
A SEXUALIDADE, SEU PODER.
Estes três caminhos são um só. Não tema, nada poderá feri-la, se você não quiser ser ferida.
Diga suas palavras mágicas:
A BRUXA É VOCÊ MESMA
A ESPADA E O ESCUDO SÃO VOCÊ MESMA
O TALISMÃ É VOCÊ MESMA
A SOLUÇÃO É VOCÊ MESMA.
Abra as portas do castelo e deixe entrar o ar;
Plante rosas brancas e vermelhas;
Acenda uma fogueira;
Convide uma orquestra mágica para tocar sete dias e sete noites;
Avise aos jovens de todos os reinos para que venham, com uma única condição: Que sejam príncipes e busquem o amor.
Vista uma túnica branca;
Ponha uma tiara de ouro e pedras preciosas;
Deixe os pés descalços;
Leve nas mãos um pequeno pandeiro e dance, dance sua Dança Sagrada.
Mergulhe na noite da beleza, da paixão e do mistério. Brilhe e cintile com as estrelas.
Há um perfume no ar, uma alegria sem nome, uma força nas vozes que cantam:
Bem-aventurados os que encontraram o amor e seguiram o caminho do sonho...

ORÁCULO

Equilibra a divina paixão do Amor
Deixa o coração pensar, encontrar o desejo
O prodígio da geração dos mundos.
A grande trabalhadora completará sua obra.
O fiel da balança diz o valor das formas desejadas.
Regenera toda matéria:
frutos e herança, iluminação e saber
espalha poder e sabedoria,
atravessa portais
eleva-se no crepúsculo
encontra o eterno amante da vida.
Segue o caminho, atravessa os abismos
enlouquece nos mistérios...
Vendo os ipsilons
sabe que a decisão obedece ao coração.
Transmutar-se, revelar-se, encontrar-se

>Três vezes santa, três vezes mulher,
>três vezes serva do amor".

O segundo conto descreve a simbólica do seu despertar sintético, com as tarefas evolutivas de resgate dos elementos ar-água-fogo-terra, através dos terapeutas da Aflição, Aceitação, Metamorfose e Silêncio. Luzbel conclui com um poema que celebra a união dos opostos e um "exorcismo" dedicado ao parto de sua pedra filosofal conciliadora do humano-e-divino, a tarefa essencial da holística, a sua própria tarefa:

>"Era uma vez... uma princesa que sonhava...
>Levada por pássaros selvagens nada sabia de palavras...
>Voava no infinito, cantava a canção do vento, do mar e dos mistérios da luz.
>Dirigia-se para a 'Terra do Amor, da Poesia e da Vida-Sem-Fim...'
>Deslizava suave, tangida por asas de pássaros que a levavam ao seu destino...
>Apesar de em sonhos ter visto o rosto do seu amado e escutado sua voz, não sabia onde encontrar seu prometido noivo.
>Só sabia que para realizar seu sonho teria que fazer uma oferenda de amor.
>Como seria isso? Como saber e poder fazê-lo?
>Para auxiliá-la contava apenas com sua inabalável vontade e alguns segredos enviados por um velho sábio...
>Seu coração estava muito distante da compreensão de tão grande mistério.
>Enquanto deslizava para o desconhecido, ela amava, sonhava, chorava e aprendia com os pássaros.
>
>Em algum lugar, só conhecido pelos deuses, quatro seres poderosos resolveram auxiliá-la, de forma porém que mais parecia castigo.
>Cada um preparou uma tarefa a ser cumprida pela princesa, em sua viagem à "Terra do Amor, da Poesia e da Vida-Sem-Fim"; onde iria encontrar, sem saber como, Luz Dourada do Amanhecer, seu prometido noivo.
>Os seres divinos chamavam-se Aflição, Aceitação, Metamorfose e Silêncio.
>A princesa não os conhecia nem sabia da trama preparada para seu destino.
>Após concluirem sua deliberação, os quatro poderosos chamaram o seu mensageiro de confiança, o invisível, e ordenaram:
>Leva estas tarefas em quatro taças de cristal. Derrama o conteúdo de cada uma no coração da princesa, a medida que ela as for realizando. Todas são mortais por si mesmas. Se não forem cumpridas corretamente prenderão a princesa para sempre em sua própria teia. Porém, se as realizar poderá casar-se com sua Luz Dourada do Amanhecer, concretizando seu Sonho de Amor.
>O mensageiro inclinou-se respeitosamente diante de seus superiores e partiu para a execução fiel das ordens recebidas.

Primeira Tarefa:
Encher a mente da princesa de fumaça para que não enxergasse o rosto de seu amado, nem ouvisse a sua voz e assim o confundisse com todos os outros rostos e todas as outras vozes.

Envolvida por pensamentos angustiosos, que negavam o presente, tornou-se inconscientemente atada por inquebrantáveis fios.

Querer saber e não poder, querer ver e não enxergar, debater-se buscando libertar-se das realidades parcialmente encobertas, ouvir os gemidos dos filhos rejeitados que não se viu nascer e não se sabe da existência. Vivia a princesa a busca que não leva ao encontro, só à aflição.

Ao ser assim arrastada nesse turbilhão lembrou-se do VENTO, seu aliado. Chamou-o, pediu ajuda e foi atendida.

Uma brisa suave acalmou-lhe os pensamentos desencontrados.

Tornou em murmúrio a estridência das palavras.

Afastou a fumaça do esquecimento de si mesma e da AFLIÇÃO sem fim.

Segunda Tarefa:
Envolver a princesa na indolência, na sensualidade vazia e na revolta.

Seu coração foi invadido por sentimentos e imagens de outras eras e por ações que só provocavam medos, humilhações, rejeições e tristezas.

Rebelava-se contra sua solidão e a inutilidade de seu imenso desejo de afeição e de proximidade. Afinal reciclava sua própria história de vida; da impossibilidade de amar.

Que fazer então? Voar nos campos do infinito ou mergulhar nas profundezas do nunca despertar?

Na luta contra o monstro do desamor, pediu auxílio à ÁGUA.

Tudo se dissolveu, tornou-se fluido e não resistente.

Veio a ACEITAÇÃO, dócil, cheia de mistérios, guardando consigo o segredo da eterna juventude.

A princesa consciente do tempo, como mera criação dos homens, confia no milagre do amor. Quem sonhou realizou, quem pediu recebeu.

Terceira Tarefa:
Fazê-la enfrentar o calor e as queimaduras do seu fogo interior.

A fumaça já fora afastada pelo vento. Porém, o próprio reservatório do seu ser, onde algo em silêncio estava sendo preparado, ardia em chamas, para criar e recriar-se, virava cinzas.

A princesa vive então sua METAMORFOSE. Incendeia a noite e encontra seu afim: o FOGO que a purifica.

Quarta Tarefa:
Esta é a mais difícil, pois engloba as anteriores, consiste em empurrar a princesa para o fundo de si mesma, para a mais absoluta solidão.

Ela terá de enfrentar os próprios monstros que vagam autônomos e sem coleiras pela eternidade do sono.

Irá também encontrar seus anjos, ouvir o murmúrio da voz do seu amado e ter os olhos cheios de seus olhos.

A princesa chega ao centro de seu inferno e também de seu paraíso.

Contempla o desfile de todos aqueles seres demoníacos ou divinos que criara dentro de si mesma.

Lê no livro das eras para compreender seus mistérios...

Sozinha, naquela escuridão uterina, pede auxílio à TERRA que vive em eternas núpcias com o CÉU.

Precisou chorar nove dias e nove noites para, finalmente, encontrar o SILÊNCIO.

Suavemente, parou de deslizar. Não via mais os pássaros que a tinham conduzido à Terra do Amor, da Poesia e da Vida-Sem-Fim, onde cada instante é um amanhecer, um anoitecer, um meio-dia.

A princesa reencontrava seu original caminho. Ouviu então a voz da sua alma; "Fica tranquila, tens apenas que recordar quem és".

A Pedra Sagrada
No fundo do mar
No alto da Montanha
Brilha ao sol que a beija
Tal eterno apaixonado
Linda... guarda segredos de amor
Sonhos das antigas oferendas
Como uma lua
Desliza no céu profundo
Feminina feiticeira
Enamorada do seu deus.

ALQUIMIA

No fundo da Caverna Sagrada
Dormia Lusco-Fusco, o anoitecer
No alto do Pico Sagrado
Sonhava Luz-Dourada, o amanhecer.
Ambos se atraíam, se buscavam
Na distância insuperável...
Só havia um caminho,
O amor, maior que a distância
Na estrada do eterno mistério
estava o altar da sabedoria, da
beleza e harmonia
Onde se uniram
Recriando o ser primordial
não mais se separaram.

EXORCISMO

Diz um sábio:
Dos grãos de areia, do canto dos
pássaros, da poeira das estrelas
"Encontra o sopro, o lugar do Ser"
"brinca de música"
Passa em teu bailado eterno
"mais viva, mais amada, mais
inteligente", no ventre da confiança
coragem, vai além do conhecido

> No fundo do mar, no alto da montanha
> brilha ao sol, sê a Pedra Sagrada...
> guarda sonhos de antigas oferendas
> como árvore revela visível e invisível
> Ouve sombras úmidas, pesadas
> Perde a visão sem olhos...
> Ouve a voz da terra, o grito do animal ferido, da planta destruída
> Agradece, reverencia, sem calar um
> só momento; sobe a escada
> fala ao guardião dos eternos portais
> Dize a senha... "aceita ser perdoada"
> Vê o sol, reconecta
> Atravessa a revelação, o outro lado...
> Exorcizada dos demônios
> encontra e reencontra TEU DIVINO.
> TEU HUMANO.

Quando Luzbel se deu alta, no aniversário do seu terapeuta-padrinho, ofertou-lhe este poema de cumplicidade de almas e aliança de caminhos:

> "Parente da alma, protetor contra os demônios.
> Lembro o amigo, o acompanhante nos caminhos, o ajudante nas passagens...
> Aquele que na infância fez solenes promessas
> para que eu permanecesse na fé.
> Fé, pelo menos, 'igual a um grão de mostarda'...
> Vou para a casa do padrinho...
> Sua benção, padrinho!!!
> É o batismo de todos os dias, renovando aquelas antigas promessas; livra-nos da ignorância de si mesmo, das almas penadas, do sofrimento eterno...
> Devolve-nos a inocência do dia sagrado do Batismo".

Os Céus são seus, Luzbel, e também a Terra e todas as Moradas. Quando a Palavra e o Amor, Logos e Eros, se encontram e se enlaçam no coração humano, os deuses sorriem e a solidão estoura, como palácio em bolha de sabão.

Sol e Lua abençoam você!

Reconquistando o Self

Ariel procurou-me há onze anos, em agosto de 1984. Olhou o terapeuta resolutamente e sentenciou: "Já fiz muitos anos de psicanálise e terapias diversas. Por favor, não quero mais falar de papai e de mamãe...!" O terapeuta sorriu.

A sua maior encrenca era com o masculino e o seu *script* compelia-a a abortar suas relações significativas. Às vezes era possuída por uma raiva assassina e certa vez afirmou que poderia ter matado alguém, caso não estivesse em terapia. Abominava, com veemência, tudo o que dissesse respeito à espiritualidade e mística. Separada há muitos anos, era mãe de um casal de adolescentes.

Nutria um sentimento profundo de estar sendo traída e, freqüentemente, se sentia como se estivesse ao lado ou acima da humanidade. No fundo, ansiava pelo pai que faleceu quando ela era uma moça. Chamava sua mãe, que residia em outra cidade, só e adoentada, pelo nome próprio. Ajudava-a e visitava-a ocasionalmente, ao mesmo tempo que a sua vinculação afetiva era travada por um ressentimento profundo, principalmente por sua mãe ter, em muitos sentidos, anulado o pai, omitindo-lhe, inclusive, informações a seu respeito. Este fato gerou uma mistificação parental em Ariel. Pesquisar a linha genealógica do pai, desconhecida por ela, fez parte da sua terapia, pelo grande buraco emocional que isso representava.

O seu irmão mais novo, que faleceu jovem, tinha uma severa deficência física e absorvia quase completamente a atenção dos pais. Ariel sentia-se lesada, até mesmo roubada, na sua carência de atenção familiar e impotente para reivindicar mais reconhecimento afetivo, pois compreendia e se afligia com a pobre situação do irmão. No seu abandono, ela se refugiava no quintal de sua casa e nas imediações de uma igreja, que ficava próxima. Certamente, este fato faria parte de sua ferida sagrada, inclusive remetendo-a a uma escolha profissional ligada à saúde corporal.

Quando já estava em terapia, iniciou uma relação com um homem, acompanhada terapeuticamente desde os seus pavores iniciais quanto a declarar-se até a sua entrega e convivência conjugal, acompanhada por uma ambivalência emocional. Poucos anos depois ele adoeceu. Na sua crônica desconfiança do masculino, Ariel revoltou-se, irada, contra a doença, que desqualificava de forma compulsiva. O terapeuta facilitou que ela escutasse e aceitasse a enfermidade do companheiro, dando-lhe a natural assistência. Isto teve uma crucial importância, pois ele veio a falecer em seguida, abruptamente. A sua reação emocional foi a de ter sido traída e muitas vezes esbravejou, furiosa, no exercício da cadeira vazia, acusando-o por ter ousado morrer, abandonando-a...

Foi um sonho que ela levou ao terapeuta que abriu uma congestionada vertente transpessoal, imprescindível na compreensão do seu problema, fecundando definitivamente a nossa unidade de encontro, nos muitos anos seguintes. No sonho, Ariel via uma moeda rodando em cima de um manto branco, num altar. Ao entrar em contato com este contexto de forma vivencial, como que um véu caiu dos seus olhos, emergindo uma surpreendente memória do universo sintético, com detalhes e uma intensidade impossíveis de descrever. Ela se via, há séculos atrás, perdidamente apaixonada por um homem que se tornou um grande mestre espiritual. Ela se sentia correspondida em seu amor e tinha um único amigo e confidente, também ligado ao seu amado. Ariel e seu amigo nutriam um desejo comum: que o seu amado, que chamarei de Mestre, aplicasse o seu grande carisma no plano horizontal, terreno, seguindo sendo um homem amante e um revolucionário a serviço da eliminação das injustiças sociais da época. A vocação do Mestre, entretanto, era absolutamente mística e transcendental; quando decidiu entregar-se à sua causa sagrada, de forma total, Ariel revoltou-se e desesperou-se amargamente. Completamente impotente perante a inabalável rendição do Mestre à sua vocação espiritual, canalizou a sua dor em odiosa e alucinada revolta contra esta causa. O seu amigo era a sua única escuta cúmplice e ponto de apoio no seu desespero. Uma rápida sucessão de fatos conduziu o Mestre a ser preso e, quando Ariel tentou visitá-lo, ela não se sentiu recebida; a porta estava fechada para ela. Num misto de dor e mágoa, querendo vingança, Ariel foi vê-lo sendo martirizado e finalmente assassinado, e ainda sente o perfume que exalava de suas vestes como resultado do seu desejo de vingança, convertido em um apaixonado e derradeiro abraço. Ao saber da morte trágica e quase simultânea do seu amigo confidente, Ariel disse que a sua existência de então, e muitas outras, foi apenas um grito de dor...

Relatar a descarga emocional catártica desta revivência é tarefa além do meu alcance. Foi tremendo e emocionante o seu diálogo com o Mestre, na cadeira vazia, que se desdobrou em muitos encontros. O terapeuta sugeriu que ela colocasse no papel, escrevendo e pintando, tudo o que brotava dessa memória ancestral, circunscrevendo-se no fato psíquico empírico, naturalmente. Ariel ia para o Parque da Cidade e, em prantos, escrevia cadernos inteiros sobre o seu drama, desabafando toda a sua mágoa e fúria e revolta e amor e saudade, com detalhes impressionantes.

Eis um pequeno trecho do seu desabafo, extraído de um relato minucioso que, nessa época, Ariel confiou ao terapeuta:

"Sinto como se fosse hoje!
...Eu estava fascinada com a sua beleza, com o seu corpo, com a sua alegria entre as pessoas (...). Quantas vezes eu te disse que te amava? Quantas? Você se esqueceu disso quando resolveu dar uma de bonzinho. Se você não podia sustentar tudo, porque abriu minha cabeça, mostrou-me o caminho, caminhou comigo? Depois me largou no meio do caminho e morreu... Tenho te procurado em todos os homens e todos eles também me traíram. (...) Quando quiz falar com você na prisão você não me recebeu... Cretino! Cretino! Mil vezes cretino! (...) Onde posso te encontrar agora? Eu não sei viver. (...) Por favor, venha me ver. Somente uma vez, para eu acreditar que não estou louca e que é Verdadeiro. Eu te amo".

Existência pretérita ou emergência avassaladora de um arquétipo do abandono da mulher pelo homem em sua tarefa sagrada? O que clinicamente importa é a escuta desse desespero terrível, até o seu esgotamento e integração, ou seja, a purificação deste núcleo psíquico congestionado, de um passado remoto ou do imaginal arquetípico, que é real, posto que atua. O que importa é a libertação de Ariel de uma dor que é maior do que o seu próprio coração.

Dez anos de terapia foram necessários para que Ariel pudesse processar e assimilar toda a extensão deste resgate transpessoal, que tornou compreensível o seu completo repúdio e aversão ao espiritual e o crônico sentimento de estar sendo traída pelo homem. Gradativamente, ela foi se tornando consciente do arquétipo de uma "pantera assassina" que freqüentemente a possuía, com sofridas conseqüências em sua vida relacional. A partir deste reconhecimento, um processo lento de integração e transmutação era dinamizado. Os dois planos da sua problemática, o pessoal e o transpessoal, eram focalizados sistematicamente, através da escuta e intervenção conjugadas, analítica e sintética.

Em determinado feliz momento deste processo, de forma trivial e sem dar nenhuma importância, Ariel revelou ao terapeuta um dom, muito valioso e especial. Às vezes ela se sentia tocada, na dimensão sutil, pelo sofrimento de crianças e, em estado alterado de consciência, as tomava no colo, nutrindo-as energeticamente. Era uma intimidade curativa transcomunicacional que ela vivenciava há anos, sem jamais ter considerado relevante, certamente por seu mecanismo de resistência inconsciente ao transcendente e numinoso. Tocado por esse serviço gratuito e compassivo, proveniente de um grande e generoso coração, o terapeuta fez imediata aliança com o dom de Ariel, com a sua luz renegada. Solicitava, às vezes, que ela cuidasse de alguém, e Ariel descobriu sua capacidade de estender o seu dom também aos adultos. Certa vez, por iniciativa própria, Ariel cuidou da filha do terapeuta, que padecia de uma pneumonia bacteriana de dificílimo tratamento. Ao realizar a transcomunicação, Ariel sabia se a criança ou adulto recuperaria a saúde ou se o estado terminal era irreversível, sem jamais ter falhado o diagnóstico nos casos em que o terapeuta encaminhou-lhe e pôde testemunhar o desdobramento.

Num momento crucial do seu processo de crescimento, através de um encontro onírico, o terapeuta travou contato com o Curinga, a potência sombria que zelava pela compulsividade destrutiva do *script* de Ariel. Este confronto, no domínio sintético, foi muito marcante e esclarecedor na forma do terapeuta lidar com a etapa delicada, com risco regressivo, do encontro terapêutico com Ariel. A única relação duradoura que ela viveu nesses onze anos foi com o terapeuta, e seria totalmente desastroso, na etapa do início do seu dar-se alta, que Ariel projetasse neste vínculo o seu trauma de abandono.

Em maio de 1993, numa entrevista privada, compartilhei esta unidade de encontro com Jean-Yves Leloup, buscando a sua orientação como sacerdote, teólogo e brilhante terapeuta. Leloup disse-me que, num encontro que teve com Krishnamurti, o mestre confidenciou-lhe que tinha que ter muito cuidado em seu relacionamento com as mulheres pois, com o simples toque da sua mão, poderia provocar um estado de intensa paixão nas mesmas. Por outro lado, Leloup perguntou-me: "Na memória de Ariel, quando foi visitar o Mestre na prisão e não se sentiu recebida, ela verificou se a porta realmente estava fechada?" Só soube a resposta no meu encontro seguinte com a amiga evolutiva: "Você tentou abrir a porta?", indagou o terapeuta. "Não", respondeu Ariel. "O que lhe faz pensar, então, que o Mestre não quiz recebê-la?", novamente perguntou o terapeuta, deixando-lhe a dádiva de uma dúvida significativa.

Este episódio antecedeu o maravilhoso momento de redecisão, no plano transpessoal, com reflexos diretos no pessoal, que marcou um salto qualitativo para a cura de Ariel. Eis o relato:

"Estava num templo, ouvindo um coral cantar uma música sacra. Então, repentinamente, exclamei: 'Espírito, eu te aceito!...' Lágrimas correram-me pela face e chorei durante todo este dia."

No encontro seguinte com o terapeuta, Ariel compartilhou, encantada, o seu *insight* posterior de que, na sua nova percepção, tudo estava louvando o Criador: as pedras, as árvores, os pássaros, as nuvens... O seu dar-se alta ocorreu na mística deste *Aleluia*, que significa *Louvor ao Ser que É*.

Ariel prossegue na sua jornada, com os obstáculos naturais e problemas que são inerentes ao próprio desafio de existir. Entretanto, ela conquistou a bênção indizível da reconexão com o *Self*, o arquétipo crístico da unificação, no qual poderá recentrar-se, transparecendo e fornecendo um Sentido aos seus passos, num Caminho com Coração.

O presente de Bianca

A primeira unidade de encontro com Bianca transcorreu de setembro de 1984 a dezembro de 1985. Nascida no Uruguai, viveu no Chile, Canadá e, durante este tempo, no Brasil. Casada, mãe de dois filhos, buscou a terapia com uma profunda angústia, múltiplos sintomas psicossomáticos, insegurança crônica e anemia de identidade, realimentada por uma simbiose conjugal em que o marido ocupava o lugar da racionalidade, estabilidade e sucesso profissional. Dominantemente analítica, esta unidade facilitou o desenvolvimento de seu estado de ego Adulto, descontaminando-o da sua hipertrofiada Criança Adaptada. Gradativamente, compreendeu o seu papel de vítima submissa nos jogos psicológicos conjugais e sociais e a decisão infantil do seu *script* de não crescer e terminar a existência impotente e inválida, numa cama, como o testemunho marcante de sua mãe, subjugada e anulada como mulher. Certa vez, o terapeuta afirmou que ela era como um Everest disfarçado em insignificante cupim e que este disfarce consumia quase toda a sua energia que, de outra forma, estaria sendo utilizada no seu crescimento e realização. Necessitou interromper o seu processo para acompanhar o marido, que foi transferido para outro país. Nos quatro anos seguintes, ocasionalmente, Bianca escrevia para o terapeuta, enviando as suas notícias. Numa dessas cartas ela disse que, nos momentos difíceis, era um consolo lembrar-se da mensagem terapêutica do seu Everest potencial, que jamais esqueceu.

A segunda unidade de encontro, quando do seu retorno, ocorreu de agosto de 1989 a dezembro de 1990, tendo um cunho dominantemente sintético. Ávida por retomar o seu processo, compensando os quatro anos em que praticamente não investiu em sua psique, Bianca ingressou num grupo de terapia, na formação em síntese transacional e, também, na holística de base, da UNIPAZ. Foi um tempo de vertiginoso florescimento. Como holopráxis, caminho vivencial de despertar da via sintética, ela optou pela tradição afro-brasileira, que desconhecia por completo. De forma quase imediata, a sua consciência sintética despertou vasta e intensamente. A energia psíquica que estava represada, determinando uma extensa sintomatologia em forma de distúrbios psicossomáticos, foi liberada por este canal de sensitividade, expressando-se curativa e criativamente. Ela começou a canalizar alguns arquétipos clássicos da tradição afro-brasileira, como o do Preto Velho e, de modo muito especial, o arquétipo de uma poderosa Cigana. Algumas vezes, ela pedia permissão ao terapeuta, na sessão de grupo, e manifestava a sua virtude sintética, canalizando essas energias diante dos olhos deslumbrados dos demais participantes, sempre de forma harmoniosa e facilitadora de crescimento para todos.

O desabrochar de Bianca foi tão pleno que, após poucos meses, ela aparentava ser outra mulher para todos que a conheciam, inclusive para os seus filhos, que começaram a admirar a sua inusitada força e segurança pessoal. Nesta ocasião, passou a gerenciar, habilmente, um grande restaurante e afirmou-se também profissionalmente. O único problema era o seu marido que durante os últimos três meses encontrava-se em outro país e jamais poderia sequer imaginar a metamorfose de sua esposa. Num depoimento que nos confiou, Bianca assim expressa este seu momento de individuação:

> "A partir daí, comecei a sentir a força de distintas energias e decidi, por sugestão de uma amiga, entrar num centro espiritual para equilibrar a sensitividade. Consegui equilibrar-me espiritualmente e psicologicamente, com a ajuda de Roberto. Mas, ainda restava equilibrar o meu matrimônio; meu marido retornava, a cada três meses, de Costa Rica e eu estava preocupada, pois ele iria encontrar uma mulher diferente..."

E que diferença! Bianca preparou-se, no grupo, para este reencontro, que deu-se, felizmente, de forma tão impactante quanto auspiciosa.

O seu marido, um gênio em estatística e consultor internacional destacado pelo brilho analítico, posteriormente passou a ser o colaborador de Bianca, em grupos que ela formou visando o processo evolutivo, como um serviço à comunidade. Eis como ela encerra o seu depoimento:

> "Estou na luta, continuarei nela, mas posso dizer-lhes que a minha vida mudou porque: primeiro, estou em contínuo contato com as forças cósmicas, com o UM ou energia ou como vocês queiram nomear; segundo, porque sinto que sou livre e que essa liberdade será maior na medida da minha evolução e total ao desencarnar; terceiro, porque tenho muito amor para dar ao próximo; quarto, porque estou cumprindo a minha missão nesta vida".

O dar-se alta de Bianca, um pouco antes do seu retorno à Costa Rica, onde reside atualmente, foi inesquecível para todos os que puderam dele participar. Depois de ter tido a permissão do terapeuta, que solicitou expressamente, como sempre fazia, ela canalizou a Cigana Catarina D'Angola, que dançou com cada um uma dança abençoada de pura energia. E, num ritual tocante e singelo, com palavras inspiradas que foram registradas por uma participante, a Cigana agradeceu ao terapeuta o que "foi feito por aquele 'canal' ". Depois, presenteou-o com um poderoso símbolo que vibrou em suas mãos: "Que essa força seja entregue a você através dessa bola de cristal imaginária, para que você use no momento que quiser (...)." Finalmente, agradeceu a todos pela permissão e carinho com que foi acolhida e recebida a sua doação.

Fazendo juz à proposta transdisciplinar que convoca, com discernimento, o testemunho também pessoal, complementarmente ao profissional e científico, relato um desdobramento posterior, que diz respeito ao presente de Bianca. Seis meses depois, numa linda tarde de domingo, celebrávamos um singular encontro familiar em minha residência. Encontravam-se presentes minha mãe, irmãs e muitos sobrinhos, como também a mãe e parentes de minha esposa e nossos filhos, em torno de um almoço festivo. Conversava descontraída e alegremente com minha mãe, que não via há quase um ano e que por uma semana nos visitava em Brasília. Um disco havia terminado de tocar e alguém colocou uma música vibrante, com um conjunto cigano, para mim desconhecido até então. Subitamente, houve um clique em minha psique e, tomado por uma energia irresistível, levantei-me e iniciei uma dança nunca antes dançada, perante minha mãe. Todo pensamento silenciou e eu era conduzido por uma consciência energética transbordante, que sabia ser curativa, destinada à minha mãe, que atravessava um longo e penoso período depressivo. Os gestos vibrantes e precisos da dança, intuitivamente o sabia, destinavam-se a libertar a inspiração da poetisa aprisionada em minha mãe e tocavam as suas mãos e alguns centros energéticos, especialmente sua testa. A "consciência cigana" percebia o susto e temor inicial que apoderou-se dela, em contato com este filho desconhecido e inesperado para todos — inclusive para si mesmo! — e, serenamente, propiciou-lhe uma transfusão de calma, relaxamento e entrega. Os muitos presentes, depois das reações iniciais de surpresa e perplexidade diante de tão inusitada cena — uma irmã, imaginando ser uma brincadeira, tirou várias fotos no início desta emergência sintética, que guardo em meus registros —, acabaram conformando dois grupos em círculos, deixando-nos em paz e defendendo-se de um maior envolvimento. O que julguei ter transcorrido em dez minutos, soube depois por minha esposa, durou mais de uma hora. No final, a intensa vibração, que tomou todo o meu ser, prosseguiu ainda por um longo tempo, até retornar ao meu estado de consciência habitual. Ofertei um livro para minha mãe, com uma dedicatória desejando-lhe o resgate da poetisa de sua grande e generosa alma.

Alguns meses depois, visitando-a em nossa terra natal, encontrei-me com ela a sós e, confiantemente solicitei-lhe: "Mãe, mostre-me o seu poema!". Sem hesitação ela entregou-me o seu diário, que iniciou ainda em Brasília, no dia seguinte ao da experiência relatada, ocorrida em 5 de maio de 1991. Transcrevo a sua parte inicial, pela beleza de sua transparência, inocência e simplicidade, evidentemente com o seu consentimento:

"Escrever... como? Para que?
Sinto-me perdida, navegando no mar azul cheio de mistérios, de encantos, de surpresas, mas traiçoeiro e imprevisível. Minha mão treme segurando a caneta, sem saber o que fazer para deixar no papel tudo o que sinto neste momento de fraqueza e coragem. Fraqueza que me faz temerosa, e coragem que me obriga a continuar, sem olhar para os lados e para trás. Na quietude do dia calmo, sem nenhum barulho, o pensamento foge, mergulhando no passado e voltando ao presente que terei de enfrentar. Sozinha? Não! Tenho filhos maravilhosos, os parentes e amigos, todos empenhados em ajudar-me. Deus iluminará os passos e tudo ficará fácil.

Voltando ao passado, encontro uma menina de pouca idade e muita vivência, ávida para penetrar os segredos do universo, que são muitos e maravilhosos. Fitando as nuvens ela se depara com muitas figuras diferentes, que mudam a cada instante. As nuvens brancas e o céu azul formam um quadro lindo e a menina pensa na grandeza de Deus, que fez tudo isso para encantar nossos olhos. Quanta sabedoria, quanta bondade! A tarde passa e vem a noite. Muda a paisagem; agora tudo é receio, pois o véu escuro cai sobre a terra e o céu está mais negro, sem estrelas. A menina tem medo!... Fecha a janela e portas e vai deitar-se para refugiar-se no sono e esquecer a noite. Tudo passou logo e ela sonhou... Por que o medo, se logo raiará um novo dia, lindo e claro?

Já surge a manhã com os seus encantos e a menina esquece o medo. Os pássaros cantam, os animais se movimentam, tudo é luz. Ela medita... Os mosquitos e as formigas poderiam vestir-se como os homens e dançar, cantando em volta de uma fogueira. Seria muito divertido; a mente funcionava depressa e as estorinhas pareciam verdadeiras. A menina inventou muitas estórias diferentes, que davam movimento e vida. As formigas eram as mais desejadas. Ela brincava com as outras meninas e não notava o tempo passar, e logo chegava a noite, tão temida...

Passaram muitos dias e noites assim, até que a menina foi para a cidade estudar. Ali ela não tinha tanto medo, pois agora havia luz elétrica à noite, ao invés de lamparinas e lampiões. Ela não se acostumava na fazenda e, agora, tinha mais alegria e ainda inventava estorinhas de formigas vestidas. Sentia muita falta da mãe e irmãs; elas foram logo para a cidade e tudo ficou mais alegre, mas... a mãe estava muito doente e definhava a cada dia. O tempo era dividido entre a escola e a casa da avó, muito bondosa e amiga. A menina sempre preocupada não podia ter muita felicidade, pois sabia que estava prestes a ir para o colégio interno. Este dia chegou e ela foi para bem longe, com o coração apertado. As lágrimas corriam enquanto ela se despedia da mãe e parentes. Um pressentimento estranho de que, ao voltar, não encontraria a sua mãe com vida.

Foi o que aconteceu! Estourou a revolução e a menina não pôde ir ver sua mãe morta. Foi a maior tristeza de sua vida. Chorou muitos dias e noites, lembrando daquela santa criatura que era sua maior alegria. Terminou a revolução e ela voltou, trazendo o luto na alma, principalmente quando avistou seus dois irmãozinhos menores, na porta da casa. Misturaram-se as lágrimas. O tempo passou rápido, amenizando um pouco a dor daquela separação. Os dias eram mais longos e as luzes da cidade já não eram tão claras e lindas. A menina não voltou para o internato e cresceu e estava já uma mocinha. Não deixou de chorar pela ausência da mãe, que se fora tão cedo, sem que ela pudesse ver. Em sonhos se encontraram muitas vezes e a saudade era maior quando acordava. O tempo rolou e a menina já se preparava para a formatura. Esta vitória foi mesclada de alegria e tristeza. Sua mãe não estava na platéia, batendo palmas. Logo depois, um ano mais tarde, ela se casou, numa cerimônia simples e bonita. Com as bênçãos de Deus e de Maria, ela iniciou sua nova vida e teve a felicidade de encontrar no marido um companheiro que era, além de esposo, pai, mãe e irmão. Novamente Deus a guiou e protegeu. Passaram-se os anos e vieram os filhos, sempre recebidos com amor. Foram muitos e lindos. A vida passava com momentos alegres, festivos, e também sombrios e tristes... Depois de vários anos, os filhos cresceram, foram se casando e tomando rumos diferentes. Vieram os netos e a família aumentava. Nem tudo era paz e alegria, pois nesta vida os atropelos são inevitáveis mas... o amor tudo vence.

Os anos se foram. A menina já estava ficando com os cabelos grisalhos, sem nem dar por isso. Agora, fortalecida pelos anos vividos, já não tinha medo da noite nem da vida. Caminhava firme e resoluta, com a calma do dever cumprido.

A velhice chegou e a menina continuava a sonhar com formigas vestidas e nuvens formando castelos. Tudo é mais fácil quando sonhamos e espalhamos alegria à nossa volta. Assim foi a vida desta menina, de pouca idade e muita vivência, que desvendou os segredos do universo com suas infinitas maravilhas..."

E até hoje minha mãe prossegue com seu diário, que tem uma função catártica e criativa, compondo o poema da própria existência.

A emergência, súbita e definitiva, do arquétipo cigano em minha psique, convocado pelo toque de Bianca, foi tão intenso que, nos meses seguintes, no cair das tardes dos domingos, precisava dançar, transpirando energia pelas mãos e corpo, só, com as nuvens, a lua e as estrelas, como se estivera entregue aos movimentos ritmicos da Grande Vida, em volta de uma ardente fogueira. Até que foi serenando, pouco a pouco, integrando-se à consciência maior, assimilado no panteão arquetípico da alma profunda.

Na conclusão do seu livro sobre os Terapeutas de Alexandria, Jean-Yves Leloup (35) refere-se à hospitalidade de Abrão, na sua famosa passagem do *Genesis*, quando, com generosidade incondicional, abriu as portas da sua casa para três forasteiros. O Patriarca estava, na verdade, acolhendo anjos, que anunciaram a gravidez de Sara. Assim é que o casal, já estéril, é fecundado e Isaac vem ao mundo.

Acolher gentilmente o outro, como hóspede, pode nos fertilizar com dons inesperados. Bianca foi recebida amplamente e a hospitalidade terapêutica facilitou o desvelar e florescer do seu próprio Everest reprimido. Quando partiu, deixou o terapeuta grávido de sua própria virtude que, após um tempo de gestação, veio à luz e expandiu-se na sua existência relacional. Testemunho de partilha e semeadura mútuas, vestígios de assombros.

Abrindo o coração

Não me atreveria ao relato de uma unidade de encontro grupal pela complexa teia de interconexidades naturalmente envolvida quando atuamos com a abordagem analítica e sintética, conciliando o princípio causal com o da sincronicidade transcausal, numa holodinâmica que implica que a parte está no todo e o todo na parte, o indivíduo no grupo e o grupo no indivíduo. Portanto, expresso a minha gratidão à co-terapeuta Célia Burgos que, numa oportuna e espontânea iniciativa realizou, com impecável qualidade de observação e compreensão, tal prodígio.

Médica, reumatologista e fisiatra, Célia Burgos é também homeopata, acupunturista e terapeuta floral, integrando, holisticamente, uma formação clássica com abordagens emergentes. Durante os dois anos em que atuamos juntos, a buscadora Célia a todos encantou, com a perspicácia da sua razão, intuição e o seu grande coração. É seu o relato seguinte, com alguns pertinentes comentários acerca de uma intensa e mobilizadora sessão grupal transcorrida em 8 de dezembro de 1994, em torno de Riosquecorrem, uma jovem universitária de 21 anos cuja fenomenologia vivifica quase todo o corpo conceitual envolvido nesta prática terapêutica transdisciplinar.

"Roberto compartilha com o grupo que Riosquecorrem, uma amiga evolutiva residente em São Paulo e participante deste grupo, trouxe-lhe uma árvore de Natal repleta de anjos, de presente. Como as lâmpadas são de 125 volts, elas só poderiam ser acesas com um transformador. Desejando a inspiração simbólica dessas luzes, Roberto telefonou, antes do início da sessão, a alguns participantes do grupo, indagando da possibilidade de alguém trazer o transformador para o encontro. Os que foram localizados estavam, por diversos motivos, impossibilitados de prestarem este favor.

Roberto também informa que esta será a última sessão de Riosquecorrem neste grupo, ao qual chegou em abril deste ano. Por razões de sua agenda universitária, ela terá que se transferir para outro grupo no próximo semestre. Pergunta, então, se ela tem alguma pendência ou questão que gostaria de compartilhar.

Riosquecorrem diz que gostou muito do grupo e quer ainda focalizar uma questão pessoal, que é um pânico de estupro que a estava possuindo ultimamente. Este sintoma ocorre, principalmente, quando vem a Brasília para a terapia e tem que pegar um táxi sozinha, e também em relação aos guardas que vigiam a sua casa. Esta sensação é percebida como um castigo.

Roberto associa a sensação de castigo com a sua dificuldade de entrega ao masculino, focalizada em sessões anteriores. Riosquecorrem volta a falar que a sensação é semelhante à 'coisa ruim' que a ordena fazer ou falar maldades como: 'Seria melhor que tal pessoa morresse!'. Diz que até com a sua cadelinha, que está doente, ocorre esta 'coisa'. Roberto comenta que, na sua escuta, existe a questão atual, relacionada ao plano biográfico do seu *script*, e a arquetípica e transpessoal, sua estória antiga, que inclui eventos relacionados a 'entidades malignas' que a assediavam em sonhos e visões, conforme seus relatos anteriores. De modo especial, o arquétipo de uma bruxa, um aspecto do imaginal sombrio de insubmissão e constelação de poder fálico, *yang*, de não-entrega. É como se houvesse um fator pessoal e outro arquetípico aliados na interdição da entrega ao masculino, por parte de Riosquecorrem. A fantasia fóbica do estupro poderia ser decorrente de uma projeção intensificada de seu medo de entrega, de ser invadida ou penetrada pelo homem.

Neste momento, outro participante do grupo, Guem, entra na sala com o transformador que, por um grande empenho, tinha obtido na última hora. Acendeu-se, então, a árvore de Natal. Falando sobre o que a levou a escolher este presente, Riosquecorrem referiu-se a um pinheiro, que associou com um importante sonho que continha a imagem desta árvore. Roberto lê o sonho, anotado por ela própria, que constava de seu arquivo, um encontro onírico ocorrido no início de novembro:

> Sonhei que estou com o Roberto e ele me dá uma oração que tinha três partes. Tinha uns desenhos na oração e era para uma santa. Eu comecei a ler a última parte, que parecia ser a oração propriamente dita. Ele pega a oração e lê para mim, antes, como que invocando ajuda. A última parte da oração parece ser algo ligado a sacrifício. Depois, ele pegava no meu ventre e dizia que ele estava voltado para o infinito. Neste infinito eu via

uma vegetação escura, com pinheiros. Ele dizia que agora que este canal genital estava voltado para o infinito, eu poderia entregar-me e estava curada. Depois eu me via em quartos vazios e lugares estranhos, que tinham algo a ver com meu ex-namorado, Orfeu.

Roberto comenta que este foi um simbólico e curativo encontro onírico. A oração sinaliza a necessidade de um redirecionamento e centramento no sagrado; o sacrifício é também sacro-ofício, um ritual de transmutação energética, o calvário, que simboliza o renascer da dor. O ventre voltado para o infinito representa abertura total. Roberto aponta, também, para uma sincronicidade: o dia da sessão é o da Nossa Senhora da Concepção, arquétipo da Grande Mãe que rende-se totalmente ao divino e, no útero silencioso do Aberto, realiza a imaculada concepção.

O sonho traz, no seu final, Orfeu. Indagada a respeito, Riosquecorrem diz que ele foi o seu primeiro namorado, pelo qual encontrava-se apaixonada e que ela abandonou, num impulso inconsciente e sem dar nenhuma explicação, num dia de Natal, na casa da avó, onde, coincidentemente, ela se encontrava quando teve este sonho. Na porta da entrada desta casa há o desenho de um pinheiro...

Roberto sugere que a sua fuga foi impulsionada por um fator de ameaça e vulnerabilidade: estar apaixonada era uma situação de alto risco de entrega! Como não está apaixonada pelo atual namorado, sente-se confortável e segura. Riosquecorrem fala, novamente, da 'coisa ruim' e da dissociação dos seus pensamentos, que ora diziam para ela ficar com Orfeu e ora para mandá-lo embora. Na realidade, ela sentia que ainda gostava dele.

Silêncio por alguns minutos.

Riosquecorrem entra em um estado alterado de consciência e começa a ter visões da bruxa. Percebe-se num cárcere da Idade Média, onde está aprisionada com outras amigas, todas consideradas bruxas. Ela é a líder e fazem um pacto para sobreviverem a tudo e de luta férrea contra os homens que as encarceraram. É um pacto feito com extremo ódio e sofrimento.

Silêncio.

Nemar, colega de grupo que estava ao seu lado, começou a sentir-se mal e disse que todo o lado esquerdo do seu corpo estava dormente. Ela portava um pingente de estrela de cinco pontas, com uma máscara de bruxa com olhos vermelhos no centro, que tinha vividamente chamado a atenção de Riosquecorrem, conforme seu relato posterior, no momento anterior ao início do seu transe. Nemar fala que sente ter se conectado também com a sua bruxa e estar participando do mesmo drama, com Riosquecorrem.

Neste momento, Roberto propõe que Riosquecorrem refaça o gesto do pacto, revivendo a cena, e que Nemar segure a sua mão. Acrescenta que, se outras mulheres estivessem se sentindo envolvidas e caso desejassem, também segurassem na mão de Riosquecorrem. Imediatamente aproximaram-se, entrando no pacto, Helena e Aída, que depositaram a mão esquerda sobre a mão esquerda de Riosquecorrem. Helena começa a chorar e a sentir calafrios, como que sintonizando-se com o mesmo transe. Marion, outra participante, aproxima-se também do grupo, dizendo que desde o início se envolvera e desejou participar, e que só agora teve coragem; coloca a sua mão direita sobre as outras mãos.

Riosquecorrem continua a falar: 'A impressão é que eu era a líder. Tínhamos que permanecer unidas pelo mal'. Roberto indaga: 'Onde terminou isto; em fogo?' 'Fogueira, sim, fogueira', e um profundo pranto as envolve.

Roberto diz para Riosquecorrem que ela pode se libertar e redecidir pela Luz. Riosquecorrem angustia-se: 'Estarei abandonando as outras; não, eu não posso. Fizemos um pacto...' Roberto, então, fala que ela pode facilitar, como líder, que as outras também redecidam. Que a redecisão não implica em perda do poder, e sim na sua reorientação para o amor. Tocada, Riosquecorrem aceita redecidir e diz para cada uma das mulheres ao seu lado: 'Retome o caminho para Cristo!'

Neste momento, Marion mostra o seu anel, com um símbolo contendo uma mensagem Crística. Há uma leveza no grupo, como se uma angústia ancestral e mortal tivesse se dissolvido numa suave luz.

Silêncio...

Escutamos um canto lá fora, entoado por um coro, como que convidando à celebração. Riosquecorrem começa a cantar uma música de Marisa Monte, que fala em feiticeira e em Natal, acompanhada por Guem, o que tinha possibilitado que a árvore natalina estivesse acesa no encontro, inspirando todo o processo com o seu profundo significado, que aponta para o nascimento da Luz:

'Borboleta pequenina
saia fora do rosal
venha ver quanta alegria
que hoje é noite de Natal.

Eu sou uma borboleta
pequenina e feiticeira,
ando no meio das flores
procurando quem me queira.

Borboleta pequenina
venha para o meu cordão
venha ver cantar o hino
que hoje é noite de Natal'.

Helena propõe que o grupo emita o mantra OM três vezes. No final, Roberto sugere que este mantra, que significa o *Ser que É*, seja entoado outras três vezes, por Antonio Carlos Jobim, que falecera naquela data...

Antes que as mulheres soltem as mãos, proponho que todas se imaginem numa esfera de luz dourada e que se fundam nesta luz e, após a fusão, imaginem-se liberadas, como raios luminosos livres no Universo, transmutando todos os conteúdos dolorosos e pendentes desta situação revivida, integrando-se nesta luz, no aqui-e-agora.

Roberto apanha um disco, escolhido ao acaso como geralmente faz, confiando na sincronicidade —, e, ao som da música de Gonzaguinha, *Explode coração*, sugere que as mulheres desfaçam suavemente a conexão das mãos. Em seguida, apanha os floquinhos de isopor que estavam na embalagem da árvore, e joga-os, ajudado pelos homens do grupo, nas cabeças delas, como se fora neve caindo, apagando a fogueira do ódio, transmutando-o em júbilo de entrega, em renovação de caminhos.

A música seguinte é *Sonho meu*; Roberto coloca o próprio sonho anotado de Riosquecorrem, que foi o importante ponto de partida para a eclosão do núcleo psíquico vivenciado, no centro, com a inspiradora capa do disco que estava tocando, *Álibi*, de Maria Betânia, com um rosto de mulher estampado, e todos dançamos, homens e mulheres reintegrados, em roda, com muita vibração e alegria.

No final, proponho um abraço coletivo, fechando a roda em torno de Riosquecorrem, como sua despedida do grupo, certamente indelével, para todos que dela participamos".

Célia Burgos encerra o seu relato com estes sintéticos comentários:
"Encontro intenso. Resgate e transmutação de conteúdo histórico transpessoal, o arquétipo das bruxas.

Tudo tem a ver com o todo e o todo com tudo.

A ressonância que ecoa como ondas, levantando conteúdos semelhantes de outras existências.

Passagem pelos aspectos biográficos e além-do-ego. O coletivo trabalhando em conteúdo transpessoal.

Muitas sincronicidades: a árvore de Natal que evoca o sonho; Guem, um homem que recém-entregou-se ao feminino no seu processo de crescimento, traz a luz; os anjos da árvore e o inconsciente angelical sombrio que foi focalizado; o envolvimento de Nemar, com o seu paradoxal símbolo místico, e o de outras companheiras de grupo, num processo compartilhado profundamente; o canto das pessoas na rua evocando o canto de Riosquecorrem no momento da libertação; as pertinentes músicas do disco retirado ao acaso, com o seu significativo título, *Álibi*, que significa uma defesa num julgamento; o sonho com Orfeu vinculado ao episódio de separação na noite de Natal e na casa da avó, onde o sonho foi sonhado, em cuja porta da entrada um pinheiro está gravado...

Enfim, o terapeuta atuando como 'orientador' com relação a uma 'compulsão obsessora' de pacto com o poder do mal, facilitando a redecisão para a Luz."

De fato, esta unidade de encontro grupal ilustra como um sintoma apresentado, o pânico de estupro, pode suscitar múltiplas e complementares interpretações nos diversos níveis da cartografia antropológica, refletida em capítulo anterior. Vejamos, sistematicamente, cada estrato:

• o da *persona*: que adota uma atitude de esquiva a uma entrega mais profunda ao masculino, por rivalidade, necessidade de controle e percebendo-se como pouco feminina na sua forma típica de vestir e atuar;

• o da *sombra*: por reatividade rebelde ao modelo da mãe, submissa na relação com o pai prepotente, embora também se revoltando, expressando uma mensagem ambígua para a filha: "Pode até se entregar, *mas* com um pé atrás!", resultando em decisão, no nível do *script* pessoal, de jamais submeter-se;

• o do *inconsciente familiar*: pela recorrência transgeracional de um modelo de submissão e outro de rebeldia;

• o do *inconsciente parasita*: propiciador do *transe compartilhado* no grupo e também pelo fenômeno de entidade sombria intrusa, da "coisa ruim" que a compele em direções destrutivas;

• o do *inconsciente coletivo*: pela emergência do arquétipo das bruxas em relação com o poder masculino medieval, repressor e torturador;

• o do *inconsciente cósmico*: expressando-se na imagem da vegetação escura com pinheiros, do seu sonho, e pela própria árvore natalina, poderoso símbolo de conexão da terra com o céu; árvore do Paraíso e do Calvário, na qual foi crucificado o Filho do Homem;

• o do *inconsciente angelical*: na sua dimensão maligna e também luminosa, pela extensão do arquétipo da bruxa nessa dimensão, pelo mitologema de *Lilith*, a primeira Eva que, inebriada e insubmissa, perdeu-se na Noite e também pela grande mobilidade de Riosquecorrem nessa freqüência luminosa, constatada em outros encontros, e

• o do *inconsciente essencial*: a reorientação para o *Self* Crístico, arquétipo da redenção.

Uma função libertadora desta ampla leitura hermenêutica é não fechar a pessoa, com o seu sintoma e sofrimento, num único nível de explicação e compreensão, o que não só empobrece como pode, também, adoecer e alienar. Por outro lado, essas múltiplas leituras não se antagonizam; elas se complementam e se fortalecem mutuamente, fornecendo uma base extensa de apoio, pessoal e transpessoal, para o salto da transformação e cura.

Registro que, como usualmente, o terapeuta não utilizou nenhuma técnica mobilizadora de catarse e regressão. Nenhuma fórmula, nenhum truque. Quando se faz presente a sinergia analista-sintetista com total escuta do todo envolvente, a regressão acontece espontaneamente, com a sua qualidade catártica e transmutadora. Quando o *filho pródigo* retorna à morada da consciência, *aqui-e-agora*, torna-se a suprema Musa inspiradora, indicando a rota delicada e estreita da alquimia do encontro.

Ao relatar esta unidade de encontro registrada para o próprio grupo que a vivenciou, muitos participantes prontificaram-se em fornecer as suas percepções da mesma. Iniciemos pela de Nemar, que resistiu à redecisão, inicialmente:

"No momento de redecisão pela luz, invadiu-me uma sensação de abandono. Vivenciei um profundo sentimento de revolta. Como pode Riosquecorrem abandonar-me, logo agora, neste momento de reencontro? E o nosso pacto? Fomos traídas? Seguiremos cada qual o seu destino? Não. Precisamos ainda de uma líder! Então, seguindo a orientação de Riosquecorrem para retornarmos para Cristo, ao som dos mantras, entrego o meu coração, que chora o rompimento do elo que nos mantinha unidas pelo sofrimento. Segue-se uma doce sensação de amor que toma conta do ambiente."

É tocante, o depoimento de Helena:

"Quando Riosquecorrem entrou para o grupo, logo algo nela me atraiu. Mesmo antes dela falar, eu a achava bela e gostava de olhar para ela. Algumas vezes sonhei com a sua imagem silenciosa.
   No dia desta experiência, quando Riosquecorrem chegou com a árvore de Natal, fiquei profundamente tocada com tudo o que aconteceu. Quando ela começou a se ver num cárcere, entre outras mulheres, sendo empurradas por homens, comecei a sentir calafrios pelo corpo todo e uma sensação de estar flutuando. Quando Roberto pediu que as mulheres que estivessem em contato segurassem a mão de Riosquecorrem, eu fui e não contive o choro, que vinha com muita força. Tudo que ela dizia eu vivenciava ali e, quando falaram em fogo, senti vontade de gritar e me veio outro choro forte. Meu corpo, o tempo todo, estava em calafrios.
   Surpreendi-me e emocionei-me quando Riosquecorrem falou em retornarmos o caminho para Cristo. Surpreendeu-me ela dizer isto, repentinamente, como a dissolver toda aquela mágoa, como a dizer que sair daquela fogueira era possível. Ela tinha o rosto suave e sereno da imagem dos meus sonhos.
   Depois cantamos e tive vontade de entoar o mantra OM. E entoamos também em homenagem ao Tom.
   Nesta noite, eu e Nemar fomos levar Riosquecorrem ao aeroporto. Sentia muita vontade de ficar perto dela. Tenho por ela um grande carinho."

Renan, um silencioso amigo evolutivo, assim resumiu sua vivência:

"Sinto-me gratificado por ter participado de uma vivência de tal intensidade, cujo tema, as bruxas, fascina-me pelo seu lado ao mesmo tempo místico e assustador. Revejo minhas próprias mazelas, e sinto a necessidade de enfentá-las na busca da libertação do meu corpo e espírito. Foi um trabalho de muita emoção, uma experiência notável e aprendi muito com ela."

Eis as palavras de Labore:

"Acredito que Riosquecorrem, naquele momento, estava sendo dirigida por uma entidade; as expressões faciais o demonstravam.
   As 'coincidências' do momento foram muito fortes.

No início, o ar parecia pesado e taciturno. Com a música e as palavras de Roberto, foi ficando leve e claro".

Hermano, um sensível e antigo amigo evolutivo, assim sintetiza a sua percepção:

"Um ponto de destaque foi a leveza e fluidez com que ocorreu a redecisão de Riosquecorrem. Um acontecimento tão importante que transcorreu de forma suave e sem resistência, ou vacilo ou medo; e sem demora."

O depoimento de Guem indica a sua significativa participação, seu envolvimento e os reflexos desta experiência em sua existência:

"Por volta das 5 horas da tarde, o Roberto me telefonou perguntando se eu tinha um transformador de voltagem para utilizar na árvore de Natal que Riosquecorem lhe dera de presente. Respondi que não tinha, mas que veria a possibilidade de conseguir um, emprestado.

Posso dizer que encarei aquela solicitação como uma espécie de tarefa a ser cumprida e procurei me empenhar em atendê-la; acho que movido tanto pelo desejo de agradar o terapeuta quanto por uma intuição de que aquilo poderia ser algo importante naquele dia.

Quando eu cheguei, o grupo já estava reunido e, coincidentemente, falava Riosquecorrem, sobre a dificuldade no relacionamento com os homens e entrega ao masculino. À medida em que a sessão ia sendo conduzida para um aprofundamento no tema, eu ia me sentindo mais tocado por tudo o que era manifestado. Eu percebia que a dificuldade que ela trazia era também a minha, isto é, não importa se era uma mulher que trazia a dificuldade de interação masculino/feminino; é algo comum à espécie, que transcende o sexo de cada um. Sinto que dei um passo precioso para essa integração me deixando sentir tudo o que daí emanava, servindo como um apoio na hora da redecisão, estando atento e observando alguns detalhes, como o pingente que a Nemar usava, que atraiu o meu olhar (naquela hora em que falavam, este pingente parecia representar uma parte de sua identidade), e as vozes cantando lá fora, que soaram estranhas e bem encaixadas no contexto.

Racionalmente, era apenas um transformador que alguém trazia para o grupo e uma pequena árvore de Natal que dele necessitava para ser ligada. Entretanto, após a leitura que o Roberto fez, num contexto simbólico, compreendi que fui "escolhido' para atuar como co-facilitador naquele dia. Nessa dimensão, trouxe e encarnei, em certa medida, o transformador (elemento masculino que nada realiza sozinho), que serviu de canal e suporte para que a árvore, lâmpadas e mulher (elementos femininos que, desvinculados do masculino, estariam fadados à sombra), tivessem acesso à fonte de energia que propicia a luz (esclarecimento, redecisão e, em última instância, realização e completude) e também para que houvesse co-participação e fruição da vida (a bela árvore com suas luzes brilhando, nosso canto e dança e a brincadeira dos flocos de espuma no final da sessão).

Hoje, depois de transcorridos seis meses, talvez por isto mesmo, posso dizer que foi um encontro muito especial e inspirador, que me dá força para vencer minhas dificuldades no trabalho com minhas próprias questões e para compreender melhor as mulheres quando levam seus apuros ao grupo. Mais que isto, dentro do que me é possível, pude incorporar uma visão mais ampliada e maior abertura com relação ao outro, ao meu dia-a-dia, tanto em casa, no trato com minha esposa e filhos, como em toda parte''.

Mesmo Lithyeva, participante do grupo que não estava presente neste encontro, ao ouvir o seu relato posterior, sentiu-se envolvida e compartilha a sua sintonia e cumplicidade:

"Naquela noite, fiquei bastante frustrada por ter ido às compras e me atrasado muito para o encontro. Passei pelo consultório e vi as luzes acesas, mas pelo adiantado da hora, acabei não subindo. A frustração se acentuou quando soube o que se passou; gostaria de ter estado presente.

Ao saber dos detalhes, tocou-me a confissão do pânico do estupro, o qual sinto desde menina e me fez atrair situações de quase confronto. Parece que tem a ver com a minha paralisia com relação ao masculino, uma sensação de impotência, de total incapacidade de defesa e conseqüente permissividade passiva, que se deu com o pai, o tio, o irmão, o namorado e até com um desconhecido. É a minha submissão ao masculino.

Do outro lado está Lilith. Quando percebo o meu poder de sedução com relação ao masculino, gargalho por dentro. Isto não ocorre conscientemente, mas cresce em mim um poder e um prazer compensatórios que depois me lançam numa fogueira de bruxa, de condenação e de culpa, e me sinto miserável.

Penso que, se vivesse no período da Inquisição, seria queimada como bruxa...

Finalmente, quero me referir ao Guem; sinto que ele está se abrindo para o encontro com o feminino e esta preparação passa por uma conscientização de seu poder e valor. Ele agora me parece sensível e atento às questões femininas do grupo, e fico feliz ao saber que foi ele quem acendeu a luz da árvore que Riosquecorrem ofereceu.''

Finalizo com o próprio depoimento de Riosquecorrem, profundo e esclarecedor, uma voz tão antiga num ser tão jovem, um conto, um canto, uma flor desabrochando ao sol de primavera:

"Desde quando era criança, já denotava uma grande mágoa em relação ao sexo masculino e uma tendência a fazer alianças com grupos de amigas. Odiava os homens e vivia rivalizando-os, ao mesmo tempo que sentia uma imensa vontade de estar ao lado deles. Foi esta grande luta interior que sempre me acompanhou, que me levou a várias terapias e, enfim, ao consultório de Roberto, pois sentia que o que me atormentava era algo mais além de um simples problema emocional.

Era o meu último dia neste grupo e nunca esperei que fosse ocorrer uma regressão ao meu mundo das bruxas. Na regressão espontânea, pude ver os horrores do cárcere, a aliança que eu e minhas amigas bruxas fizemos para não desfalecer e para nos protegermos umas às outras. Foi um tempo de lutas intensas contra os homens, mediante força física e magia, e precisávamos estar alertas e raivosas o tempo todo, para combatê-los e não nos deixarmos destruir por eles.

A impressão que me vem deste cárcere é de um frio que invade a alma, correntes se arrastando, mescladas a um ruído de gritos uivantes de mulheres desesperadas, que choravam e ainda choram. Acho que até há pouco tempo atrás, antes desta regressão, eu ainda chorava com essas mulheres. Eu sempre vi e ainda vejo as bruxas como um grupo, e não de forma individualizada.

No dia desta vivência, o mais difícil da redecisão para o bem foi o momento em que pensei que, para redecidir para Cristo, teria que desfazer a aliança com elas. Foi neste momento que compreendi a força grupal das bruxas. Quando, então, Roberto sugeriu que eu facilitasse a redecisão para o grupo das cinco mulheres presentes, eu aceitei e me aliviei.

Após o horror, pude fazer a redecisão que abriu novos caminhos em minha vida: consegui enxergar que aquele jeito de ser, que me servia outrora, não cabia mais, e houve um momento em que isto ficou muito claro, pois pude sentir o amor, a luz me penetrando e o meu coração se abrindo como uma janela, aceitando o Divino e todos os seres humanos. Vivenciei um amor e ternura jamais experimentados antes, e meu corpo ficou leve como se tivesse me livrado de um peso. Então, passei a aceitar Cristo em minha vida, como se eu fosse parte dele e ele parte de mim. Constatei que as energias positivas e curativas do universo podem nos curar e guiar para um caminho de luz e amor, quando sabemos agarrar as verdadeiras oportunidades. Daí em diante, eu nunca mais fui a mesma. Acho que uma benção de Deus caiu sobre mim, neste dia."

Demonstrando que vivemos num *continuum* de eventos interconectados e sem fronteiras, dou ciência de duas outras singelas sincronicidades: hoje, o dia em que me coube escrever estas páginas é o feriado de *Corpus Christi*, que coincide, na quinta-feira, com o dia do grupo focalizado. Enquanto transcrevia o relato de Célia, senti um forte cheiro de fumaça proveniente, como constatei, de uma fogueira recém-acendida no terreno vizinho... Brincadeiras travessas do todo-e-as-partes na inteireza da Vida, suaves beijos do Mistério. Canta Walt Whitman (55):

> "Juro que a terra será
> seguramente completa
> para aquele ou aquela
> que for completo:
> a terra continua partida e rota
> só para aquele e aquela
> que continua partida e roto.
>
> (...) e hei de tecer um fio
> atravessando os meus poemas todos
> e em uma coisa só
> ligando o tempo e os acontecimentos,
> pois que todas as coisas deste mundo
> são perfeitos milagres
> cada qual mais profundo.

> Não vou fazer poemas referentes às partes
> mas vou fazer poemas, canções, pensamentos,
> referentes ao todo.
> e não hei de cantar com referência a um dia
> mas com referência a todos os dias,
> e não farei poema, nem parte de poema,
> que não seja em referência à alma,
> porque, tendo já visto as coisas do universo,
> acho que nada existe,
> nem existe partícula de nada,
> que não tenha referência à alma".

Regando canteiros e adotando a Maria

O testemunho desta última unidade de encontro, tem o sabor de uma aventura psíquica. Viajaremos pelo mundo da vigília, dos sonhos, do real e imaginal, do causal e transcausal, do ordinário e extraordinário, com a bússola do coração, em busca do tesouro escondido do Si Mesmo.

Em março de 1993, Ana procurou-me novamente e iniciamos a nossa segunda unidade de encontro. A primeira tinha transcorrido há 17 anos e encontra-se registrada em meu livro, *Análise transacional centrada na pessoa... e mais além* (pp. 102-105). Nesta transcrição, atualizo alguns termos, enxugo o texto e faço pequenas alterações no episódio relatado, que ficou mais esclarecido com o nosso reencontro. No mais, é fiel ao registro original:

> Acompanhar o corpo e as sensações físicas da pessoa é importante na identificação de suas transações de resistência. Recordo-me de um caso muito impressionante, ocorrido há aproximadamente cinco anos. A amiga evolutiva, anteriormente, tinha realizado vários anos de psicoterapias diversas e, como afirmou, sem resultados. Enquanto falava, começou a sentir dor em um dos seus olhos. O terapeuta pediu que ela se identificasse com este olho e dialogasse com o outro, que não doía. Então, ela se deu conta de que apenas um olho queria ver; o outro doía para detê-la no seu contato consigo mesma. "Você tem agora duas opções", disse o terapeuta, "uma é continuar não querendo ver, não querendo entrar em contato, o que você tem feito sempre. A outra é fazer alguma coisa diferente. O que você escolhe?" Ela respondeu que queria continuar e, então, regrediu instantaneamente aos cinco anos de idade e, como uma menininha, reviveu o assassinato do seu pai, que estava fazendo um comício político num palanque. Imediatamente, o assassino do seu pai foi também baleado e morto por seu tio, e caiu quase aos seus pés, agonizando. "Papai!... Papai!... As pessoas vão pisar em mim..." gritava, apavorada, a pequena menina no meio da multidão. Neste momento, o terapeuta abraçou-a e ela chorou convulsivamente, mais de meia hora, no seu desespero. Depois, o terapeuta pediu que ela conversasse com o seu pai morto, despedindo-se dele. Quando ela pôde voltar para o meio de nós e, como durante toda a

sua vida ela tinha tido enormes dificuldades no seu relacionamento com o masculino, talvez por projetar a imagem do assassino nos homens, o terapeuta sugeriu que ela desse uma *permissão* para outra colega do grupo, com dificuldades similares, permissão que serviria às duas, naturalmente: "Você pode entrar em contato com os homens!" No momento em que Ana dizia isto, um dos seus olhos, o que doía, começou a girar na órbita e ela disse assustada: "Roberto, estou ficando vesga!...". Com um abraço o terapeuta pediu que ela dissesse ao olho que podia descansar, agora; que estava tudo bem. Quando ela abriu os olhos, tudo estava bem, de fato. Seu rosto estava irradiante quando a sessão acabou e, depois, ela recebeu muitos *feedbacks*, de pessoas do seu trabalho, por aparentar mais juventude.

Dificilmente um trauma como este é resolvido ou superado apenas numa unidade de encontro. Um mês depois — este grupo encontrava-se em maratonas mensais —, ela retornou, usando óculos que tapavam um dos seus olhos, o que doía, pois estava perdendo, inexplicavelmente, a visão. Seu oftalmologista estava prescrevendo este último recurso para tentar impedir o avanço da incompreensível e gradativa cegueira unilateral. Voltamos, então, com a sua anuência, a focalizar, no aqui-e-agora, o seu núcleo traumático. Ela voltou a regredir, e agora via o assassino do seu pai estendido no chão. Olhou para o seu olho ensanguentado, atingido pela bala... e começou a passar a mão no seu próprio olho, como se quizesse limpá-lo. Para impedir que ela se machucasse em seus desesperados movimentos de retroflexão, dei-lhe uma almofada que, por muito tempo, ela esfregou continuamente. Por ser pequena e estar no meio das pessoas, ela não sabia, ainda, que este homem era o assassino do seu pai e pensou em limpar o seu olho... o que estava fazendo agora. Então, repentinamente, deu-se conta de que este era o assassino do pai e foi tomada por uma imensa raiva. Por sugestão do terapeuta, começou a esmurrar uma almofada, gritando a sua ira e, não bastando, levantou-se e pisoteou-a com fúria, durante minutos, numa verdadeira catarse de raiva. No final, voltou a fazer contato com o seu pai e despediu-se dele, novamente. Quando voltou a nós, o terapeuta pediu-lhe que lesse o que estava escrito no quadro, que ela não conseguiu ler no início do encontro com o seu olho problemático. Ela leu claramente e havia recuperado, por inteiro, a sua visão.

No mês seguinte, o outro desdobramento: ela chegou queixando-se de uma parcial paralisia das mãos que, inclusive, já a estava impedindo de escrever. Lá fomos nós, novamente: de novo, uma menininha de cinco anos que, sem falar nada e desesperada, fazia gestos incompreensíveis com as mãos. Muito tempo o terapeuta deixou-se ficar apenas aberto e em contato empático com a sua vivência, até que o sintetista captou uma imagem, intuitivamente, em sua tela psíquica: a menina tentando desfazer as mãos cruzadas do pai morto. O terapeuta estendeu-se no chão, com as mãos cruzadas no peito e pediu que Ana abrisse os olhos: "Papai, papai, suas mãos estão tão frias. Ontem elas estavam quentinhas, papai. Eu dormi e agora elas estão duras e frias... O que aconteceu, papai...?" E atirou-se contra as mãos do terapeuta, procurando descruzá-las e falando com o pai, por muito tempo. Depois, disse-lhe novamente: "Adeus" e, quando voltou a nós, sentia suas mãos muito bem. Então, compreendeu por que, durante toda a sua vida, sofreu de insônia: ela havia associado o fato de ter dormido com a morte do pai, culpando-se inconscientemente. Este era um traço importante do seu *script* que estava causando-lhe envelhecimento precoce.

Embora seja incomum uma ocorrência tão impactante como esta, mesmo assim não deixa de ser cruamente representativa do sofrimento psíquico causado pelo fardo dos problemas não-resolvidos. E as resistências podem ser identificadas no óbvio: no movimento do corpo expressivo.

Não posso deixar de registrar uma feliz e emocionante sincronicidade, relacionada ao que acabo de relatar. Após terminá-lo, desejei intensamente rever Ana, que não via há três anos. Nesta mesma noite participei de um debate sobre psicoterapia, no evento denominado "I Comício Cósmico do Distrito Federal". Após minha palestra, fui sentar-me na platéia para ouvir os demais colegas e, quando olhei para o lado, deparei-me com Ana... Precisamente num *comício*; recordo que o acidente do pai ocorreu também num comício! Nos abraçamos com alegria e efusão, e ela disse-me que estava muito bem, embora triste pela recente perda da mãe. Contei-lhe sobre esta sincronicidade e ela afirmou que a vivência relatada foi a experiência mais importante e transformadora da sua vida; que ela, de fato, tinha fechado esta *gestalt*. Momentos como este justificam e compensam toda a agrura que vivenciamos, às vezes, na lida diária com o sofrimento psíquico.

No nosso reencontro, Ana confirmou que o processo psicoterápico que viveu manteve-a, durante uma década e meia, em lúcida, saudável e produtiva condição. Após 14 anos, finalmente, entregou-me um poema que escreveu naquela época, com esta dedicatória: "Para Roberto, por ter me ajudado a encontrar o 'Caminho de Casa'... Agora, preciso e quero chegar lá. Com muito carinho, Ana (12/04/79)". Eis o seu conteúdo:

"Estou com medo,
com frio,
machucada, esmagada pela multidão!
minha rua...
não é rua,
estreita, sangrenta,
sem saída,
acuada, pelos gritos,
estampidos,
confusão!

Minha casa...
não é casa,
é uma rua,
massacrada, triturada,
Desolação!

Meu pai...
sem amigos,
inimigos,
sem razão;
você, meu amigo,

> meu pai, meu irmão,
> levou-me para casa,
> minha casa...
> uma casa,
> ocupada,
> com brinquedos,
> Meu coração!''

Recentemente aposentada, após uma vitoriosa jornada profissional atuando como consultora educacional e organizacional, Ana retornava com a queixa de que tudo estava velho e nada mais a animava; necessitava de renovação e de um sentido para a etapa atual de sua existência. Ao mesmo tempo, aterrorizavam-na algumas emergências de sua psique profunda. O transpessoal batia à porta da sua consciência e ela resistia, tenazmente, ao que supunha que traria novas dores e desolação. Desde o primeiro momento deste reinício, o terapeuta fez aliança com o hemisfério sintético da amiga evolutiva, sem o qual nenhuma renovação seria possível. Como afirmava Jung, na segunda metade da existência, os problemas são, fundamentalmente, espirituais. É o tempo da necessidade premente de um Norte e da transmutação dos valores do ter para os do Ser.

Ana entrou num grupo e deslanchou a aventura do Encontro. Com o acompanhamento terapêutico, precipitou-se o processo anímico que tentava emergir. Sua sensibilidade psíquica aflorou com grande intensidade e o que estava querendo irromper abriu passagem, especialmente em dois encontros oníricos, que transcrevo a partir das anotações da própria Ana, realizadas a pedido do terapeuta.

Em 23 de abril de 1993, Ana relata que recebeu, de volta, uma foto da sua mãe já falecida, com a sua sobrinha nos braços. À noite, colocou a foto na mesinha de cabeceira, sentindo um incômodo a seu respeito. Dormiu e sonhou:

> Roberto chega devagarinho, aponta para a foto e me diz, de uma maneira muito forte: "FIQUE ATENTA!". Acordo, assustada, e guardo a foto na gaveta.

Na noite seguinte, quando já estava cochilando, Ana lembrou-se das palavras do terapeuta no encontro onírico. E animou-se a colocar, novamente, a foto na cabeceira da cama. Adormeceu e vivenciou um formidável encontro onírico, com a qualidade de uma revelação e indicação de um longo e emocionante caminho consciencial a ser percorrido:

> Eu estou num lugar muito longe, andando sem rumo. De repente, vejo um grupo de curiosos, em círculo, rindo, gritando, zombando, olhando para o meio da roda.

Eu sei o que eles estão olhando. É aquela menina. Como não querendo nada, me aproximo do grupo e digo: — "Deixa eu falar com ela?". Eles pareciam pessoas grosseiras, que praticavam vandalismo, sacrifício de crianças e coisas parecidas.

Cheguei bem perto da menina e falei, baixinho: — "Ei! menina chata; vá embora daqui. Pare de me envergonhar! Volte para o lugar de onde você veio, senão eu a mato!". Ela está deitada, meio de bruço e de lado, com sua cara de sofrimento. Os cabelos cobrem quase todo o seu rosto. Ela abriu o olho esquerdo para mim. Quiz sair de mansinho, e avistei Santos Dumont olhando para mim como se soubesse de tudo. Continuei por perto do grupo de curiosos. Eles continuam gritando e dizendo: "Mate-a! Mate-a!". Nesse momento apareceu um mascarado, distribuindo máscaras e uma espécie de lança para todos, inclusive para mim. Peguei a lança para matá-la. Novamente Santos Dumont olhou-me, firme. Fingi que ia matá-la, porque estava com medo do grupo. Dei a primeira pancada no chão e vi que a menina não estava mais ali. Continuei batendo, fingindo que ela estava no local. Todos vão embora. Fica apenas o mascarado, que distribuiu as máscaras. Olhei para ele, que sai correndo. Corro atrás dele; tenho raiva. Quero pegá-lo. Corro rápido, passando por cima de pedras. Penso, neste momento, que o mascarado levou a menina. Na corrida, encontro uma espada no chão. Fico mais corajosa. Alcanço o mascarado perto de um córrego. Pego a espada, coloco-a no seu coração e digo-lhe: — "Onde está a menina?". Olho nos seus olhos e o reconheço. É o assassino do meu pai! Falo: — "Seu desgraçado!", com toda fúria, — "Maldito, eu sei quem é você! Você não me faz medo. Você matou meu pai. Eu vou lhe matar, mas antes, me diga: onde está o meu pai?". No momento em que vou matá-lo, lembro-me que ele já está morto... Olho para a máscara e começo a puxá-la. Senti que ele se intimidou. Grito: — "Onde está o meu pai?". Ele responde, apontando: — "Lá, atrás daquela pedreira!". Olho e vejo a pedreira, um pouco distante. Puxo a máscara, jogo-a no córrego. Quando olho para ele, só vejo fogo; ele se transforma em fogo. Chove muito, neste momento. Trovões e relâmpagos. Saio correndo, na chuva, em busca da pedreira. Ouço a voz da minha irmã, Marta, que já faleceu. Ela grita: — "Ana! Venha; é aqui!".

Chego à pedreira. Há um muro de pedras muito alto. Subo. Fico debruçada com as pernas penduradas. Lá tem uma espécie de tenda. Olho e vejo a menina enrolada, coberta com folhas de bananeira. Minha irmã está muito satisfeita, sorrindo. Ao lado, uma senhora vestida com roupas simples e um paninho amarrado na cabeça. Vejo-a de perfil, apertando os lábios, com ares de risos. Pergunto à minha irmã: — "Quem é ela?". Parecia uma cigana, dessas de rua. Marta responde: — "É a mamãe". Eu indago: — "Por que ela está vestida assim?". Minha irmã sorri e diz que ela está trabalhando: — "Estamos todos aqui!".

Neste momento, aparece meu pai, vestido com uma bata clara, comprida, cheia de botões até embaixo. Ele fala algumas palavras em latim e joga incenso com um incensário, como os utilizados por padres. Mas tenho certeza que ele não é padre. Olho para meu pai e fico deslumbrada com o seu rosto. Eu não me lembrava dele, exatamente. É lindo. Fico perplexa, muito feliz. De repente, olho para ele com o olho direito e, na mesma posição, sem mexer a cabeça, olho com o olho esquerdo para o lugar onde deixei o assassino que se transformou em fogo. Lá estava a tocha. Percebo, no meu pai, um dos botões da bata brilhar, faiscando, piscando como uma luz. Ele me olha sério, calado e me comunica, por pensamentos: "Espero por esse momento há quarenta anos. Há quarenta anos trabalho por isto, pela liberdade dele!". E olha para a tocha, sério e meio triste. Olha novamente bem dentro dos meus olhos, muito sereno e sai da tenda.

Eu estou muito feliz, parada, atônita. No momento em que o botão da bata está reluzindo, eu sinto um carocinho que tenho no meu corpo esquentar. Parece fogo. Passo a mão e, nesse momento, aparece a Rita, do grupo de quarta, querendo insinuar qualquer coisa sobre o carocinho. Eu digo: "Ih! deixa isso comigo; você não está entendendo nada disso!". Ela desaparece.

Em seguida, minha irmã traz, até onde estou, a menina nos braços e diz: "Toma! Leva!". Minhas pernas fraquejam. Eu caio. Não consigo subir novamente. Fico triste pela Marta, que ficou parada com aquela menina nos braços (igual à foto na cabeceira: minha mãe com minha sobrinha nos braços).

Não consigo andar. Aparece, novamente, Santos Dumont. Não sei como foi o trajeto, mas me encontro, agora, andando de mãos dadas com Santos Dumont e chego até o local anterior, onde estavam os mascarados e a menina. Vejo no chão a marca do corpo da menina. Santos Dumont pega uma espécie de bengala e faz um círculo em volta. Eu fico rindo e me sinto confortada e protegida.

Saímos de mãos dadas. Olho para trás e digo: "Lá vem o grupo. Vamos embora; não quero encontrá-los". Era o grupo de terapia com todos os participantes. Vinham pesados, cansados, como se estivessem numa caminhada longa. O Roberto não estava com o grupo. Digo novamente: "Vamos embora". Santos Dumont me diz: "Não se preocupe. Eles ainda estão longe. Não vão chegar aqui agora".

Saímos andando, conversando muito. Eu pergunto: "Onde você mora?". Ele sorri e aponta. Vejo um portão bonito, grande. Eu digo: "Ah, agora já sei onde você fica. Posso ir?". Ele sorri novamente e diz: "Você vai para casa!".

Chego na minha quadra, no bloco ao lado do meu e encontro Roberto, sorrindo. Ele diz: "Eh, menina!". E me leva até o meu bloco.

Acordo feliz, lembrando do rosto de meu pai. É como se ele fosse pai de todos. Um Ser. Fico triste com a lembrança da minha irmã com a menina nos braços, querendo entregar-me e eu não aceitei. Sinto que me libertei, para sempre, do mascarado. Não tenho medo. Olho para a mesinha de cabeceira e vejo a foto da minha mãe com a criança nos braços. Chorei...

Esta especial foto traz a virtude de uma imagem materna acolhedora, simbolizando, para Ana, a tarefa de adotar a menina que tentava matar, um precioso e vital aspecto da sua sombra, como veremos mais tarde, a sua Maria negada. O mascarado leva-a à pedreira dos seus mortos queridos. Ao desmascará-lo, o assassino do pai arde no fogo da transmutação. A visão alquímica de Ana, que determinou um salto qualitativo na sua compreensão, foi facilitada quando um dos seus olhos, o direito, focaliza o compassivo pai, enquanto o esquerdo, de suas antigas somatizações, focaliza o assassino. Ocorre, então, a definitiva libertação da polaridade pai-assassino, no contexto de uma chuva que limpa e purifica. É tocante a revelação do pai como um sacerdote, oficiando um longo ritual misericordioso de salvação do próprio assassino. O número 40 é bastante simbólico: os 40 dias de Moisés na montanha e os de Jesus no deserto. O botão faiscante de sua bata pode estar representando um *chakra* ou centro energético do corpo sutil, seguramente o do coração. A mãe vaidosa de sua lembrança é vista como uma mulher simples. O carocinho no seu corpo já anuncia as somatizações da atual pauta, que necessitarão ser cuidadas e superadas pelo fogo da transformação. Rita, sua companheira de grupo, também tem uma trágica história familiar e, algumas semanas depois, fez uma internação na U.T.I., por problemas no coração. A boa irmã convoca Ana a assumir a adoção de sua própria criança abandonada. O seu tombo indica a sua atual impotência para tal e Santos Dumont, um herói nacional do espaço, surge como um poderoso protetor que virá em socorro de Ana em outros momentos de carência. O círculo que faz em volta do corpo da menina registrado no chão é um antigo instrumento terapêutico, do universo sintético, para protegê-la até Ana estar preparada para recebê-la. O terapeuta, novamente, leva a amiga evolutiva para a sua casa...

Há uma outra importante sinalização: o descompasso atual do processo do grupo e o de Ana, que poderão se ajustar somente mais tarde. A mensagem foi ouvida pelo terapeuta, que passou a aguardar o momento oportuno para sugerir que Ana se transferisse do grupo para o contexto de terapia individual, mais seguro e propiciador de uma focalização sistemática neste caso específico.

Um evento iniciático muito significativo, que teve ocorrência alguns dias depois, em 2 de maio, marcou o desabrochar da sintetista de Ana, preparando-a para um fato avassalador em seu futuro próximo. Foi uma canalização, uma mensagem inspirada no plano sintético ou uma transcomunicação através da escrita. Ana a denominou de *o secundário traz a discórdia*:

> "Estou vos aliviando da tarefa mais difícil aqui na terra: o uso do seu corpo físico. Percorrei-o. Aliviai-o. Libertai-o da tortura. Eis a vossa iniciação para ajudar aqueles que sofrem.
> Não podeis aliviar as dores dos outros, como desejais, quando impões dores a si própria.
> Tendes nova pulsação no vosso coração. Não vos preocupeis com o secundário. Do secundário nasce a discórdia. Separai o essencial do secundário. Eis um exercício de libertação. Ajudar-vos-ei no essencial. Entendei esse significado. Tendes um Cristo pessoal. Seja ELE. Simbolizai-o no vosso coração. Olhai os vossos semelhantes com o canal de luz que vos abro nesse momento. Eles vos entenderão e vos reconhecerão como nós o fizemos.
> Eu vos dou alguns dos instrumentos. Instrumentos simples. Por que quereis complicar? Só o essencial será colhido e levado à senda da Luz.

As vossas chamas vos pertencem. Pertencem a vós e a todos aqueles amigos da Luz. Elas fluirão em vós e sabereis distingui-las com sabedoria. Demonstrai a vossa âncora. Representai a vossa força. São forças do Reino da Luz! Eu vos ajudarei.''

A ênfase da mensagem é: focalize o essencial. Uma transformação no corpo é anunciada. Uma morte? Veremos a seguir. Há uma convocação para servir aos outros e uma advertência para não se torturar inutilmente. Uma abertura no coração e uma promessa de ajuda para uma tarefa crística, do *Self*, são também indicadas. Separar o joio do trigo, o secundário do essencial, para transcender a discórdia. Os instrumentos oferecidos são simples e uma força flamejante, do Serafim do próprio Ser é referida. É necessária uma âncora, pois uma tempestade existencial está a caminho. Não faltará auxílio.

Na mesma madrugada, após escrever essa mensagem transcomunicacional, Ana sonhou o seguinte:

Na parede do meu quarto, em frente à minha cama, começou uma projeção, tipo filme de desenho animado, aparecendo na tela vários símbolos. Em seguida, uma legenda: GRANDE TRANSFORMAÇÃO NO SEU CORPO FÍSICO. PERCORRER O MAPA. O mapa que tinha que percorrer, mentalmente, no meu corpo, como exercício, foi projetado mais ou menos assim, em tamanho maior:

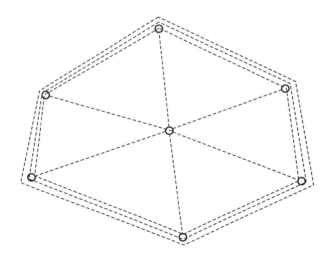

Continua a legenda: NÃO TEMAS OS SINAIS. NÃO TRANSFORMÁ-LOS EM DOR. SABER O QUE ESTÁ DIGERINDO E INGERINDO. ARMADILHAS — PERCEBÊ-LAS. PERCEBER OS SÍMBOLOS.

Em seguida, apareceu o desenho de uma âncora, mais ou menos assim:

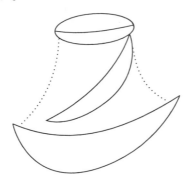

SIMBOLIZAR NA SUA CASA.
Daí, pensei: "Como fazer isso tudo?" E apareceu a legenda: VIRÁ UMA TERCEIRA PESSOA.

Ao ver os símbolos desenhados por Ana, oriundos deste sonho, o terapeuta identificou-os, imediatamente, com os do livro das Runas (56), que passou a ser uma heurística referência nos momentos críticos, que não tardaram. O mapa a ser percorrido possui sete centros. Não seriam os sete *chakras* da psicologia hindu? O *mooladhara*, na base; o *sahasrara*, no ápice e o *anahata*, do coração, no centro. Os contornos podem referir-se aos corpos: físico, psíquico-noético e essencial. A âncora é o Ser.

Este simbólico prognóstico revestir-se-á de sentido à luz do desdobramento do dramático processo de individuação de Ana. E a terceira pessoa também não tardaria.

Nesta ocasião um estranho nódulo apareceu no pé de Ana. Retirado cirurgicamente, o médico constatou ser uma "antiga petrificação" que, inexplicavelmente, aflorou à superfície da pele. Um sinal bem concreto do seu "mapa" corporal em franca dinâmica, interligado à sua alma.

Uma outra significativa mensagem foi canalizada pela sintetista da amiga evolutiva, na tarde de domingo, dia 15 de maio. Ana registra:

"Estava deitada no sofá, ouvindo Bob Marley. Dei um cochilo e acordei como se estivesse sendo arrebatada pelo vento. Atordoada, falei alto: 'Quem é? O que foi? O que é?'.
Vieram as primeiras frases na minha mente: 'Sou Guerreiro...' Fiquei tranquila, como nunca. Busquei caneta e papel e comecei a escrever. Não me disse o seu nome. Apenas um círculo e um 'Até breve!'. Quando terminei de escrever, com o mesmo ímpeto, fiz um agradecimento".

A confortante mensagem transcomunicacional expressa rara força, beleza e inspiração de esferas angelicais:

"Sou Guerreiro das pedras, das rochas e das colinas.

Atravesso rios, mares e tempestades para fertilizar solos, desvendar o obscuro e fortalecer campos magnetizados.

O meu Reino faz parte da circularidade dos contrários que se conectam em pontos singulares infinitos, da totalidade.

Sou suave como a brisa; rápido como o vento; forte como as rochas.

Disperso as resistências; semeio trigos; velejo em mares desconhecidos e acalento corações desolados.

Tenho a pressa dos cavaleiros, a paciência dos monges e a sabedoria do Tibet.

Enquanto brisa, sou o anjo do acalento; enquanto vento, sou mensageiro e semeador; enquanto rocha, sou força; sou sabedoria do eterno SAGRADO DIVINO DO EU SOU.

Até Breve!"

Transcrevo também o agradecimento de Ana:

"Seja quem for você, meu amigo, obrigada. Estava desolada com os fatos dos dias anteriores.

Sinto o seu acalento.

Espero que fertilize o solo de todos nós que caminhamos juntos rumo à circularidade dos contrários infinitos.

Quero que fortaleça meu corpo magnético para que tenha a coragem de desvendar o obscuro do meu eu (que tanto me atormentava) e eu toque a minha própria luz.

Nesse momento, entrego-lhe os meus mares desconhecidos para serem velejados e desvendados pela sabedoria do seu EU SAGRADO, pela força de sua rocha e com o acalento do seu 'Anjo Brisa'.

Creio que, quando isso acontecer, posso também fertilizar solos, semear trigos e acalentar corações.

Nessa caminhada quero conectar o infinito da minha totalidade, de mãos dadas com você.

Eu sou grata, eu sou grata, eu sou grata."

Pouco mais de duas semanas depois, no dia 3 de junho, Ana registrou outra mensagem:

"Ouvi o seu chamado,
Limitei os seus ruídos,
Sacramentei o seu frescor,
Conheci e alimentei as suas forças,
Separei o joio do trigo,
Dei-lhe o que é devido: asa, trombetas,
Abri os seus ouvidos".

Nesta ocasião, Ana anotou em seu diário: "Hoje eu vi um anjo de asas azuis esbranquiçadas. Parecia com o tempo, relógio infinito, que me deu acalento".

A mensagem clama pela Escuta, sem a qual nenhuma transformação seria possível. É como se esta fase estivesse preparando um terreno de apoio para o que estava por vir. Sem a ampliação de sua inteligência sintética, Ana poderia ter sucumbido à duríssima provação existencial, cuja premonição ela resumiu nesta anotação, feita na manhã do dia 4 de junho: "Hoje amanheci com a sensação de ser órfã, mas não sou".

No dia seguinte, a tragédia: o seu amado irmão protetor, que ocupava o altar da sua maior veneração, como um pai substituto do que lhe foi arrancado, subitamente faleceu num desastre de automóvel. Ruiu o solo abaixo dos pés de Ana, e o desespero mais tenebroso apoderou-se do seu ser. Este trecho de carta que, um mês depois, a amiga evolutiva escreveu ao irmão que se fora, pode transmitir um pouco do seu desconsolo:

"Meu irmão querido,
Sei que você vai me ouvir.
Sei que posso falar com você.
Eu preciso.
Não estou suportando mais.
Sinto sua falta em tudo que toco, em tudo que vejo, em tudo que faço.
Não acredito que você foi embora. Tento fazer desse acontecimento algo natural, mas não está sendo possível.
O desespero está tomando conta de mim. Estou ficando cada vez menos e insignificante depois que você foi embora, mas sei que você está ficando cada vez mais grandioso.
Neste momento, quero lhe enviar um fluxo de amor que sai do meu coração para o seu coração.
Sinto muitas saudades, saudades que doem. Dói meu umbigo, dói minha barriga, dói minha alma, doem minhas pernas, doem minhas entranhas, dói o mundo!
Minhas lágrimas pingam com tanta força que parecem fazer crateras na terra. As crateras se abrem e eu vou me afundando...
(...) Eu não acredito que você foi embora. Penso e me lembro de você 24 horas por dia (...) Dê-me notícias, por favor! Diga alguma coisa para mim. Estou esperando, em nome de Deus e dos anjos que estão com você. Um beijo no seu coração."

Esta perda revelou-se tão irremediável pelo fato de Ana ter tido, neste especial irmão, um espaço único de escuta e compreensão incondicionais. Felizmente, e não por acaso, ela encontrava-se em terapia.

Por outro lado, não tardou a notícia solicitada, através de uma preciosa transcomunicação, em 14 de julho, inicada através de um sonho:

Eu estava num lugar longe. Havia muitas nuvens. Não tinha chão e nem paredes, mas mesmo assim você, meu irmão, estava sentado e recostado com o polegar no queixo e os dedos no rosto, olhando para mim e balançando a cabeça, afirmativamente. Você estava sério. Não falou nada comigo. Acordei triste e frustrada, porque você não disse nada.

"À tarde fui para o meu escritório e me lembrei do sonho. Comecei a pensar em você. Pensei no anjo do acalento. Então você começou a falar comigo, por pensamentos:
'Minha irmã querida,
CHORO, DESESPERO, LÁGRIMAS...
HÁ LÁGRIMAS E LÁGRIMAS...
Há lágrimas que regam canteiros...
Há lágrimas que secam as rosas... e, é possível, lágrimas que podem até abrir crateras na terra e afundar a humanidade. Desespero pode trazer isto e muito mais.
Não seque as rosas. Não contribua para abrir crateras na terra. Regue canteiros!
Nesse momento, quero fazer um trato contigo. Aceitas? É simples, mas muito significativo para nós dois. Vamos lá:
Quando tuas lágrimas pingarem de desespero, tente transferi-las para os canteiros. Como? Pegue um copo com água e regue uma planta. Essa planta filtrará toda a emoção do amor que sentes por mim. Quando fizeres isso, lembra-te que lá eu estarei sendo regado, sendo canteiro e me lembrarei de ti como uma ROSA, brotando e florindo nosso jardim. Farás isso por nós dois?
Agora quero te dizer mais uma coisa:
Não te aflijas com o momento em que desprendi do meu corpo. Não te fixes nisso. Não pense no acontecimento como se fosse uma fotografia, parada, sem vida. Aquele momento teve um desdobrar de acontecimentos inéditos e imediatos. Não foi tão difícil como imaginas, porque logo me dei conta do que estava acontecendo. Não estava sozinho; tinha pessoas à minha volta. Fui bem recebido e estou sendo muito ajudado. Aos poucos, estou ampliando e expandindo a minha consciência. O que faço e onde estou é privilégio daqueles que querem voar alto.
Tenha paciência e se exercite. Não estamos sozinhos. Se sinto saudades? Ora, rego canteiros.
Um beijo no seu coração, JOSÉ.
P.S. José; é assim que deves me chamar no meu campo.' "

Ao ficar ciente desta transcomunicação e empatizando, de imediato, com as sábias e terapêuticas prescrições de José, o "terceiro" prometido, o terapeuta, em reforço, sugeriu que ao final de cada encontro, Ana, sistematicamente, regasse o vaso do consultório. Neste reside uma planta chamada, popularmente, de "comigo-ninguém-pode", uma das raras que consegue sobreviver, não sem dificuldades, nesta oficina de almas!...

No dia 24 de julho, Ana escreve, novamente, ao irmão:

"Meu irmão José,
Não consigo regar canteiros. Não consegui ainda. Fiz loucuras e me arrependo. Sexta-feira, liguei para o seu escritório querendo falar com você. Atendeu a secretária; eu estava aos berros, disse tantas loucuras. Deus queira que você não tenha ouvido. Pinguei lágrimas de desespero, daquelas que secam rosas. Perdoe-me. À tardinha, fui a um templo. Meditei,

olhando para uma queda d'água. Orei; senti sua presença. Lembrei-me dos canteiros. Fiquei calma. Cheguei em casa e reguei uma planta. Agora já é noite. Vou dormir. Eu vou aprender. Um sorriso no seu coração".

No dia seguinte, Ana tomou o caderno e escreveu: "José, José, José!". Em seguida, a sua mão respondeu, em transcomunicação:

"O que queres, minha irmã?
Sei que estás aprendendo. Melhor seria que aprendesses sem tantos atropelos.
    Sabes, pássaro que voa para baixo perde o equilíbrio, quebra as asas e o bico. Em conseqüência, cai no abismo. Não canta o seu canto, não voa o seu vôo. Não te reconheço como pássaro caído. Agora, antes de dormir, diga do fundo do seu coração:

    SOU PÁSSARO.
    CANTANDO E ENCANTANDO ESTA NOITE E,
    LIVRE, PARTO EM REVOADA
    JUNTO DAQUELES QUE VOAM PARA O ALTO.
    Tenha bons sonhos,
                Teu irmão, na PAZ, JOSÉ."

Nesta noite, Ana teve o seguinte sonho:

Eu estou num campo verde, florido, lindo. Estou sozinha, andando. De repente, dois cavaleiros freiam seus cavalos junto de mim. Eles sorriem e dizem: 'Estás achando este lugar bonito?'. Eu digo: "Estou, é lindo!". Eles respondem: "Olha, onde o teu irmão está é muito mais bonito do que aqui". Eu pergunto: "Onde está o terceiro cavaleiro?". Eles dizem: "Nós somos magos; o terceiro ficou com o teu irmão". E partiram em disparada.
    "Acordei muito bem. Senti uma dose de conforto. Tive a sensação de não estar só.
    Obrigada, magos; obrigada, José".

Uma notável sincronicidade, com um crescente e marcante significado, deve ser aqui registrada: do vaso que Ana regava, no consultório do terapeuta, brotou uma outra planta, que começou a crescer em torno do "comigo-ninguém-pode". Quando a vi, quase a arranquei, supondo que fosse alguma erva daninha. Felizmente, detive o meu impulso inicial ao dar-me conta que este fato, coincidentemente, sucedeu o pacto de Ana com José, sobre regar as plantas. Resolvi aguardar para identificá-la, por meio de alguém mais conhecedor de botânica.
    Certa noite, Ana chegou ao grupo em total pânico, com sintomas de tonteira e ameaça de desfalecimento. "O que está acontecendo?", indaga o terapeuta. "Ao estacionar o meu carro, vários gatos saíram de um bueiro e acho que atropelei um deles...", Ana respondeu, apavorada. "Vamos lá! Vamos sair da fantasia e conferir!", convocou o

terapeuta, sem hesitação, tomando a mão de Ana que atuava, em estado regressivo, como uma criança desamparada. Lá chegando, constatamos que nenhum gato tinha sido atropelado. Ana tranquilizou-se e aprendeu uma importante lição para o seu momento: não se deixar enlaçar por fantasias; olhar para a realidade. Para o sintetista do terapeuta, este foi o sinal que indicava que era hora de sugerir que Ana deixasse o grupo e prosseguisse a unidade de encontro individualmente. Simbolicamente, ela precisava ser tomada pela mão, neste árduo trecho de sua caminhada. Ana aceitou imediatamente e o grupo compreendeu e apoiou esta mudança.

O encontro terapêutico com Ana, ilustra, espetacularmente, a dinâmica analista-sintetista desta abordagem holística. O impacto de nossos encontros era tão forte que se desdobravam no plano sintético, mediante encontros oníricos e visões, geralmente em toda a semana seguinte. Para que estes pudessem ser absorvidos, tivemos que dosificar os nossos encontros, que passaram a ocorrer com periodicidade quinzenal. O terapeuta solicitou a Ana que escrevesse sobre o seu processo, encaminhando para ele uma cópia, sistematicamente.

Eis o relato feito por Ana, do desdobramento após o nosso primeiro encontro no contexto individual:

"Roberto; ainda estou em altos e baixos. Hoje, por exemplo, noite de 2 de agosto, estou em baixa. Estou triste. Sem graça e sem gosto, mas com coragem para ir em frente. O problema é que me confundo toda, com tantas coisas. Gostaria de ser outra pessoa.

Antes de tudo, quero lhe contar o que aconteceu logo após a nossa recente primeira sessão individual.

Cheguei em casa por volta de uma hora da tarde. Caí na cama, como se estivesse anestesiada e dormi até as 8 horas da noite. Sonhei:

Estou num centro holístico, onde há uma planta um pouco grande, mas não é árvore. Perto desta planta, meio de lado e de costas, está um professor amigo de Roberto, mexendo com folhas e puxando alguns fios. Na minha frente, bem perto, há uma pessoa que não identifico. Tenho a sensação que não é daqui; é meio transparente; não é concreto. Esta pessoa está colocando, na minha testa, um cano como se fosse de borracha, uma mangueira. À medida que ele está fazendo esta operação, Roberto vai falando: 'Assim; mais prá cá; mais prá lá; no meio...', como que conduzindo a operação. É como centralizar um quadro na parede, para fixá-lo. Quando termina, olho para o Roberto e vejo que ele tem também um cano no meio da testa. O professor continua mexendo nos fios, sem nada dizer. O homem transparente sumiu sem eu perceber.

Acordei meio zonza, sentindo ainda o furo e o cano na minha testa dolorida, como em pós-cirurgia. Fiquei tonta e pesada, mas dormi a noite toda."

Esta interessante experiência onírica, ocorrida num espaço holístico, óbvia e simbolicamente indica a aquisição terapêutica de um novo centro integrado de consciência, interligando os hemisférios da análise e da síntese, num ponto transcendente. É o centramento no *corpo caloso* ou *chifre do unicórnio*, metáforas que utilizo ao focalizar a necessidade de integração das vias da análise e da síntese. Esta "cirurgia psíquica", significativamente, envolve três personagens masculinos: o professor em torno da planta, o terapeuta orientador e o sutil transparente, que realiza a operação no plano também sutil. Com certeza, é o símbolo de um novo estágio no processo evolutivo de Ana.

Uma semana depois, Ana sonhou:

> Estou andando nas proximidades da minha Quadra, que aparenta ser suja e velha. Vejo algumas pessoas e me aproximo. Tem alguém no chão, coberto com um lençol branco. Sei que é um menino. Quero levantar o lençol e não tenho coragem. Fico com as pernas tremendo. Quando estou indo embora, lembro-me do que o Roberto me disse, no dia do gato, na terapia: "Vamos lá confrontar, para você não ficar criando coisas!". Com isso, crio coragem; volto e levanto o lençol. É um menino... Ele está muito machucado; a boca deformada... Subo para o meu apartamento e vejo, da janela, alguns policiais querendo pegar um rapaz moreno, que matou o menino.

À noite, pensando no sonho e ainda confusa, Ana assistiu um triste noticiário na T.V., sobre o espancamento e morte de um rapaz por uma *gang* de adolescentes, numa Quadra próxima à dela. De imediato, ela associou este fato com as imagens do seu sonho, na Quadra "suja e velha", representando um sombrio drama coletivo sob o comando de selvagens demônios interiores, possuindo adolescentes desviados. Uma clara sincronicidade indicadora da sua virtude sintética em expansão.

No dia 13 de agosto, Ana relata que está muito triste, chorando e cumprindo a tarefa de regar plantas. De súbito, ouviu a voz do seu irmão José, dizendo-lhe:

> "Tudo o que ligares na terra,
> será ligado nos céus;
> Tudo que desligares na terra,
> será desligado nos céus.
>
> Conheces? Isto é bíblico, de Pedro. Pois é, as plantas que regas estão chegando até mim. A emanação dos fluidos das plantas chegaram até aqui e estão se multiplicando. Estou fortalecido com isso. No lugar onde me encontro já tenho um grande canteiro. É incrível; esses dizeres têm um significado mais amplo do que imaginas. Tens hoje uma lição de grande valia, do grande mestre Pedro.
> Um sorriso para o teu coração, José."

Crescia também, da mesma forma, a nova planta no vaso do consultório. Já tinha transposto o "comigo-ninguém-pode" e subia pela parede, na direção de três imagens de metal penduradas, em sentido ascendente: o Dom Quixote, o Sancho Pança e o Moinho. Significando, respectivamente, o sintetista, o analista e a obra, conforme uma leitura que o terapeuta gosta de fazer. Um amigo evolutivo, finalmente, identificou a planta: um *pé de maracujá*.

Buscando interpretar esta sincronicidade, o primeiro sentido evidenciou-se: originária da Índia, a bela flor do maracujá popularmente é denominada de *flor da paixão*, o mesmo ocorrendo em francês, *fleur de la passion*, e em inglês *passion flower*. Na Europa, o arbusto floresce e não frutifica. A paixão referida é a de Cristo, como atesta este poema popular nordestino — Ana é também nordestina — , de um autor desconhecido, ofertado ao terapeuta por uma amiga evolutiva:

"Apois seu moço, eu lhe conto
A história que eu ouvi contar
A razão pruquê nasce roxa
A flor do maracujá.

Maracujá já foi branco
Eu posso inté lhe jurá
Mais branco do que a claridade
Mais branco do que o luar.

Quando as frô brotava nele
Lá no fundo do sertão
Maracujá parecia
Um capucho de algodão!

Mas um dia, há muito tempo
Num mês quinté num me alembro
Se foi maio, se foi junho,
Se foi janeiro ou dezembro,

Nosso Senhor Jesus Cristo
Foi condenado a morrer
Numa cruz crucificado
Longe daqui como quê.

Pregaro o Cristo a martelo
E ao ver tamanha crueza
A natureza inteirinha
Pôs-se a chorar de tristeza.

Chorava as flores nos ramo
Chorava as fôia, as ribeira
Sabiá também chorava
Nos gaio da laranjeira

E o sangue de Jesus Cristo
Sangue cheinho de amor
No pé de maracujá
Tingia todas as frô.

E foi porisso seu moço
Que as frozinha ao pé da cruz
Ficaro roxas também
Como as chagas de Jesus."

    O choro da planta de maracujá não é apenas uma metáfora, como pude constatar posteriormente, em um livro sobre os florais de Minas, de Silva e Marques (57), ampliando ainda mais o sentido desta impressionante sincronicidade. Dizem os autores: "A Passiflora é o conhecidíssimo maracujá, do qual se preparam sucos e bebidas calmantes. (...) Cresce geralmente ao pé das árvores e arbustos, e nasce de sementes que os pássaros, gulosos de frutos saborosos, transportam para ali. O sistema vascular muito desenvolvido do caule corresponde perfeitamente ao longo caminho que a seiva tem de percorrer, desde as raízes até as folhas e flores. Os vasos de condução são muito largos, de modo que a seiva ascendente não encontra a mínima resistência. Isso retrata a facilidade que a personalidade tem de atravessar os planos interdimensionais, sublimando as energias densas em formas criativas. A própria seiva dos vasos fica sempre sob alta pressão, o que claramente se verifica quando se corta o tronco ou um dos ramos principais: o tronco parece chorar, deixando cair a sua seiva, que escorre em forma de grossas lágrimas".

    As lágrimas que regam plantas fazem também nascer plantas que vertem lágrimas!... Mesmo sem nenhum corte, este pé de maracujá, como o terapeuta passou a constatar, freqüentemente transpira "lágrimas" de seiva, em abundância, por seu caule e folhas. E não é só; Silva e Marques prosseguem, esclarecendo a quem se prescreve o floral de maracujá: "Para as pessoas atormentadas por medos vagos de origem desconhecida; para aqueles que sentem pressentimentos, presságios de eventos negativos, sensação de perseguição e de morte (...)". Afirmam ainda que a "personalidade-padrão, ligada à Passiflora, quando em desarmonia, mesmo lidando com uma tarefa cotidiana, pode ser atraída, sem que perceba, para as regiões densas do plano astral terrestre, captando e trazendo dali as idéias obssessivas e as cismas, tendo como conseqüência as mudanças repentinas e inexplicáveis de humor. Quando em harmonia, essa abertura e habilidade de penetrar também as regiões celestiais do pensamento humano faz dessa personalidade um canal de manifestação da Vontade Divina na terra.(...) A enorme capacidade de transmutação, de recomeçar, traz-lhe a forte sensação de estar vivendo várias encarnações numa única vida.(...) A essência desperta os planos internos de fé, coragem, superação e ressurrreição". Em face do já relatado, não será esta uma sucinta e impressionante descrição de muitos aspectos de Ana? Evidentemente, este floral passou a fazer parte terapêutica desse momento da amiga evolutiva.

    Prosseguem, ainda, Silva e Marques (57), confirmando a sabedoria popular: "Os jesuítas de séculos passados viam na flor-da-paixão a reconstituição simbólica muito fiel da Paixão de Cristo: o conjunto das cinco sépalas e das cinco pétalas representariam os dez apóstolos presentes na crucificação; a franja violácea seria a coroa de espinhos; as cinco antenas seriam as cinco chagas; os três estigmas representariam os três pregos; o ovário, sustentado por um longo pedúnculo, seria a esponja embebida em vinagre que um romano estendeu a Cristo na ponta de um caniço''. Por esta razão, o maracujá era plantado nos cemitérios, antigamente, ao redor dos túmulos, simbolizando a eternidade. Finalmente, destaco a afirmação dos autores de que: ''As flores são solitárias e se abrem lentamente ao longo do dia, formando uma grande taça, e fecham-se ao escurecer, como que buscando no descanso a síntese de seu propósito. (...) As personalidades correspondentes são também solitárias e não florescem cedo na vida, mas desenvolvem aos poucos o pleno potencial de seus seres. Porém, quando o fazem em plenitude, trazem das profundezas cósmicas os mais ousados sonhos e tratam de realizá-los escrupulosamente, para o bem da humanidade''. O leitor poderá verificar, no final desta unidade de encontro, como esta última afirmação de Silva e Marques é correta, em relação à amiga evolutiva.

Esta extensa simbólica é reeditada na singela cumplicidade do pé de maracujá que, subindo na parede, gradativamente enlaça um símbolo de síntese, outro de análise e, finalmente, um outro indicativo da Obra-Prima que, a modo próprio, cada ser humano é convocado a realizar na existência. Não é neste tema que este livro, desde o início, insiste?

Nos encontros terapêuticos, Ana regularmente iniciava expressando a sua revolta e não-aceitação da morte do irmão. Quando exorbitava em suas reclamações, o terapeuta colocava uma ampulheta na sua frente e dizia: ''Aproveite e reclame tudo o que quiser, até toda a areia se esgotar. Depois, venha para o aqui-e-agora e vamos trabalhar!''. Ana concordava e, esgotado o tempo, enxugava as lágrimas e começava a criativa fase dos *insights*. Após algum tempo, com os seus dons psíquicos, Ana instalou a ''ampulheta da reclamação'' na sua mente, que passou a atuar, de maneira autônoma e eficaz, no seu cotidiano.

Em 23 de agosto, Ana relata outra transcomunicação com o irmão, em sonho, que denominou de ''José e o Reino Elemental'':

> Estou com José, no local do seu acidente. Vejo uma estrada com marcas de pneus. Ao lado, em vez do abismo, vejo uma outra estrada. Pergunto várias coisas ao mesmo tempo: ''Como foi? Por quê? O que aconteceu naquele dia?''. Ele aponta para a segunda estrada e diz: ''Daqui eu fui para o Reino Elemental''. Eu continuo perguntando sobre o acidente e ele me responde sobre o lugar para onde inicialmente foi. E continua:
> ''É lá onde se aprende e se decifra todas as leis e códigos da natureza. Conhecemos a aprendemos as leis amplas sobre as quais a natureza se desenvolve. Essas leis são matrizes para o desenvolvimento da humanidade.''
> Ouço, mas não me interesso. Quero saber como foi o acidente. Interrompo e digo: ''Por que você me trouxe até aqui?''. Ele fala, meio zangado: ''EU NÃO! Eu não vou a você; você é que vem a mim. Eu não desço; você é quem sobe. Eu não vou à terra; as pessoas têm que aprender

a subir se quiserem alguma coisa do alto". Então ele começou a falar em vários acontecimentos da Bíblia: "Moisés subiu à montanha; Cristo também!". E falou de várias pessoas e coisas que aconteceram e simbolizam a necessidade da subida, da elevação, para se obter informações.

José continua falando sobre a subida e as maravilhas do Reino Elemental. Meus pensamentos continuam fixados no acidente, enquanto ele continua falando sobre o que aprendeu sobre as leis.

Acordo. Fico frustrada e triste com a minha atitude mesquinha. Penso no Reino Elemental, nas plantas, nos pássaros, na natureza, nas águas, nas leis. Fico calma e triste. Lembro-me da sua determinação de não ser puxado para cá e na possibilidade de, mesmo estando aqui, eu poder subir até lá.

Três dias depois, Ana escreveu: "Estou lendo o jornal. Dou um cochilo e, por fração de segundos, vejo dentro da minha cabeça, na altura da testa, um estandarte suspenso no ar, com o retrato de Cristo. É como um *flash* de luz. Penso no santo sudário. Isso aconteceu na hora do almoço. À noite, tive o sonho que se segue:

É um grande galpão. Vejo várias pessoas desconhecidas, em fila, entrando pela porta principal. Eu estou do lado da fila. Além da porta de entrada, há outro, de aproximadamente 20 metros, que dá passagem para uma estrada que não tem fim. Caminhando para esta porta, vejo Jesus Cristo e um Rabino, como se fosse o seu guarda-costas. Fico encantada e digo: "CRISTO!". Ele olha para mim; é alto e forte. Tem ombros largos; é muito forte e saudável. Enquanto me deslumbro com esta visão, vejo um outro ambiente e ouço uma voz que me chama. Olho e vejo um humorista famoso, que me diz: "Ana, você tem que vir até aqui. Não tenho outra pessoa!".

No local onde está o humorista, há muita gente. Sinto-me entre a cruz e a espada. Quero ver a caminhada de Jesus e quero ouvir o humorista. Nisso, vejo o Roberto encostado na parede do galpão, do lado em que está Jesus; ele me olha apreensivo para saber minha decisão. Eu sabia o que eu falaria ao público junto com o humorista mas, nesse momento, "deu um branco" na minha memória. Não sei mais sobre o assunto; fico preocupada e indecisa. Finalmente, digo ao humorista: "Outra hora; agora não dá!...".

Caminho em direção a Cristo, indagando por que ele está acompanhado de um Rabino. Caminho até a porta; Cristo vai embora.

Acordo deslumbrada. Fico sem saber do meu assunto com o humorista pelo "branco" que me deu; penso em coisas do trabalho. Parece que este lado está em branco. Sinto-me bem por ter acompanhado Cristo até a porta.

No encontro com o terapeuta, Ana disse que, nos dias seguintes a este sonho, sentiu-se esvaziada, como se parte do seu ego tivesse se apagado com o "branco". "Não sei o que recolocar; não acho com o que preencher. Alguma coisa morreu dentro de mim. Não consigo entender; é uma sensação estranha de esvaziamento..."

O humorista do encontro onírico pode ser interpretado como o Curinga do *script* de Ana, chamando-a para o desvio, para o abandono do caminho crístico, do Ser; para o não-essencial. A aparição do terapeuta, no momento em que a amiga evolutiva achava-se "entre a cruz e a espada", facilita a decisão de Ana pela luz, sua opção por dirigir-se ao *Self*, arquétipo crístico, no caminho "sem fim" da individuação. No início de nosso reencontro, Ana queixou-se de que sentia, na ação profissional, que tudo estava velho, exigindo renovação. O providencial "esvaziamento" do velho é imprescindível para o florescimento do novo.

Um episódio muito interessante transcorreu em nosso encontro seguinte. Ana referiu-se a um amigo cabeleireiro, homossexual, que tinha falecido após ter contraído o vírus HIV, chamado Aram. Ana não deixou de cortar o cabelo com Aram, mesmo quando a sua doença tinha se agravado terrivelmente e ele se aproximava do fim. Compadecida, ela tentava animá-lo. Às vezes, compartilhava com ele uma cerveja, aconselhando-o a se alimentar melhor, pois estava com a aparência de "uma caveira" e buscava refletir com Aram sobre as questões fundamentais da existência. No dia 12 de setembro, Ana sonhou:

> Estou numa praça, sentada num banco, com Aram, meu ex-cabeleireiro que morreu de AIDS. Ele conversa comigo da mesma forma que antes, cheio de "jeitos". Fico contente com o nosso encontro e conversamos mais ou menos assim: "Aram, como é que você é aqui? Você é homem, mulher ou...?" Ele responde, brincando: "Você é do cacete!, não muda mesmo! Como sou aqui? Sou feliz. Deixei a caveira lá embaixo. Sabe, Ana, eu vim aqui para lhe dizer uma coisa. Quando cheguei aqui, o que trouxe foi todas aquelas conversas que você me falava lá no salão. Recordei-me de tudo. Lembra-se? Eu era loucona e você me ensinou muitas coisas. Não serviram lá mas serviram aqui... Eu vim te agradecer. Foi uma bagagem. Estou bem. Eu vim te dar um beijo de agradecimento. Precisava fazer isto!"
>
> Aram me beija no rosto e passa a mão nos meus cabelos e saiu, pulando de alegria como uma criança. No meio do caminho, ele olhou para trás e disse: "Você vai ficar bem; você é beleza pura, você vai ser feliz. Eu prometo!"
>
> Acordei com saudades de Aram e fiquei tentando me recordar do que conversávamos. Sei que tinha muito carinho e paciência com ele, falava muito sobre os seus sentimentos e procurava entender e fazê-lo entender. Ele brincava comigo e não me dava ouvidos. Lembrei-me de como eu era feliz, em vista de hoje, naqueles tempos. "Um beijo para você, Aram, e obrigada por ter vindo!"

Ao ouvir este bonito encontro onírico, o terapeuta soube que teria mais um aliado, contribuindo no processo de crescimento de Ana. Ocasionalmente, Aram era invocado em nossos encontros, como uma metáfora do poder terapêutico da amizade e amor incondicionais. Como afirma a ópera de Umberto Giordano, *La Mamma Morta*, na voz de Maria Callas, apresentada em tocante momento no filme *Filadelfia*, que focaliza o tema da AIDS:

"O lugar que me viu nascer está ardendo. Estou sozinha. Trago sofrimento aos que me amam. Foi durante este sofrimento que encontrei o amor. Uma voz cheia de harmonia dizia:
'Segue vivendo. Eu sou a Vida. O paraíso habita teus olhos. Tudo ao teu redor é só sangue e lodo? Eu trago o esquecimento. Eu sou o Deus que desce dos céus à terra para fazer dela um paraíso. Eu sou o Amor. Eu sou o Amor.' "

Em outro encontro, uma importante revelação de Ana acrescentou um grande reforço na meta terapêutica, visando a sua integração. O seu nome de batismo, escolhido pelo pai, era MARIA. Assim ela foi registrada e Maria é o nome que consta em sua identidade. Por sua vez, o nome preferido por sua mãe era ANA e assim ela é chamada por todos. Por volta dos onze anos, quando a amiga evolutiva constatou o seu nome de registro, passou a odiá-lo, negando-o completamente. Apegou-se, ferrenhamente, à Ana e, às vezes, preferia pagar uma consulta, deixando de usar o seu cartão de assistência médica, para não ter que ouvir a secretária chamá-la de Maria. Durante toda a existência e sua carreira profissional, ela ocultou o seu verdadeiro nome e confessava este fato, agora, pela primeira vez.

Após esta revelação, o terapeuta fez uma imediata aliança com a Maria renegada, uma face fundamental da criativa sombra da amiga evolutiva. Certamente Maria era a menina que, em seu sonho anterior relatado, Ana tentava matar e não quis receber dos braços da irmã. Agora, a sua adoção se faz prementemente necessária.

"Doravante eu a chamarei de ANAMARIA; você concorda?", indagou o terapeuta. Um pouco relutante, consciente da importância psíquica da aceitação desta realidade, a amiga evolutiva aceitou o desafio, dando um significativo passo em direção à sua inteireza pessoal.

Nesta ocasião, Anamaria teve outro sonho, que denominou de "O Embrião do Renascimento":

Encontro-me num casarão antigo. Sinto uma forte dor em meu ventre, onde coloco a mão. Vejo a minha mãe olhando para mim, quase sorrindo. Além dela, vejo várias pessoas com expressão de alegria, homens de cabelos compridos e mulheres com roupas bonitas e extravagantes.

Quando minha mãe me olha, eu entendo o que está se passando e pergunto: "Grávida?". Ela diz que sim, com ar de cumplicidade. Eu digo: "Como posso estar grávida de mim mesma?. Vou ter que ficar aqui até o final?" Minha mãe balança, afirmativamente, a cabeça. Em seguida, parte num trem.

Volto para ver as pessoas e pergunto: "Vocês são atores, não?". Eles respondem que sim. São amáveis comigo e começam a ajeitar um lugar para mim. Sorriem e me tratam bem. Eu fico por uns instantes olhando para aquele casarão e para aquelas pessoas. Sinto melancolia por ter de ficar neste lugar e, ao mesmo tempo, sinto que tenho que ficar; é minha obrigação. Gosto do grupo.

Acordo e penso que posso nascer de novo, de mim mesma.

Este sonho atesta uma gravidez simbólica: a Maria já estava no ventre da amiga evolutiva que necessitava de um tempo de retiro no casarão antigo, na sua velha alma. Anamaria estava resistindo a reiniciar alguma atividade profissional e o terapeuta, ouvindo a mensagem do sonho, recomendou que ela se resguardasse por um tempo, já que a sua situação financeira o permitia. Após o "parto de si mesma", tudo ficaria mais claro e, de forma renovada, ela poderia recomeçar as suas atividades.

No dia 19 de setembro, Anamaria escreveu em seu diário de terapia: "Passei o domingo péssima. Não quis sair. Chorei muito. O jogo da seleção brasileira fez com que eu me lembrasse do José. Era para estarmos todos na maior alegria, assistindo com ele. Senti saudades. Percebi o quanto tudo mudou. As lágrimas que abrem crateras, jorraram novamente. Reguei as plantas mas não consegui melhorar. Apelei para Cristo. Fiz uma prece em voz alta, desesperada. Depois de chorar muito, fiquei exausta e dormi. Sonhei:

Estou novamente no casarão, onde me encontro aguardando o resultado da gravidez. No pátio, vejo muitas pessoas. Elas vieram me visitar. Percebo logo minha mãe, minha irmã e meu irmão José. Tenho a sensação que meu pai também está presente. Procuro-o mas não o vejo.

Vou mais para perto das pessoas. Fico atônita com o que vejo. É uma grande festa. Tem balões, fogos de artifício e tudo o mais. Meus amigos atores me fazem ir novamente contemplar a festa. Fico um pouco fora da porta, olho o pátio e fico impressionada com o que vejo. Lá estão quase todos os personagens que já vi em sonhos e visões. Aproximo-me e chamo meus amigos do casarão e digo: "Olha, vou apresentar a vocês todas essas pessoas!". E começo:

"Este é o Santos Dumont, meu amigo e companheiro do ar". Santos Dumont dá uma volta, brincando e imitando Charles Chaplin.

"Este é o Rabino guarda-costas de Cristo. Conheço-o há bem pouco tempo". Olho à minha direita, vejo o Guerreiro e digo:

"Este é o Guerreiro das Pedras e das Colinas!" Ele brilha; é impressionante. Falo que ele pertence ao Reino da Circularidade dos Contrários... "Seu nome é Arturo". Ele faz uma volta em círculo, no seu cavalo.

"Este são dois Magos; o terceiro... está lá, naquele canto com o meu irmão, José". (O Mago que está conversando com José é bem mais velho e me lembra o homem transparente que colocou o caninho na minha testa). Nesse momento, olho para a frente e vejo, bem quietinhas, minha mãe e irmã, numa atitude de humildade, e as apresento. José vira a cabeça e acena com a mão, sorrindo para mim.

Continuo; agora é a grande surpresa. Todos se voltam e uma grande fogueira aparece e uma cigana e ciganos iniciam uma música. Mais adiante eu vejo um vulto aparecendo, devagarinho. Ele se veste de lilás e tem uma tocha também lilás forte, na mão. Ele se parece com São José. Quando vou apresentá-lo, digo: "Este é o Mestre da ESSÊNCIA. Só o essencial é que importa!"

A cigana e os ciganos começam a tocar e dançar. A fogueira fica alta. Eu e meus amigos admiramos, deslumbrados.

De repente, somem todos; entramos no casarão e digo para meus amigos: "Sinto que meu pai estava lá; por que não consegui vê-lo? Será que ele estava?" Eles dizem em coro: "Você sentiu? Então? Talvez não fosse necessário vê-lo!". Fiquei melancólica e adormeci na minha cama do casarão.

Esta foi uma integrativa experência onírica que reuniu as diversas parcelas anímicas de Anamaria, num contexto celebrativo e alegre, onde ela assume o papel de Mestre de Cerimônia de si mesma, ao som e vibração da energia cigana.

No dia 9 de outubro, Anamaria escreveu: "Senti muitas saudades de José. Chorei antes de dormir. Queria vê-lo. Pensei comigo: 'Você me disse que eu era quem ia até você. Hoje eu vou!'". E sonhou:

Estou num lugar lindo, descampado, sentada numa pedra. Espero, mas no meu pensamento não vem José e sim, o Mago. Vejo os dois se aproximando de longe. José me diz: "Converse com ele um pouquinho".

O mago mostra quase todo o seu rosto. Eu vejo parte do seu semblante, debaixo de um manto azul que cobre a sua cabeça. Ele tem olhos castanhos, nariz afilado e barba azulada. Ele coloca as mãos na minha cabeça e fala algumas palavras que não entendo. Depois coloca a mão no peito, onde tem um grande círculo amarelo. Entendo, no final, que ele diz: "Confie! Confie! Confie!"

Respondo: "Eu confio!".

Acordei e tentei pintar o seu rosto, sem consegui-lo.

Dez dias depois, Anamaria fez um relato que expressa bem o padrão interacional duplo que vivia com o terapeuta, no consultório e em desdobramento, no plano sintético. Nas suas palavras: "Hoje, quando estava retornando da terapia, pensei: 'Não estou estressada, não chorei; sei que vou ficar tranquila'. Planejei algumas coisas para fazer à tarde. Estava realmente animada. Mas não deu outra! Bateu, novamente, a sonolência. É curioso como isso vem acontecendo ultimamente. Fico sempre sonolenta nos dias que se seguem à terapia. Tudo começa quando vou almoçar. Sinto náuseas, suor frio e muito sono. Tentei ficar firme, para não dormir. Lá pelas 16:30 h, não consegui mais ficar de pé. Fui dormir. Antes de adormecer, escutei uma música que estava tocando em um dos apartamentos vizinhos. Era uma canção de seresta, triste, antiga. Lembrei-me de José e chorei de saudades. Adormeci chorando e sonhei:

Estou olhando para o teto do meu quarto. O teto se abre e eu vejo, no alto das nuvens, o meu irmão José. Ele está mexendo num toca-discos. Faz um sinal para mim com a palma da mão, como quem diz: "Espera aí". Retira a agulha do toca-discos e pára aquela música triste que ouvi, antes de adormecer. Lá do alto, ele me diz: "Você agora vai entrar em sintonia com outro tipo de música. Você está precisando. Ouça!"

Continuo olhando para o alto; ele desaparece. No lugar onde José estava, surgem várias ondas que se movimentam e eu ouço uma música incrível, linda. Nesse movimento de ondas e música eu sinto o corpo mole, como uma gelatina. A música e as ondas vão penetrando no meu corpo, que agora está como se fosse uma bolha.

É evidente a qualidade terapêutica da transcomunicação entre Anamaria e seu irmão José. O terapeuta o percebe como um grande aliado, dotado de uma inteligência excepcional e uma excelência no papel de facilitador coadjuvante do processo curativo e evolutivo de Anamaria. A freqüente transcomunicação apresentada nesta rica fenomenologia deve-se à singular capacidade da amiga evolutiva em sintonizar-se, a partir do inconsciente parasita, com a freqüência vibratória dos que cruzaram a fronteira da existência.

No seu gradativo processo de adotar a Maria de sua alma, foi relevante outra experiência onírica de Anamaria, ocorrida 3 dias depois:

Sonho que não estou conseguindo dormir porque estou com medo. Estou na pontinha da cama, quase caindo. Alguém aproxima-se; é minha mãe. Digo: "Mãe! É você?" Ela está com uma menina pequena nos braços. Quero abrir os olhos e não consigo. Minha mãe está séria. Coloca a menina, devagarinho, ao lado da minha cama, perto de mim. Eu vou encolhendo, encolhendo; estou quase caindo. Não quero tocar meu corpo no da menina. Quero falar com minha mãe mas minha voz não sai. Falo por pensamentos: "Mamãe, leve esta menina de volta. Eu juro que depois eu fico com ela! Hoje não, por favor! Estou caindo. Quero dormir!" Ela responde: "Só uns segundinhos. Deixa ela ficar aqui na sua cama só uns segundinhos..."
Acordo sobressaltada; estou na pontinha da cama, quase caindo.

Este sonho evidencia a resistência ainda atuante neste processo de auto-adoção. É importante que a mãe esteja sendo uma facilitadora, reparando, deste modo, a sua influência decisiva na mistificação ligada ao nome de sua filha.

Nos encontros terapêuticos, a revolta de Anamaria com relação à perda do irmão é focalizada sistematicamente, ao lado da interpretação de suas experiências, a nível sintético. É um processo lento, de diluição da congestão emocional, conectada com a morte do pai já superada, e de integração dos múltiplos conteúdos psíquicos nos planos pessoal e transpessoal. Em certo encontro, o terapeuta focalizou a importância do perdão, terapêutica indispensável para a superação das mágoas e da revolta contra o real que nos impõe perdas: "Eu te perdôo, eu me perdôo, eu perdôo a todos", para ser possível a âncora no aqui-e-agora.

Como toda caminhada autêntica, o avanço é acompanhado de oscilações naturais até a consolidação: dois passos para a frente, um para trás... Um delicado momento-limite, de encruzilhada, na relação de confiança com o terapeuta é expresso neste sonho de Anamaria, que encontrava-se descontente e zangada, no seu impasse com a Maria:

Sinto que tenho possibilidades de ir a determinados lugares, quando quero. Lembro-me de alguns deles: a pedreira onde está meu pai; a casa dos atores onde aconteceu a festa; o lugar onde Santos Dumont fez um círculo em volta da menina; o local bonito onde me encontrei com o terceiro mago que orienta José... De repente, imaginei um lugar onde há um grande portão. Decido ir até lá e o encontro; é um local longe e alto. Há pessoas desconhecidas numa fila. Não me aproximo; fico um pouco amedrontada. Quero apenas conferir e tenho um firme propósito de voltar.

Acordo mal. Tenho vontade de ir embora. Planejo sair de Brasília; quero fugir. Olho para a vela que acendi pela adoção de Maria e tenho vontade de apagá-la. Sinto raiva, ainda, de Maria. Lembro-me da última sessão e acho que Roberto não foi legal comigo. Preciso de mais ajuda. Talvez de uma condenação? Quero brigar.

Anamaria reconheceu e identificou, neste portão, um espaço de saída da existência. É similar ao que Carlos Castañeda, em sua obra xamanística, denomina de "vagina do mundo", por onde os guerreiros escapam da existência, quando findam as suas missões. Para Anamaria, seria uma válvula de escape que interessou-lhe numa de suas primeiras experiências oníricas relatadas, quando perguntou ao Santos Dumont: "Onde você mora?". Ele sorri e aponta; vejo um portão bonito, grande. Eu digo: "Ah, agora já sei onde você fica. Posso ir?" Ele sorri novamente e diz: "Você vai para casa".

Compensando esta sua fase descrente, de relutância com a Maria e briga com o terapeuta, uma semana depois Anamaria relata uma inspiradora vivência onírica:

Estou indo ao encontro do mago. No caminho, encontro uma bola de luz amarela. Olho e vejo um rostinho que se aproxima. Pego na medalhinha que está no meu pescoço e descubro que aquele que vem vindo é o *anjo do lar*. Ele brinca comigo de ir e voltar, alojando-se na medalhinha. Num determinado momento, ele fica em pé e eu vejo perfeitamente a sua forma. Recito a oração do anjo do lar. Erro e ele recita junto comigo. A voz dele é como se fosse uma caixinha de música, pura alegria. Ao acordar, consegui desenhá-lo. É lindo; lindo.

Anamaria ofertou ao terapeuta, posteriormente, o seu desenho do anjo do lar, com sete centros energéticos culminando no topo da cabeça, irradiando luz amarela pelas palmas das mãos. Entretanto, o seu contraditório estado de ânimo, nesta fase crítica de definição de rumos — ou segue na individuação ou a sabota, fazendo uma estagnação —, é expresso por Anamaria no seguinte relato, feito três dias depois, seguido de um excepcional e definitivo encontro onírico com o terapeuta: "Vou dormir com aquela sensação de sempre estar sendo enganada pelas pessoas. Lembrei-me, novamente, da sessão com Roberto. Afasto os pensamentos de desconfiança; não tenho coragem de pensar mal da minha terapia, não sei bem o que é. É uma coisa frustrante. Penso: 'Meu

Deus!, nesse momento a única coisa que tenho de bom e concreto é esta terapia'. Rezo e peço aos anjos que me ajudem''. Adormeceu e sonhou:

Estou caminhando num lugar escuro. De repente, sinto-me subindo, subindo. Tenho nas mãos uma pasta com tudo o que escrevi no diário de terapia. Sinto um firme propósito de ir embora para sempre. Quero ir até aquele portão. Olho para o céu e vejo a lua que torna o caminho mais claro. Digo para mim mesma: "Nem vem, lua; não quero me lembrar de nada, quero ir embora. Quero esquecer todo mundo que conheci". Ah! segurando firme a pasta vou indo, vou indo. Afasto todos os pensamentos que dizem-me para desistir.

Finalmente chego no portão; há uma fila. Distingo uma mulher entre os presentes, e uma criancinha de um ano, na minha frente. Não os conheço e não me importo com isso.

Agora sou a próxima a entrar no portão. Ouço um grito: "ANAMARIA, ANAMARIA, NÃO FAÇA ISTO!" Olho para trás, já reconhecendo a voz. É Roberto. Nisso o portão se fecha. Roberto segura forte o meu braço e diz: "Vamos!"

Eu fico com raiva e começo a falar várias coisas... Ele diz: " "Tá bom; o tempo de esbravejar acabou'". Vamos caminhando e eu digo: "Escuta aqui, Roberto; o que você veio fazer aqui?". Ele responde: "E você?". Eu continuo falando, com voz alterada: "Quero ir embora. Eu sou ruim, sou má; o que você tem com isso? Você não vai dar jeito nisso. Se você quer saber, você também me engana!". Roberto confronta: "Ah, é? Você acha isso? Então vamos lá; sente aqui! Se eu lhe engano, prove isso, agora! Prove; diga em que eu lhe engano!". Eu pensei, pensei e não sabia o que dizer. Finalmente, disse: "Você se lembra da última sessão?". "Lembro sim; e daí?". Respondi: "Você ficou apenas dizendo: 'eu te perdôo, tu me perdoas, trá-lá-lá, trá-lá-lá...' Eu não estava perdoando nem sendo perdoada coisa nenhuma". Então comecei a gaguejar e disse: "Sei lá; eu perdoei mas não fui perdoada! Quero ir embora para sempre!".

Nesse momento a lua ficou bem clara e eu vi o rosto do Roberto, calmo e firme. Fiquei envergonhada. Ele disse: "Você ainda acha que lhe enganei?". "Não, não acho. Mas não sei; estou confusa e me sinto enganada."

Roberto continuou, agora mais calmo ainda. Estamos sentados. Ele disse: "Anamaria, você pode decidir o que fazer de você; agora eu tenho certeza que você pode fazer o melhor. Você quer ir embora simplesmente por birra? Por que tanta raiva de suas emoções? Raiva da raiva, raiva da tristeza, do choro, da alegria, do amor e até da felicidade? Fique atenta ao que vou lhe dizer: As emoções não são boas nem más. Não são elas que determinam a ascensão ou o declínio das pessoas. Por si só elas não causam os problemas da vida; a reação a elas, sim. Por isso, temos que aprender a processá-las adequadamente e enquanto estamos vivos, aqui. Se não, teremos que aprender a fazer isso, continuar trabalhando depois de... atravessar aquele portão. Não amaldiçoe, não julgue como más ou boas as suas emoções. Não as transforme em fonte de sentimentos negativos. Olha, nada é acidental na vida. Tudo serve ao propósito maior, inclusive as maravilhas das emoções. E digo mais; eu tenho certeza que o José sabia e sabe disso".

"É isso mesmo, Roberto; ele sempre soube. Sabia chorar, ficar triste, alegre, ser feliz; ele sabia muitas coisas."
"Sabia não; ele sabe. Ele está aí, vivinho, vendo e escutando a gente. E agora? Quer ir pra lá ou ficar?", Roberto perguntou.
"Não! Tome a pasta de volta. Quero ir para casa."
Nesse momento, acordei. Minhas pernas estavam pesadas e dormentes. Aos poucos, fui ficando leve. Acordei muito bem, disposta a viver intensamente. Olhei para a vela e benzi com a mão, abençoando-a.
Tive vontade de dar um abraço em Roberto. Benzi ele também, com um gesto da mão. Puxei, debaixo do travesseiro, o meu anjo do lar. Achei ele bonitinho; parecia sorrir para mim.

Este episódio demonstra a importância da dinâmica sintética nos momentos cruciais da jornada terapêutica. Além de qualquer celeuma especulativa, este é um *fato psíquico* redefinidor. Assim como a vigília, o sonho também atua e sustento que o corpo físico e o onírico se complementam. Não se confundem nem se separam; interligam-se na dinâmica analista-sintetista, a serviço da cura e do resgate da inteireza.

A partir deste encontro onírico, o processo integrativo de auto-doação da Maria foi impulsionado, de forma definitiva. No dia 15 de novembro deste ano de 1993, a amiga evolutiva escreveu o seguinte, sob o título de "ANA E MARIA":

"Quem é Maria?
Maria, até bem pouco tempo, para mim era apenas um nome, um registro de cartório, um engano documental. Com a minha caminhada terapêutica junto com o Roberto, Maria aos poucos foi se manifestando, se revelando, tomando forma e, quem sabe, ganhando uma alma. Virou pessoa, virou gente de corpo e alma. É uma realidade; não posso negá-la, embora ainda não consiga aceitá-la.

Gostou, não é Maria? Gostou de virar uma pessoa ao ponto de dormir ao meu lado? Pois bem; quem é você? Você é minha sombra? É minha herança? É meu abismo? Meus 'registros'? Pode falar... o Roberto é seu aliado. Ele vai lhe ouvir. Sabe, nós vamos começar a abrir essa 'caixinha preta' que está na sua cabeça. Quem é você? O que você guarda? Eu sei que sou Ana, mas sei também que você, Maria, está dentro de mim e, desde então, eu sou duas pessoas...

Sabe, Maria, você me dá medo, arrepios, náuseas, tristezas, culpas e tudo o mais. Com você parece que eu estou sempre morrendo. Fico distante e confusa. Você é minha briga, minha raiva, meu peso, minha dor, minha saudade... Saudade de quê? Uma saudade distante, além do além. O que é o além do além? Será que você é o além do além? Olha, estou com arrepios; por isso quero lhe dizer que só determinados ouvidos podem lhe ouvir; só assim estaremos protegidas. São eles:
- o meu Ouvido Maior, que é o Todo Poderoso;
- Roberto, intermediário entre o meu ouvido e o Ouvido Maior;
- o Ser de Luz, minha primeira mensagem;
- o Guerreiro das pedras e das colinas;
- os bons ciganos;

- os três magos;
- meu irmão José;
- meu anjo do lar;
- Santos Dumont;
- os artistas da casa;
- meu pai, minha mãe, irmã e, é claro, o maior dos maiores, Cristo!
- o Rabino guarda-costas também pode ouvir...

Pois é, Maria; a partir de agora, você pode falar. Esse é o nosso primeiro momento. A nossa primeira conversa é você quem sabe. Você pode ser a verdade ou a mentira, a queda ou a subida, a morte ou o RENASCER. Durma e reflita; você é responsável. Ana quer o renascer. Até breve!''

Neste *olá!* iniciático, Anamaria resume, brilhantemente, a função básica terapêutica: conectar o ouvido ao Ouvido Maior, à Escuta que é bastante. A sua forte e guerreira persona abre-se para a frágil e vulnerável Maria, também o abismal além do além, ponte para o Aberto.

Como uma indescritível resposta, três dias depois Anamaria registra uma vivência onírica de deslumbramento: "Estou no ar, dentro de um grande balão em forma de ovo. Eu e outra pessoa, que parece sair de minhas entranhas. É a maior e melhor sensação que já senti em minha vida. Há uma explosão de prazer muito grande. Eu toco as bordas do *balão-ovo* e me sinto plena, completa, muito, muito feliz: forte, segura e prazerosa. Percebo que eu e minha companheira sentimos a mesma coisa. Explodem para dentro muitas estrelas, sol e muita luz. É uma felicidade incrível, que não consigo descrever''.

Não será este o final da gravidez simbólica de Ana por ela mesma; o deslumbrante renascimento de uma inteireza, *Anamaria*, com sol, lua, estrelas e luz? Em feliz sincronicidade, este renascer ocorre 9 meses após o início, ocorrido em março, de nossa segunda unidade de encontro...

No final de novembro, Anamaria entregou ao terapeuta um relatório-síntese, denominado de *Descobertas*, acerca do seu vasto e impactante processo, onde destaca que: "A chamada sobre o 'além do além' bateu fundo, depois que Roberto fez a leitura do que escrevi sobre a Maria. O além do além ressoa como um eco longe e próximo, ao mesmo tempo. É meu santuário, minha arena, de onde eu vim, para onde vou; o que fui e o que verdadeiramente sou. (...)" Maria estava reconhecida e aceita. Adotada, enfim.

Um encontro onírico posterior, sonhado por Anamaria, atesta, simbolicamente, esta auto-adoção. Ocorreu, como outras vezes, logo após um encontro terapêutico:

Entro numa casa grande e com muitas janelas. Na porta de entrada, vejo duas meninas buscando uma bola. As duas vêm ao meu encontro; dou um beijo na testa de cada uma. Dirijo-me para a sala e encontro minha mãe sentada, muito bonita, com os cabelos negros brilhando. Vejo um banheiro grande e minha mãe me fala sobre o banho que o Roberto vai tomar. Há um clima misterioso. Nisso chega o Roberto, sorrindo e, naturalmente, entra no banheiro, com uma roupa branca. Meu vestido também é branco. Sob o comando de minha mãe, abro o grande chuveiro e Roberto se banha e, depois, entra numa banheira com água e ervas. Vou ao jardim e vejo as meninas brincando com a bola. Ao voltar, Roberto, limpo e seco, me dá um abraço, elogiando a minha mãe e se despede, sorridente. Acordo dizendo: "Eu, hein?"

Na minha leitura, as duas meninas beijadas são Ana e Maria, brincando com a bola, o círculo, clara referência ao arquétipo unificador do *Self*. A bela mãe com o cabelo brilhando, símbolo do poder, comanda a cerimônia do banho, que simboliza purificação, que congrega o terapeuta e a Anamaria, como ajudante. A roupa branca indica pureza e limpeza de antigas memórias. A mãe, que negou o nome Maria, no passado, é oficiante de sua restauração. O abraço celebra aliança e cumplicidade no propósito evolutivo.

O ano de 1994 foi de consolidação e acompanhamento da emergência de uma nova atitude de Anamaria, na sua vida relacional e profissional. Foi de extrema importância uma tocante experiência onírica da amiga evolutiva, ocorrida no dia 31 de março, uma quinta-feira da Semana Santa. Anamaria a denominou de *Meditação do José: A cura das lembranças*. Eis o seu relato:

Entro numa sala, toda branca, onde está meu irmão José, deitado numa cama branca. Ele abre os olhos, aparentando sonolência e diz: "Não é sono; estou apenas meditando, em oração. É costume, na véspera desse dia". "José, eu sei do que você está falando; é da sexta-feira, a crucificação, não é?"
Ele abre os olhos e me diz: "Estamos meditando pelos atormentados. São as lembranças. Uns sofrem pelas culpas, outros pelos sofrimentos que passaram. No dia de hoje ainda há os que não se livraram das lembranças".
Pergunto: "E você, não se lembra dos sofrimentos daquele dia?". Ele responde: "Não sou atormentado; por isso estou em meditação. Aqui é a ala dos que sustentam a meditação do dia de hoje".
Eu digo: "José, eu também estou atormentada, não só pelo dia de hoje mas por outras coisas também. Eu sei que não participei dessa atrocidade mas eu sofro de outras lembranças de muito, muito longe e lembranças mais próximas. Eu também estou atormentada; não me deixe sair daqui assim!"
Responde José, enfático: "Agora não é momento para isso e você sabe disso! Vá para casa e continue em recolhimento; eu vou lhe dar uma oração". Quando ele diz isso, fecha os olhos novamente, como se estivesse em sono profundo. Eu fico apavorada por estar ali. Penso que alguém pode aparecer e me mandar embora. As paredes da sala começam a brilhar. José abre os olhos e diz: "Pegue uma caneta e papel e escreva essa oração. *É uma oração para a cura interior, para a cura do inconsciente*. E ditou para mim a seguinte oração:
Senhor, sei que és Cristo ressuscitado e que estás entre todos nós, vivo e querendo ajudar-me.

Senhor, venho hoje pedir a cura das lembranças do meu inconsciente, de tudo aquilo que me tem atormentado. Cura-me de tudo aquilo que vi e vivi e que ficou marcado na minha alma como sofrimento.

Cura-me dos sentimentos odiosos, das rejeições, das minhas mágoas, das minhas culpas infundadas, dos meus medos, das minhas desconfianças, dos momentos de perigo que vivi, das minhas lembranças dolorosas e da minha falta de perdão.

Senhor, aceita-me e faz-me aceitar-te e aceitar-me.

Reconstitua-me por inteiro e encha-me com o teu amor e com a tua paz.

Senhor, eu te agradeço, pois sei que estás agindo em mim agora, neste momento; e que serei por ti e em ti, nova criatura, ressuscitada e purificada nos cantos mais escuros do meu inconsciente e da minha alma.

No poder da tua glória, amém."

Após recitar a oração, José pega o que anotei, verificando se está correto. Depois diz: "Pronto; leve para a casa. Mostre para o seu amigo terapeuta".

Quando acordei, ainda era madrugada, cerca de 4 horas. Escrevi a oração que estava inteira em minha memória. Obrigada, José!

Este surpreendente encontro onírico teve um especial desdobramento. Contém uma clara transcomunicação, através de Anamaria, para o terapeuta. A beleza e profundo significado deste autêntico *salmo* para a cura do inconsciente, enviado para o terapeuta, foi o prenúncio da gradativa conscientização de uma tarefa vocacional da amiga evolutiva.

Um irmão de Anamaria padecia de alcoolismo, em estado gravíssimo, que já ameaçava a sua existência. Procurando ajudá-lo, a irmã tinha entrado em contato com os Alcoólatras Anônimos (AA) e outros grupos similares. Agora, com a sua recém-adotada Maria, ela descobriu uma outra forma de ser facilitadora da difícil recuperação do seu irmão. A Maria tinha paciência, transfundia serenidade e tinha um dom de cura fora do alcance de Ana, o seu aspecto ativo e guerreiro. Anamaria descobriu-se muito mais potente e expandida em sua capacidade de ser agente de saúde.

Num especial encontro terapêutico, pleno de sincronicidades, iluminou-se um interessante *insight* que denominamos de *Terapeutas Anônimos*, uma utopia que Anamaria compreendeu, empolgada, ser capaz de realizar.

Os AA, Narcóticos Anônimos (NA) e grupos similares, prestam, sem dúvida, um inestimável serviço à comunidade, resgatando pessoas em condições deploráveis, da sarjeta da degeneração humana. Esta eficiente rede de auxílio tem possibilitado o benefício da desintoxicação e controle da compulsividade autodestrutiva por parte de milhares de necessitados, devendo prosseguir em sua notável missão.

Entretanto, talvez haja um passo mais a ser dado. Estas abordagens partem do princípio de que tais pessoas *são* doentes incuráveis. Isto pode ter um valor tático, como convocação a uma vigilância e cuidados permanentes. Por outro lado, como já ressaltamos, esta é uma crença infundada; uma distorção consciencial que pode se tornar, mais tarde, um obstáculo a ser superado.

Os Terapeutas Anônimos teriam uma função complementar, atuando na qualidade de uma rede de solidariedade centrada no propósito de facilitar uma conscientização mais plena do humano, que é inerentemente saudável no âmago do Ser. Redes fomentando um movimento para a cura e fraternidade são fundamentais no momento crítico que vivemos.

Em dezembro de 1994, Anamaria teve uma confirmação da sua tarefa evolutiva, através deste sonho:

> Estou numa igreja antiga, com velhos santos barrocos e anjos pendurados no teto. As portas são verdes, o piso é vinho e as paredes são cinzas. Estou rezando, apreensiva. Pergunto para mim mesma: "Será que Deus existe?". Sinto um arrepio na espinha e escuto soprar um vento forte, ouvindo um zumbido no ouvido. Ao longe, ouço uma música acompanhada de palmas. Repentinamente, sinto um toque nos meus ombros. Viro a cabeça e vejo José, brincando comigo, vestido com uma bata de algodão cru. Ele fala-me da sua profunda felicidade, do estado de graça em que está vivendo, do seu aperfeiçoamento com os seus amigos, de seus encontros, encontros e encontros... "Feche os olhos e vamos até ali", ele me diz. Quando abro os olhos, vejo várias pessoas sentadas no chão, em círculo, que se levantam ao ver-me. José diz: "Eis os nossos terapeutas!" Olho, incrédula e feliz, para cada um; eles são todos iguais. José sorri e eu indago: "Posso voltar aqui outras vezes?". "Você sabe que sim", responde José. Eu penso: "Está lançada a Ordem dos Terapeutas Anônimos!".
>
> Fecho os olhos e, ao abri-los, estou na igreja novamente, repleta de pessoas cantando *Aleluia*. Penso comigo: "Estou sonhando..."

O cenário da igreja, santos e anjos conotam uma dimensão numinosa à experiência. A indagação quanto à existência de Deus tem, por resposta, a agitação de uma energia ígnea, que os hindus denominam de *kundalini*, na coluna de Anamaria, e o vento forte, *Rouah*, o Sopro, que precisa ser ouvido, nem que seja como um zumbido. José a conduz ao círculo dos terapeutas, iguais na sua essência. Anamaria assume uma missão.

Um encontro onírico, em 3 de abril de 1995, exerceu uma função confirmatória definitiva. Anamaria relata:

> Encontro José, escorado na porta de uma casa, com ar pensativo e de escuta. Aponta para uma sala, onde vejo um grupo me esperando. Abro uma pasta branca com um título, num cantinho, escrito em letras douradas: TERAPEUTAS ANÔNIMOS.
>
> Fico apreensiva e assustada, sem saber o que fazer. Roberto está no grupo e diz: "Vamos sentar aqui, mulher!" Eu abro a pasta e vejo o projeto do Grupo, através de um texto elucidativo, com vários títulos. Então digo: "Os Terapeutas Anônimos têm como base para seu funcionamento

características de um grupo de estudo e pesquisa, envolvendo tudo o que for salutar e novo, com base na abordagem e princípios deste texto''.

Nesse momento, vejo José saindo, devagarinho. Fiquei triste; comecei a chorar. Penso comigo: "Estraguei tudo!", soluçando alto. Roberto disse:

"Aproveite e comece, aqui-e-agora, com a sua própria experiência!" Então, deslanchei; falei de José, de como estou adquirindo compreensão. Falei da experiência com os alcoólatras e por aí fui... Quando terminei, todos se interessaram e exigiram que eu escrevesse sobre tudo o que tinha relatado. Roberto levantou-se e escreveu: "Está lançado o Grupo dos Terapeutas Anônimos. Daqui para frente as coisas vão se multiplicar. José é um dos nossos. Não é a toa que estamos no mês de junho''. Acordo.

Esta experiência fala por si. O mês de junho é o do nascimento e da morte de José, especial padrinho desta proposta de serviço em prol da saúde e plenitude. Anamaria comprometeu-se, com o terapeuta, a iniciá-la na manhã do dia 3 de junho.

Dito e feito. O terapeuta participou do lançamento da pedra fundamental dos Terapeutas Anônimos, ocorrida no apartamento de Anamaria, numa bela e inspiradora manhã, com a presença de mais de 40 pessoas, num clima de encontro evolutivo e de celebração. O texto seguinte é de Anamaria, denominado de "PREÂMBULO — Um depoimento":

"Estas são as minhas primeiras palavras escritas, sobre a obra Terapeutas Anônimos.

Hoje, quarta-feira, 31 de maio de 1995, prazo esgotado para organizar as idéias sobre a criação do Grupo dos Terapeutas Anônimos, confesso que estou assustada nesse momento. Cumprir tarefa sob pressão faz parte de minha trajetória. É, possivelmente, uma das formas de alimentar a minha ansiedade. No entanto, sinto que, neste caso, outros fatores estão envolvidos. Há um processo de criação em tudo isso. Passei dias após dias pensando sobre o assunto. Tive momentos gloriosos de luz, certeza, confiança e convicção da grandeza que envolve os nossos propósitos. Os conteúdos e a forma de abordá-los fluíam incessantemente na minha mente. Visualizava todo o processo do trabalho e me alegrava com a possibilidade de poder criar um campo para exercitar a missão do servir. Por outro lado, tive também momentos de incertezas, bloqueios, angústias, questionamentos e confusão em relação à proposta. Por diversas vezes entrei em crise, ansiedade, compulsão, pânico, não em relação à tarefa didática em si, mas pelo conteúdo e características envolvidas. Afinal, implica mudanças, troca de papéis, mudança de paradigma, se quisermos ampliar nossos propósitos: *Do paradigma neurótico ao paradigma terapêutico*. Assusta, não?, principalmente quando somos os co-responsáveis e, ao mesmo tempo, sujeitos e alvos dessas mudanças. Contudo, são estas descobertas que me impulsionam, nesse momento, a levar essa tarefa adiante, principalmente porque sei que não estou sozinha e por entender que, de nossas experiências dolorosas, geralmente advêm as nossas transformações, a busca incessante do processo evolutivo. As crises passam, transformam-se. A evolução é gradativa e infinita, enquanto processo.

Um dia desses, Roberto me falou sobre a ferida sagrada. Quem sabe estou, nesse momento, entrando no sagrado da minha ferida para a concepção de uma sagrada obra? Por conseguinte, mesmo que não consiga passar para o papel todas as idéias necessárias ao início de nossos trabalhos, não tem importância: a obra está iniciada; fato consumado. Vamos em frente!

Anamaria.''

Anamaria assumiu esta tarefa como uma Obra-Prima que brota de sua ferida sagrada, a desvairada dor da perda violenta do pai, atualizada pela do irmão e a captação de um sofrimento coletivo, através das sensíveis antenas de sua especial sintetista. Após ler este relato, Anamaria ofertou ao terapeuta o seguinte depoimento, com uma introdução de agradecimento:

"Quero lhe dizer que encontrei o 'caminho de volta para minha casa', perdido há tantos anos. 'Uma casa com brinquedos, meu coração'. Lembra-se desse versinho? Pois bem, estou chegando embalada pela 'dança do encontro', movimento espetacular, revelador, rodopiante-doloroso e, por isso mesmo, essencial.

Quando fui procurá-lo, pela segunda vez, o mundo já não me bastava. Tudo me parecia velho, superado, limitado, no meu espaço.

O vazio da orfandade rondava-me novamente e a sensação de perda atormentava-me. Estava possuída pelos meus medos, pelos meus fantasmas. Uma bomba-relógio instalara-se em mim, prestes a explodir repentinamente. Vivia em estado de guerra, de susto! Em conseqüência, espasmos e fortes dores nas pernas eram constantes.

Assim, partimos. Do 'encontro' para uma grande viagem rumo ao desconhecido, percorrendo passo a passo as dimensões do meu inconsciente.

Você pegou-me pela mão com paciência, sem pressa, devagarinho e com muita compreensão.

Eu, pouco a pouco, fui aceitando. Às vezes com raiva, desespero e, muitas vezes, em pranto, mas com fé e confiança.

Nesse trajeto, o analista-sintetista, com 'ouvidos de coração' foi exaustivamente vasculhando o meu caminho, desvendando mistérios, reconstituindo a minha realidade, conectando 'o além da minha alma', transformando-me. Uma vivência indescritível, profunda, rica e, sobretudo, abençoada.

Não encontro forma para repassá-la, mas vou tentar resumir um pouco do todo que vivi e aprendi, por meio desse singelo poema que brotou do meu coração:

A VIAGEM DO ENCONTRO

Retirei as minhas máscaras,
deparei-me com sombras
do meu passado adormecido.
Entrei na escuridão,
vastidão da minha alma,

sala escura,
do pranto dos meus antepassados.
Reneguei as minhas dores,
naufraguei, quase morri.
Expulsei os meus fantasmas,
desatei os meus grilhões,
uma criança acolhi.
Desativei as minhas armas,
da guerra, parti em retirada,
descansei, entreguei-me e,
dormi.
Brinquei com os meus heróis,
sábios, santos, anjos,
asas azuis dos meus sonhos
espaço crístico,
novos elos formei,
meu coração, encontrei.

Por tudo isso e muito mais, quero deixar aqui registrado o quanto eu lhe sou grata, Roberto.

Sou grata ao Criador por ter nos criado e permitido o nosso encontro evolutivo. Sou grata a todos os nossos outros irmãos que fazem parte, direta ou indiretamente, da nossa trajetória evolutiva.

Sou grata àqueles que, por força dos mistérios da vida, partiram para outras dimensões e que, ocultamente, estão sempre presentes na luz, auxiliando-nos, transmitindo-nos ensinamentos.

Neste particular, expresso a minha gratidão ao meu irmão JOSÉ, que em vida na terra dizia-me para 'sorrir com o coração' e, quando partiu, ensinou-me a ir onde ele está, simbolizando o meu crescimento para o alto, 'a subida da montanha', além de aliviar-me da minha eterna saudade.

Por fim, quero registrar que, nesse momento, sinto o meu coração esboçar os primeiros sorrisos, abrindo-se para o mundo e para a vida. Só agora dou-me conta do que JOSÉ quiz me dizer.

Ainda continuarei a minha jornada terapêutica. A terapia da evolução, da essência, da benção. Deus o abençoe, Roberto.

Anamaria, 07/07/95.''

Um pé de maracujá subindo pela parede, enlaçando um Dom Quixote, Sancho Pança e Obra. Milagres do cotidiano, Vestígios de Encontros...

APRENDENDO A AMAR

A abordagem transdisciplinar holística é *iniciática*, introduzindo-nos a um universo mais amplo, com o despertar da consciência sintética harmonizada com a analítica e a conseqüente integração, no cotidiano, da vivência ordinária com a do *numinoso*. Jung considerava o numinoso uma experiência inclusiva, de luz e sombra; o sagrado que, ao mesmo tempo, nos fascina e aterroriza. A autêntica viagem ao âmago do Ser nos conduz ao encontro do mais luminoso e, também, do mais sombrio. Quando abrimos as cortinas, permitindo que a Luz penetre em nossa casa, ao mesmo tempo são iluminados os nossos vasos de flores e os lindos quadros e enfeites, bem como os ninhos de ratos e as baratas nas paredes. Sem dúvida, o encontro terapêutico é uma das moradas do numinoso.

Quando o terapeuta está pronto, o amigo evolutivo aparece. O Todo conspira para que as suas parcelas em ressonância se encontrem e fecundem. Então, cada um pode retomar e integrar, em si, o pedacinho da alma comum que o outro encarna. Conhecemo-nos e nos tornamos quem realmente somos na medida em que nos abrimos para o encontro integrador com o outro e com o Mistério que, reconhecido ou não, sempre está presente. Creio que estas unidades de encontro relatadas dão testemunho deste processo vivo e palpitante.

Nossas mitologias e pretensões explicativas importam menos que os fatos psíquicos que são o que são, merecendo nosso respeito e atenciosa acolhida.

Os sinais indicadores de que a pessoa encontra-se na estação do dar-se alta de uma dinâmica terapêutica são: ela abre a Escuta para o outro, passa a responsabilizar-se inteiramente por seus pensamentos, sentimentos e ações e assume a autoria de sua Palavra. Naturalmente, passa, também, a ser fonte de inspiração para que outros se transformem.

Quando perguntaram a Jean-Yves Leloup sobre a sua visão da virgindade de Maria, ele iniciou a sua resposta lembrando uma afirmação de Picasso: "Leva-se muito tempo para se aprender a ser jovem". E prosseguiu: "Leva-se também muito tempo para se aprender a ser virgem. É no espaço Aberto, de inocência e silêncio virginais, que uma imaculada concepção pode ocorrer". Como os Terapeutas de Alexandria interpretavam, o Messias retorna ao mundo no coração do próprio homem, sempre quando o Espírito torna-se o mestre da alma e esta a mestra do corpo, habilitando-nos ao amor compassivo. Como sintetiza a relíquia de sabedoria, traduzida por Leloup(58), com que o Mestre da Ordem dos Terapeutas iniciava o Aspirante, no final da travessia de sua formação:

> "Esteja em paz; hoje o aceitamos na Ordem dos Terapeutas.
> Lembre-se da impermanência de tudo.
> Torne-se o que você é.
> Seja humilde. Aceite que a Vida seja mestra da sua vida,
> Aceite que a Inteligência Criadora seja a mestra da sua razão,
> Aceite que a Beatitude Infinita seja a mestra da sua alegria,
> Que o Espírito Santo seja o mestre do seu espírito,
> Que o Espírito seja o mestre da sua alma,

Que a sua Alma seja a mestra do seu corpo.
Ame com inteligência e faça o que quiser.
Seja consciente e faça o que puder
para a sua felicidade e o bem de todos".

Enfim, leva-se muito tempo para se aprender a Amar. Talvez este seja o mais essencial *dharma* humano e estamos encarnados para realizá-lo. Desde o *Big-Bang* nos empenhamos neste a-b-c, atenção-vida-calvário, que nos ensina a amar, através de uma gradativa abertura da inteligência e do coração. Na medida em que amamos, naturalmente servimos. Afinal, nada nos pertence, a não ser o que doamos.

Cada momento é pleno e traz o néctar de seus ensinamentos. Se a Escuta é bastante, somos nutridos e abençoados por uma consciência de abundância e de gratidão que leva-nos à compreensão do privilégio ímpar de sermos humanos, filhos unigênitos da Grande Vida.

Estamos condenados a Amar. Aos trancos e barrancos, com gritos e deslumbramentos, dia virá em que cada ser humano aprenderá a plenamente amar, a plenamente Ser. Neste dia, uma nova estrela brilhará no firmamento e tudo o que existe e respira entoará, numa só Voz, o mesmo ALELUIA, Louvor ao Ser que É. Assim seja.

Referências bibliográficas

(1) WOOD, John, K. *Vestígios de espaço — notas de fim de semana de um psicólogo*. Ágora, São Paulo, 1985.
(2) REMEN, Rachel Naomi. "A busca da cura", *in* CARLSON, Richard; SHIELD, Benjamin (orgs.). *Curar, curar-se*. Cultrix, São Paulo, 1992.
(3) TZU, Chuang. *Escritos básicos*. Cultrix, São Paulo, 1987.
(4) BONDER, Nilton. *A Cabala da inveja*. Imago, Rio de Janeiro, 1992.
(5) YOGANANDA, Paramahansa. *Autobiografia de um yogue*. Summus, São Paulo, 1981.
(6) KRISHNAMURTI, Jidhu. *A educação e o significado da vida*. Cultrix, São Paulo, 1989.
(7) BRANDÃO, Dênis; CREMA, Roberto (org.). *Visão holística em psicologia e educação*. Summus, São Paulo, 1991.
(8) CASTAÑEDA, Carlos. *O presente da águia*. Record, Rio de Janeiro, 1981.
(9) GROF, Stanislav. *Além do cérebro — nascimento, morte e transcendência em psicoterapia*. McGraw-Hill, São Paulo, 1987.
(10) GROF, Stanislav. *A mente holográfica*. Rocco, Rio de Janeiro, 1994.
(11) HUXLEY, Aldous. *As portas da percepção e o céu e inferno*. Globo, Porto Alegre, 1984.
(12) WEIL, Pierre; D'AMBROSIO, Ubiratan; CREMA, Roberto. *Rumo à nova transdisciplinaridade — sistemas abertos de conhecimento*. Summus, São Paulo, 1994.
(13) MERTON, Thomas. *A via de Chuang Tzu*. Vozes, Petrópolis, 1984.
(14) KOESTLER, Arthur. *O fantasma da máquina*. Zahar, Rio de Janeiro, 1969.

(15) FREUD, Sigmund. *A interpretação dos sonhos*. Vol. IV e V das *Obras completas*. Imago, Rio de Janeiro, 1987.
(16) JUNG, Carl Gustav. *Estudos sobre psicologia analítica, obras completas*. Vol. VII. Vozes, Rio de Janeiro, 1981.
(17) JUNG, Carl Gustav. *O homem e a descoberta de sua alma*. Tavares Martins, Porto, 1962.
(18) PERLS, Frederick. *Gestalterapia explicada*. Summus, São Paulo, 1976.
(19) PERLS, Frederick. *Isto é gestalt*. Summus, São Paulo, 1977.
(20) KRIPPNER, Stanley (org.). *Decifrando a linguagem dos sonhos*. Cultrix, São Paulo, 1994.
(21) KRIPPNER, Stanley; DILLARD, Joseph. *Dreamworking*. Bearly Limited, Nova York, 1988.
(22) BORGES, Jorge Luiz. *Livro dos sonhos*. Difel, São Paulo, 1986.
(23) CAMPBELL, Joseph. *O herói de mil faces*. Cultrix/Pensamento, São Paulo, 1988.
(24) GARFIELD. Patrícia. *Sonhos criativos*. Nova Fronteira, Rio de Janeiro, 1977.
(25) CASTAÑEDA, Carlos. *A arte de sonhar*. Record, Rio de Janeiro, 1993.
(26) LABERGE, Stephen. *Sonhos lúcidos*. Siciliano, São Paulo, 1990.
(27) A MÃE, *Conversas...*. Shakti, São Paulo, 1992.
(28) ULLMAN, Montague; KRIPPNER, Stanley; VAUGHAN, A. *Dream Telepathy*. MdFrand, Jefferson, N.C., 1989.
(29) HARNER, Michael. *O caminho do xamã*. Cultrix, São Paulo, 1989.
(30) KRIPPNER, Stanley. *Mitos pessoais e dimensões espirituais de cura*. Seminário da Formação em Psicologia Transpessoal, UNIPAZ, Brasília, março de 1994.
(31) LARSEN, Stephen. *Imaginação mítica*. Campus, Rio de Janeiro, 1991.
(32) EVANS-WENTZ, W.Y. *A ioga tibetana e as doutrinas secretas*. Pensamento, São Paulo, 1987.
(33) EVANS-WENTZ, W.Y. *Milarepa, história de um yogi tibetano*. Pensamento, São Paulo, 1986.
(34) RAMACHARACA, Yogue. *14 lições de filosofia yogue*. Pensamento, São Paulo, s.d.
(35) LELOUP, Jean-Yves. *Prendre Soin de L'Être — Philon et les Thérapeutes d'Alexandrie, L'Être et le Corps*. Albin Michel, Paris, 1993.
(36) CREMA, Roberto. *análise transacional centrada na pessoa... e mais além*. Ágora, 1984.
(37) LOBATO, Monteiro. *Idéias de Jeca Tatu*. Brasiliense, São Paulo, 1951.
(38) WILBER, Ken. *A consciência sem fronteiras*. Cultrix, São Paulo, 1991.
(39) BERNE, Eric. *Juegos en que Participamos*. Diana, México, 1974.
(40) MENDES, Eliezer. *Psicotranse*. Pensamento, São Paulo, 1980.
(41) MARKIDES, Kyriacos. *O mago de Strovolos*. Pensamento, São Paulo, 1990.
(42) BORGES, Jorge Luiz; JURADO, Alícia. *Buda*. Difel, Rio de Janeiro, 1977.
(43) HOFFMAN, Bob. *Terapia da quaternidade*. Papirus, São Paulo, 1982.
(44) PIERRAKOS, Eva. *O caminho da autotransformação*. Cultrix, São Paulo, 1993.
(45) PIERRAKOS, John. *A energética da essência*. Pensamento, São Paulo, 1993.
(46) OSBORNE, Arthur. *Ramana Maharshi e o Caminho do Autoconhecimento*. Pensamento, São Paulo, s.d.
(47) BERNE, Eric. *Que Dice Usted Despues de decir Hola*. Grijalbo, Barcelona, 1974.

(48) KRIPPNER, Stanley; FEINSTEIN, David. *Personal Mithology, The Psychology of Your Evolving Self.* Jeremy P. Tarcher, Los Angeles, 1988.
(49) VIVEKANANDA, Swami. *Karma Yoga.* Pensamento, São Paulo, s.d.
(50) SPALDING, Tassilo Orpheu. *Deuses e heróis da antiguidade clássica.* Cultrix/MEC, São Paulo, 1974.
(51) CLOW, Barbara Hand. *Quirón.* Pensamento, São Paulo, 1992.
(52) CERVANTES. *Dom Quixote.* Victor Civita, São Paulo, 1978.
(53) HUXLEY, Aldous. *A filosofia perene.* Cultrix, São Paulo, 1991.
(54) BUCK, William. *Mahabharata.* Cultrix, São Paulo, 1988.
(55) WHITMAN, Walt. *Folhas das folhas de relva.* Brasiliense, São Paulo, 1990.
(56) BLUM, Ralph (com.). *O livro das runas.* Bertrand Brasil, 1991.
(57) SILVA, Breno Marques; VASCONCELOS e MARQUES, Ednamena. *As essências florais de Minas — síntese para uma medicina de almas.* Luz Azul, Belo Horizonte, 1994.
(58) LELOUP, Jean-Yves. *Os Terapeutas: de Alexandria à pós-modernidade.* Anotações do 22º Seminário de Formação Holística de Base, UNIPAZ, Brasília, 1992.

GRATIDÃO

> Gracias a la vida
> que me ha dado tanto...

Recentemente pudemos, na UNIPAZ, sorver as sábias palavras de um mestre tibetano, Chagdud Tulku Rimpoche: "Há sempre espaço à nossa volta, por todos os lados. E no espaço contido na ponta de uma agulha há milhões de seres, visíveis e invisíveis aos nossos limitados olhos. E todos esses seres já foram nossas mães e nossos pais", afirmou o mestre. E prosseguiu: "Se você contratar alguém para cozinhar para você, lavar sua roupa ou cortar a grama do seu jardim, naturalmente terá que pagar por isso. Quando você era um bebê, completamente dependente, ao longo de muitos anos pessoas cuidaram de você, lavaram suas roupas, cuidaram de sua comida, velaram por você em suas doenças... Já pensou se elas apresentarem-lhe a conta?". A provocação implícita que pode ser ouvida na questão do risonho Rimpoche é: "Já pensou se a Vida apresentar-lhe a conta?"

> ...me dió dos luceros que quando los abro
> perfecto distingo lo negro del blanco
> y en el alto cielo su fondo estrellado
> y en las multitudes el hombre que yo amo...

À Grande Vida, minha reverência, minha gratidão. Por existir como um ser humano e por tantos laços e enlaces. Pelas dores, assombros, amores, deslumbramentos, pelas perdas e quedas e pedras e flores, espantos e cânticos, pelo bambuzal do meu jardim.

> ...Gracias a la vida que me ha dado tanto
> me ha dado el oido que en todo su ancho
> grava noche y dia grillos y canarios,
> martillos, turbinas, ladridos, chuvascos
> y la voz tan tierna de mi bien amado...

Agradeço a uma mulher, Elza, e a um homem, Sílvio, casal fecundo que trouxeram-me à existência. Minha mãe-menina, com quem aprendi a imaginar formigas vestidas dançando em volta da fogueira; meu pai, grande coração, que nos deu testemunho de humildade, trabalho e retidão. Aos muitos manos, minha gratidão: Rogério, o que não errou por viver na inocência; Renato; Rinaldo; Ricardo, o Tao protetor na prisão, e Rui, justo e bom, e José Carlos, adotado na irmandade. Às manas Marias das artes; Maria do barro e dos anjos, Abadia do violão que, um dia, convocou-me à vocação, Regina das tranças e Inês da vibração.

>...Gracias a la vida que me ha dado tanto,
>me ha dado el sonido e el abecedário,
>con el las palavras que pienso y declaro:
>madre, amigo, hermano y luz alumbrando,
>la ruta del alma del que estoy amando...

Sou grato à minha terra natal; aos amigos e amigas da infância e adolescência; à banda d'Os Corujas onde iniciei o aprendizado de animador de festas; aos homens do campo, roceiros simples que me ensinaram, muito antes do Zen e Lao-Tsé, o meditar caboclo, acocorados com um cigarro de palha, contemplando o entardecer. E à Gruta dos Palhares, com seus labirintos à moda da alma, retocada por mãos inspiradas como morada de anjos e arcanjos

>...Gracias a la vida que me ha dado tanto,
>me dió el corazón que agita su marco,
>quando miro el fruto del cerebro humano,
>quando miro el bueno tan lejos del malo,
>quando miro el fondo de tus ojos claros...

Gratidão profunda à tribo evolutiva, aos operários deste imenso canteiro de obras da holística, rede planetária em prol da realização da Utopia Humana. Ao Colegiado Geral da UNIPAZ e a todos os habitantes desta Casa de sonhos e assombros. Citando apenas alguns, como representantes de tantos mais: Maurício Andrés, Lydia Rebouças, Luiz Montezuma, Vera Pinheiro, Sonia Sanches, Santiago Naud, Regina Fittipaldi, Gil Vicente, Laís Aderne, Ruth Kelson, Luiz Amore, Maria Stella Pacheco, Karla Neves, Francisco Ribeiro, João Luis e Sandra Wolmer, Mirinha Ermano, Ruth Gejstein, Bené Fontelles, Galvani Luppi, Frederico Ozanan, André Bezerra, Ruth Scaff, Galvane Luppi, Rick, Alexandre Rosenwald, Felipe Ormondi, Marilene Macedo, Luiz Roberto Magrin e Angela, Carmen Camillo, Ciro Portocarrero, Vera Ache, Mariluce e José Nakane, Eiji Iwamoto, Nilton Ferreira, Auta Bressante, Leduc, Penha, Fernando Molina, Jorge Fernandes, Renne Cantanhede, Ruy Mattos, Simone Cardoso, Cristina Carvalhedo, João Hirson, Conceição Veloso, Giselma... Aos companheiros do *campus* avançado do Rio de Janeiro, Glória Sobrinho; de Belo Horizonte, Flávio e Sandra Rodrigues da Silva; de Salvador, Virgínia Garcez; de Campinas, Luiz

Garcia; de Porto Alegre, Marta Vechio; de Fortaleza, Harbans e Ved Arora... Ao Grupo Beija-Flor do A-B-C paulista, Rosângela Maria Donadio e Marcia Regina Pozenatti... Ao Grupo de ST do Rio, Elisabeth Richard...

Gratidão especial ao corpo docente, nacional e internacional, e colaboradores da UNIPAZ, por tantos encontros, trocas, sinergia: Stanley Krippner, Fritjof Capra, Andre Chouraqui, Monique Thoenig, John Pierrakos, Stanislav Grof, Vera Kohn, Barbara Ivanova, John Wood, Lucila Assumpção, Mestre Pai Lin, Amyr Amiden, Robert Happé, Craig Gibsone, May East, Gilberto Gil, Jorge Mautner, Marta Cavalcante, Gustavo Correa Pinto, José Lutzemberger, Octavio Rivas Solis, Ken O'Donnell, Carlos Bouquet, Cristovan Buarque, Claudio Naranjo, Clovis Brigagão, Claudio Caparelli, Raul de Xangô, Dênis Brandão, Fábio Coelho, Eliane Bertolucci, Elisabeth Clark, Takeshi Imai, Susan Bello, Fernando Genshow, Gislaine D'Assumpção, Jorge Ponciano, Hugo Rodas, Willian Abdalla, Isabel Maria Vieira, Irene Bastin, Murillo Nunes de Azevedo, Mestre Martins, Tabosa, Arnold Hoyos, Neyde Marques, Gentil Lucena, Ramon Soler, Orestes Diniz, Ulisses Riedel, Waldemar Helena, Rolando Toro, José Hermógenes, Roberto Ziemer, Eduardo Viola, Marise Dantas, Nilton Rossi, Paulo Tim, Lia Diskin e equipe de Palas Athena, Renate Diettrich, Vera Saldanha, Aida Pustinilk, Teda Basso, Carminha Levy, Leonardo Boff, Frei Betto e, grande mentor, Ubiratan D'Ambrosio, entre outros.

Gratidão maior pelo privilégio de caminhar ao lado, aprendendo no cotidiano, durante mais de uma década, com Pierre Weil, líder de amplo coração e inteligência iluminada. Grato, grato pela maestria poética de Jean-Yves Leloup, mestre e irmão, querido orientador na saga dos Terapeutas.

> ... Gracias a la vida que me ha dado tanto,
> me ha dado la marcha de mis piés cansados,
> con ellos anduve ciudades y charcos,
> playas y desiertos, montañas y llanos,
> y en la casa tuya tu calle y tu patio...

Gratidão aos mestres da transcendência, dádivas da Vida ao longo do Caminho. À Senhora da Kundalini. À sabedoria crística, búdica, à Luz do Oriente próximo, médio, extremo, ao céu estrelado.

Gratidão, gratidão aos co-terapeutas desta última década e à família evolutiva do SAST — Seminários Avançados em Síntese Transacional, onde este texto foi lido e refletido originalmente: Max-Meef, Alice Noura, Ana Lucia D'Alessandro, Telma Lago Costa, Jerusa Goretti, Mirian Cibreiros, Theresa Christina Coimbra, Suzana Joffilly, Cristina Carvalhedo, Angela Rezende, Elisabeth Maria do Carmo, Andre Lindgren, Elza M. Carvalho, Marcos Freire Junior, Myrthes McDowell, Ana Sofia Farias, Lia Silvia K. Conill, Maria Iris Guimarães, Célia Burgos, Joines Ferreira, e aos que partiram, Felizardo Cardoso, Walerca Chaves e Aguinaldo Campos Neto.

Gratidão, gratidão, gratidão, às amigas evolutivas, amigos evolutivos, pedacinhos de alma reencontrados, neste livro representados, de forma muito especial, por Iris, Luzbel, Ariel, Bianca, Riosquecorrem e Anamaria, co-autores de Vestígios de Encontros.

Gratidão, também, aos inimigos, gosto de imaginar que não muitos, parcelas do lado sombrio da alma que, através da não-escuta, incompreensão e hostilidade facilitam a consciência de minhas limitações e imperfeições, convocando-me ao árduo aprendizado, transumano, do amor incondicional.

> ... Gracias a la vida que me ha dado tanto,
> me ha dado la risa y me ha dado el llanto,
> asi yo distingo dichas de quebrantos,
> los dons materiales que forman mi canto,
> y el canto de ustedes que és el mismo canto,
> y el canto de todos que és mi proprio canto...

Gratidão à Mércia, companheira das vertigens, e à Tatiana, Dalton, Iuri, Allan e Isabela, rebentos da Videira.

Gratidão, ainda, à Lise Mary A. Lima que, com inteligência amorosa, inspiração e correções oportunas, processou este texto em seu computador. Nas palavras certeiras e definitivas da própria Lise, *Benza Deus!*

> ... y el canto de todos que és mi proprio
> canto.
> Gracias a la Vida...

VIOLETA PARRA

EPÍLOGO

A palavra justa
brota do Vazio
evoca o Vazio
e retorna ao Vazio.

Tudo é sagrado
e o mais sagrado de tudo
é o Silêncio.

NOVAS BUSCAS EM PSICOTERAPIA
VOLUMES PUBLICADOS

1. *Tornar-se presente — Experimentos de crescimento em Gestalt-terapia* — John O. Stevens.
2. *Gestalt-terapia explicada* — Frederick S. Perls.
3. *Isto é Gestalt* — John O. Stevens (org.).
4. *O corpo em terapia — a abordagem bioenergética* — Alexander Lowen.
5. *Consciência pelo movimento* — Moshe Feldenkrais.
6. *Não apresse o rio (Ele corre sozinho)* — Barry Stevens.
7. *Escarafunchando Fritz — dentro e fora da lata de lixo* — Frederick S. Perls.
8. *Caso Nora — consciência corporal como fator terapêutico* — Moshe Feldenkrais.
9. *Na noite passada eu sonhei...* — Medard Boss.
10. *Expansão e recolhimento — a essência do t'ai chi* — Al Chung-liang Huang.
11. *O corpo traído* — Alexander Lowen.
12. *Descobrindo crianças — a abordagem gestáltica com crianças e adolescentes* — Violet Oaklander.
13. *O labirinto humano — causas do bloqueio da energia sexual* — Elsworth F. Baker.
14. *O psicodrama — aplicações da técnica psicodramática* — Dalmiro M. Bustos e colaboradores.
15. *Bioenergética* — Alexander Lowen.
16. *Os sonhos e o desenvolvimento da personalidade* — Ernest Lawrence Rossi.
17. *Sapos em príncipes — programação neurolingüística* — Richard Bandler e John Grinder.
18. *As psicoterapias hoje — algumas abordagens* — Ieda Porchat (org.)
19. *O corpo em depressão — as bases biológicas da fé e da realidade* — Alexander Lowen.
20. *Fundamentos do psicodrama* — J. L. Moreno.
21. *Atravessando — passagens em psicoterapia* — Richard Bandler e John Grinder.
22. *Gestalt e grupos — uma perspectiva sistêmica* — Therese A. Tellegen.
23. *A formação profissional do psicoterapeuta* — Elenir Rosa Golin Cardoso.
24. *Gestalt-terapia: refazendo um caminho* — Jorge Ponciano Ribeiro.
25. *Jung* — Elie J. Humbert.
26. *Ser terapeuta — depoimentos* — Ieda Porchat e Paulo Barros (orgs.)
27. *Resignificando — programação neurolingüística e a transformação do significado* — Richard Bandler e John Grinder.